从日本人手中夺回的商代甲骨

齐鲁国宝传奇

钱欢青 著

□ 济南出版社

序

前几天小钱给我电话，说他在报纸上开设了三年的专栏《文物传奇》将结集为《齐鲁国宝传奇》一书出版了，我很为他高兴。

记得那是在 2011 年，时任《济南时报》深度报道工作室主任的赵双勇先生和钱欢青到办公室来找我，谈了想开设一个《文物传奇》系列报道的想法，我一听就觉得这个想法非常好。"乱世黄金，盛世古董"，近些年来，文物收藏在民间渐成热潮，但随着一些电视节目的热播，很多人都把目光集中在文物"值不值钱""值多少钱"上，却忽略了文物本身在构筑中华文明谱系中的重要地位。一份追求发行量的市民类报纸能抛弃社会流行的观点，而专注于发掘文物本身的真正价值和文物背后的故事，十分难得。于是我很高兴地答应了他们的要求，成了这个系列报道的学术顾问。

考虑到文博领域的专业性，在系列报道进行的前期，小钱"要求"我审读他撰写的稿件，为的是在见报前做学术把关。这是一种对读者负责的态度，我也欣然应允。在持续"审读"了十多期稿件之后，我发现这种"审读"工作已经没有必要继续进行了：小钱采访扎实，稿件描述准确，行文生动，几无错误可挑。

如今再看洋洋数十篇稿件组成的厚厚书稿，我十分欣慰。从 2011 年到 2014 年这 3 年中，小钱跑遍了山东 17 个地级市和一些重要的县，所采访的博物馆和遗址的数量达到 40 多个，可以说，这是一项很大，也很艰苦的系统工程，但小钱都坚持下来了。

从文稿中可以看出来，身为记者，作者特别注意采访相关文物的研究专家和亲历者。比如针对山东博物馆十大镇馆之宝之一的甲骨文，他采访的是山东博物馆原保管部主任刘敬亭老人；青州佛像采访的是发掘者夏名采先生等等。每一座博物馆，小钱都能置身其中亲身感受，其所采访的专家、学者更是多达上百人。也因此，这部书稿的信息量很大，并颇具学术价值。

书中涉及的文物分散在山东省的各个博物馆，基本都是各地博物馆的镇馆之宝。因此，书稿所及，可谓由点及面地反映了山东文物之精华。如前所述，因为作者采访了大量专家、学者，有关这些文物本身的考古价值、历史价值、艺术价值都在文稿中得到了详细体现。

更为重要的是，在采访过程中，作者深入挖掘了文物背后的故事，也就是文物的流传历史，这是在文博领域的研究工作中往往容易被忽视的部分，而文物的流传史，却恰恰包含着极其丰富的时代信息。夏名采先生在发现青州佛像的过程中和文物贩子斗智斗勇的经历，苏兆庆先生将刻有中国最早文字的大口尊送往北京展出的惊险历程，蒲松龄后人从红卫兵手中抢下蒲松龄墓中印章的惊险一幕等等，都令人印象深刻。而书中所写的每件文物，几乎都有一个堪称传奇的流传经历。从这个意义上来说，小钱的这本书具有填补空白的意义。

由于文博专业具有相对的专业性，因此很多业内人士撰写的专业文章，看起来相对艰深，普通读者很难钻进去。该书则用通俗化的写法，突出故事性和趣味性，相信读者在阅读时一定不会有任何障碍。

小钱自小生活在浙江，读大学时才来到济南，供职报社后长年从事本地文物考古报道，兢兢业业。多年来，对发掘济南和山东的本土文化，做出了自己的努力。听说他早已开始研读中国历史，希冀在中华文明的宏大谱系之下，深入研究齐鲁文化。山东历史悠久，遗址、文物众多，在全国占有重要的地位，有着挖掘不尽的宝藏，希望他再接再厉，继续有所作为。

祝贺小钱新书出版！同时希望他能继续努力，为弘扬齐鲁文化做出更多的贡献！

鲁文生

2015 年春

（本序作者为著名文博专家、山东博物馆原馆长）

前　言

　　观复博物馆馆长、收藏家马未都曾有言："我们了解历史一般通过两个途径——文献及证物。文献的局限在于执笔者的主观倾向，以及后来人的修饰。因此不能保证客观真实地再现历史。证物不言，却能真实地诉说其文化背景，描述成因。文明的形成过程是靠证物来标定坐标，汇成进程图表。"

　　"为文明标定坐标"的证物，便是文物。事实上，早在1925年，王国维就曾提倡"二重证据法"，也就是用"纸上之材料"和"地下之材料"互为印证，来研究历史，描绘文明的进程。

　　本书的第一个着力点，正是想通过对文物本身及其所处之历史时期、历史事件的描绘，来凸显文物的艺术价值和历史价值，并进而粗略勾勒出齐鲁大地的文明进程。比如，出土于莒县陵阳河遗址、现藏于莒州博物馆、上刻"日月山"图案的大口尊，即已普遍被学界认为"具备了汉字音、形、义的因素，并正向臻于成熟的汉字发展"，它与甲骨文极为相似，但远远早于甲骨文1500多年，是汉字的祖形，是中国迄今发现的最早的文字，中国的文字史和文明史从而被提前到了5000年前。而现藏于临淄齐国历史博物馆的一把燕王剑，则恰恰是发生在春秋战国时期的一场著名战争——乐毅伐齐的唯一明确相关遗物。这把燕王剑与《史记》中有关乐毅伐齐的描绘互为映证，从而使得"文献"和"证物"完美融合。

　　本书的第二个着力点，乃是想通过深入挖掘文物背后的流传经历，来呈现文物的流传史。近些年来，随着央视《鉴宝》等栏目的开播，民间对文物本身的关注度越来越高，然而对文物的重视却并非从来如此。伴随着历史的动荡，尤其是"文革"等运动，我们如今视为国宝的珍贵文物，当年可能被视若草芥，它们都曾有过颠沛流离的流传经历。对文物流传经历的呈现，也是一种类似"口述历史"的记录，这种记录，当然也是历史的一个重要组成部分。

　　令人喟叹的是，本书所涉的几乎每一件珍贵文物，背后都有着极其曲折的流传经历，而在采写这些文物故事时，笔者都尽力采访到文物的经手者和文物流传过程的亲历者，以确保描述的客观性和准确性。在对全省众多博物馆重要藏品的现场探访和采访过程中，我深切地体会到了记录文物流传史的重要性和急迫性。在我赴青州采访青州博物馆原馆长夏名采先生后不到一年，先生就去世了，在网上得到先生去世的消息之后，我悲伤不已，当时的采访虽然只有一天，但我深知，数十年兢兢业业从事博物馆工作，夏先生身上还有太多太多文物传奇，值得我们去书写。

随着人们对文物的兴趣日渐浓厚，各地博物馆也开始成为越来越多的人旅游目的地，但博物馆对展出文物的介绍往往只有寥寥数语，如果本书能成为读者参观博物馆时的小小指南，那么它的目的也就达到了。为了读者阅读方便，书中篇章基本以文物所在地的博物馆排列，同一博物馆的不同文物，则基本按年代先后及类别排列。

每当我行走齐鲁大地，采集文物故事之时，总觉得自己就像古代乐府的工作人员，他们收集民间的音乐、歌赋，了解风俗民情，内心充满了欢乐。"折戟沉沙铁未销，自将磨洗认前朝"。我相信，无论时代如何变化，无论我们行走的脚步多么匆忙，那些默默陈列在博物馆展厅的文物，都值得我们静下心来，去细细品读，因为那里有我们民族文化的密码，有让我们枝繁叶茂的根。

山东有泰山，有黄河，是中华文明的重要发祥地，历史文化遗产极为丰富。根据 2015 年 3 月的最新官方数据，山东拥有各级各类博物馆 273 家，全省现有馆藏文物 180 余万件，一级文物 1.26 万件，位居全国前列。本书所及，虽遍及山东全省，仍是沧海之一粟，抛砖引玉，希望有更多的人来续写更多的文物传奇。

揭秘文物背后的曲折故事，点亮历史深处的人文光泽。为了保证本书的学术品质，我们曾请山东博物馆原馆长鲁文生先生担任学术顾问，山东省博物馆学会担任学术支持。虽然如此，由于笔者非文博专业出身，加上才疏学浅，书中难免有错误之处，还请读者朋友多多指正。

目录

COMTENTS

从日本人手中夺回的商代甲骨

山东博物馆

2011 年 3 月 17 日，山东博物馆"十大镇馆之宝"评选活动揭晓，在山东博物馆馆藏的 20 万件文物中，十件文物脱颖而出，成为"镇馆之宝"，其中之一是商代的甲骨。

山东博物馆珍藏有 5000 余件商代甲骨，数量多，学术价值高，在全国博物馆中名列前茅。根据已故著名甲骨学家、历史学家胡厚宣先生的鉴定，国内的甲骨收藏，国家图书馆、故宫博物院之后，省级博物馆中便要数山东博物馆了。

如今，当人们在博物馆亮丽橱窗里欣赏甲骨时，也许很少有人知道它们惊险而坎坷的命运。这些具有传奇经历的甲骨，经过半个多世纪的劫难，作为山东博物馆"十大镇馆之宝"，向世人陈述着中国近代史上的一份沉沦与奋争。

2011 年 7 月 24 日，我辗转找到了已 88 岁高龄的刘敬亭老人，这位1949 年就开始在胶东参加文物管理工作的老人，对这些甲骨情有独钟。

1219 片罗振玉旧藏甲骨，险入日本人之手

刘敬亭告诉我，虽然她开始介入文物管理工作是在 1949 年，但 1945 年的那些惊险之事，早已听同事说了无数遍，就像自己亲身经历的一样。

1945 年日军投降后，山东胶东行政公署派干部去东北地区巩固地方政权，接收敌产。公署干部高兢生带领十几人到大连远东炼油厂执行任务时，发现炼油厂内一名日籍工程师迟迟不肯随日本侨民撤离，接连几天在厂区徘徊，并十分留意厂区里一个四面焊死的大铁箱。箱内何物？无人知晓。这引起大家的怀疑，有人于是就用铁凿撬开铁箱。铁箱一开，人们惊叹不已：原来里面装有 73 个木制小抽屉，11 个布制小盒，嵌装有 1219 片甲骨！高兢生等人分析，远东炼油厂是海上码头，此箱应是日本人战败欲运走而未及运走者。胶东行政公署各救会会长张修己得知情况后打电话叮嘱："务必妥善保管，待机运往胶东。"当时大连由苏

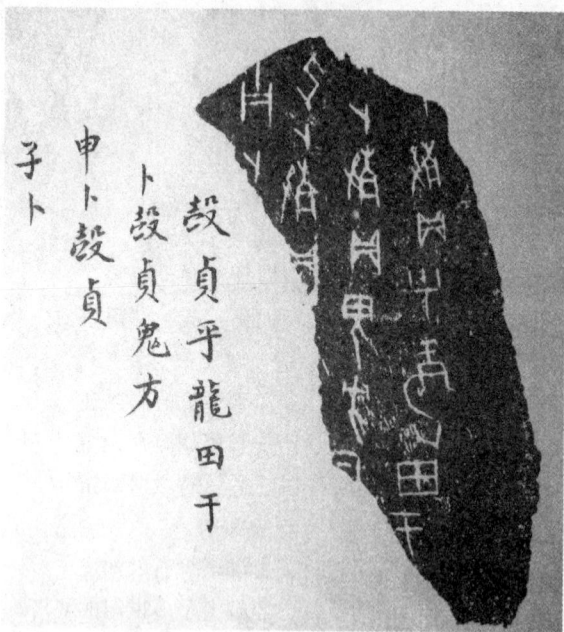

"鬼方"甲骨墨拓（采自刘敬亭《山东省博物馆珍藏甲骨墨拓集》）

军管理，环境特殊，解放区干部在严格保密的情况下，将这箱甲骨运到山东栖霞保存。那个神秘的日本人在甲骨被发现后，失去踪影。

1951 年胶东文物管理委员会撤销时，把所藏甲骨交给山东省文物管理委员会，其中包括这批甲骨。后来省文管会与省博合并，这批甲骨成了省博的珍贵馆藏。

新中国成立后，胡厚宣鉴定这批甲骨时，发现它们正是抗战时期不知去向的著名金石学者罗振玉所藏甲骨。甲骨经什么人之手，又是什么人将它们藏在日本人工厂的大铁箱里，现在已很难弄清楚。但据日南满铁路档案，日军侵华期间，曾秘密将掠夺的中国文物从东北盗运回国。这批珍贵的甲骨，应是日本人没来得及盗走的遗留。

刘敬亭介绍，这批罗振玉的旧藏甲骨中，有四片是特级品和精品。分别是一片"鬼方"^{商时西北方强敌，《易经》云：}_{"高宗伐鬼方，三年克之。"}据说"鬼方"甲骨全国仅有三片，其中两片在台湾；另一片刻有带"金"字旁的"马"字，"金"在甲骨中十分罕见，此系《甲骨文合集》中的唯一；还有一片正反面均有刻字，内有三个字呈"龟"型，在甲骨文资料中也是罕见的；再有一片的正面刻有"虹"字，此字边上的两道弧当是龙身，下端是龙头，作二龙吸水状，古人认为龙出吸水即天晴，故为"虹"字。

8080 片明义士旧藏，历经风险"二次出土"

提到山东博物馆馆藏甲骨，有个外国人必须提及，他就是加拿大传教士明义士。明义士^{1885 年 2 月 23}_{日生于加拿大}原名孟席斯·詹姆斯·梅隆。

1910 年，明义士接受加拿大教会授予的牧师职务，来到中国传教。他在河南武安、彰德等地调查收集文物，后来得知殷墟一带出土甲骨，便大量收购，据传搜集到五万余片，成为收藏甲骨最多的外国人。1933 年，明义士到齐鲁大学教书，遂从历年藏品中选出一部分，由安阳运抵济南。

1937 年抗日战争爆发前，他离开齐鲁大学并带走许多珍贵文物，来不及带走的文物装箱封存在齐鲁大学。

这批封存于齐鲁大学的文物此后历经风险。1942 年，日军占领齐鲁大学，明义士的朋友们将藏品分别存放，其中一箱甲骨藏在学校金库里，其他埋于校园各处。同时绘制两张方位图，正本转交明义士，另一份由外籍传教士安德鲁保存。从后来的书信中可知，藏品至少被存放于五个地方。与被日军盗掘的历史文物和图书相比，这批文物得以免遭日军劫掠，实为万幸。1952 年，将要离

此甲骨刻有"鍚"字，殊为罕见
（采自 2007 年《山东文物精品大展》图录）

开中国的原齐鲁大学英籍校长林仰山向学校交出这份绘制于 1942 年、标有明义士甲骨埋藏位置的"藏宝图"副本。按照图中指示，发现文物 140 箱、29457 件，其中甲骨 8080 片（有文字的 3668 片）。至此，明义士收藏的甲骨经过"二次出土"，重见天日。这批甲骨虽大多都是小片、碎片和无字

甲骨，价值比不了罗振玉旧藏，但能重见天日，也实属万幸。

山东人王懿荣 —— "甲骨文之父"

山东和甲骨文渊源深刻，所以山东博物馆馆藏的重要甲骨能成为"十大镇馆之宝"，也是对"甲骨文之父"、山东老乡王懿荣的告慰。

甲骨文的发现是上世纪末、本世纪初中国考古的三大发现之一
^{另两大发现是敦煌石窟、周口店猿人遗迹}。它的发现过程十分偶然又富于戏剧色彩，和山东人王懿荣关系密切。

清末光绪二十五年^{（1899）}，国子监祭酒王懿荣得了疟疾，派人到北京宣武门外菜市口的达仁堂中药店买回一剂中药，王懿荣无意中看到其中一味叫"龙骨"的药品上刻划着符号。对金石文字素有研究的王懿荣觉得，这不是一般的刻痕，很像古代文字。他派人到达仁堂，用高价把药店刻有符号的龙骨全部买下，又通过古董商范维卿等人搜购，共收集1500多片。他研究分析后认为，这并非"龙"骨，而是几千年前的龟甲和兽骨，他还从甲骨上逐渐辨识出"雨""日""月""山""水"等字，又找出商代几位国王的名字，由此确认这是刻画在兽骨上的古代文字。这一发现引起轰动，文人学士和古董商人竞相搜求。

首先对甲骨文做出确认的王懿荣没来得及深入研究和著书立说，八国联军便逼近北京，他被任命为京师团练大臣。1900 年 7 月，侵略军兵临城下，慈禧太后带领皇室人员出逃，王懿荣对家人说："吾义不可苟生！"随即写了一首绝命词，毅然服毒坠井而死。后人称这位最先发现甲骨文的人为"甲骨文之父"，在甲骨文发现 90 周年的 1989 年，王懿荣纪念馆在他的家乡——山东烟台福山区建成，以纪念他的功绩。王懿荣殉难后，他所藏甲骨大部转归好友刘鹗^{《老残游记》作者}。刘鹗又进一步搜集，所藏甲骨增至 5000 多片，于 1903 年拓印《铁云藏龟》一书，将甲骨文资料第一次公开出版。

甲骨文被发现后，古董商人为垄断财源，对于甲骨来源秘而不宣。直到 1908 年，学者罗振玉才首先访知甲骨出土于河南安阳的小屯村一带，他派亲属去求购，又亲往安阳考察，先后搜集到近两万片甲骨，于 1913 年精选出 2000 多片编成《殷墟书契》^{前编}出版，为甲骨文的研究奠定了基础。继罗振玉之后，许多著名学者都进行了卓有成效的考释和研究，从而形成一门专门的学问——甲骨学。罗振玉、王国维、董作宾、郭沫若

并称为"甲骨四堂",被誉为甲骨学研究的一代宗师。

自费 7 万元出版《山东省博物馆珍藏甲骨墨拓集》

对于甲骨文研究来说,材料收集非常重要,罗振玉曾谓:"材料之搜集,尤重于研究。"郭沫若亦云:"秘而不宣,与藏之地下何异。又如研究考证,尚欲免断章取义、穿凿附会之嫌,则所见材料必多。"

上世纪 90 年代,时任省博保管部部长的刘敬亭开始对 1970 片精华甲骨进行墨拓。刘敬亭说:"以前墨拓时,总要请一位老先生帮忙。后来我主动拜师,终于学会墨拓甲骨。虽然很多人都会这个手艺,但要拓好甲骨需要十足耐心,好的棉纸、好墨、认真细致的态度,一样都不能少。经过两年时间,我终于将馆藏甲骨文之精华共 1970 片墨拓出来,并请刘长忠先生把甲骨上的释文用小楷写在拓片边上,以方便学者研究。由于我只有小学文化,对甲骨文的释文解读费尽周折,各种艰难,只有自己知道。"

墨拓虽然完成,拓片的出版却因经费不足而搁浅。刘敬亭说,"我担心自己的拓片会如郭沫若所言'秘而不宣',内心非常痛苦。幸亏我的两个女儿,知道我的心愿后凑齐 7 万块钱,让我自费出版了这本《山东省博物馆珍藏甲骨墨拓集》。1998 年这本书面世,著名书法家蒋维崧先生题写了书名,胡厚宣为之作序。国内不少甲骨文学者对该书都给予充分肯定,认为我的墨拓功夫是'全国一流'。能为甲骨文研究做出自己的贡献,我这个在文物战线上工作了 60 多年的'老兵'就没有遗憾了。"

颂簋：三千年前青铜器如何入藏省博

山东博物馆

在山东博物馆的青铜器展厅，有一件大约3000年前的西周青铜器。它端庄而精美，尤其珍贵的是，在这件青铜器的器盖和器身底部，各有152字的铭文。2011年3月17日，这件精美的颂簋毫无悬念地入选山东博物馆"十大镇馆之宝"。

3000年前的这件青铜器，有着怎样的价值？所刻铭文记载了一件怎样的历史事件？在入藏山东博物馆之前，又经历了哪些曲折的流传过程？

簋：西周时的盛食器和礼器

所谓颂簋，就是一个叫颂的官员制造的簋。颂簋（通高30.1厘米、口径24.2厘米，重13.2千克）隆盖，顶有圈形把手，鼓腹，圈足，圈足下有三个兽面象鼻形足。腹部两侧有一对兽首耳，下有垂珥。口沿上下各饰窃曲纹一周，盖与腹均饰横条脊纹，圈足饰垂鳞纹，形制庄重而大方。

山东博物馆保管部研究员张建华告诉我，簋在商周时，是用来盛放黍（大黄米）、稷（小米）等食物的盛食器，相当于现在的碗。"那个时代人们吃饭是席地而坐，簋就放在席子上，里面装着食物，供人们取用。鼎是炊器，主要是煮肉，簋则是盛放谷类素食的。簋的种类很多，大致可以分为圈足簋、方座簋、四足簋、三足簋和高圈足簋。颂簋属于三足簋，就是圈足下面另有三个小矮足，这种簋在西周晚期非常流行"。

除了当作生活用具，在西周时期，簋和鼎一样也是重要的礼器，并以偶数和鼎配合使用，使用者身份高低不同，使用的数量也不一样。当时天子用九鼎八簋，诸侯七鼎六簋，大夫五鼎四簋，元士三鼎二簋。

在西周，铜被称作金，本身就是稀缺资源，铜礼器更是贵族专享。"器以载礼"，兹事体大，其在制作上推陈出新，精益求精也就无足为怪了。再加上这个颂簋和王室有关，规格很高，其地位和价值就更不用多说了。

〔西周〕颂簋（山东博物馆提供）

铭文：一个叫颂的人接受了周天子册封

颂簋珍贵之处是它的铭文。颂簋的腹内和盖内都铸有铭文，铭文内容相同，这叫"对铭"^{铭文各15行152字}。铭文大意是：周王三年五月，颂在京城觐见天子，天子命颂在成周洛阳担任官职，并赐给他礼服、旗帜和马具等。颂接受册命后，向天子献上玉璋表示感谢。事后铸造了颂簋、颂鼎和颂壶等青铜礼器，以纪念受册命这件事。

张建华说："颂簋的铭文，内容是一篇完整的册命，对于研究西周的历史特别是册命制度有重要参考价值。制作青铜器的颂，受到当时最高统治者周天子的册封和赏赐，可见身份地位很不一般。铭文记事一上来就提到'三年五月'这个时间，这里的'三年'是哪个周王的三年呢？也就是说这组颂器是西周什么时期铸造的呢？这个问题，学术界有不同说法：郭沫若主张定为共王时代，唐兰则主张定为厉王时代，也有人主张定在西周宣王时期。按郭沫若的共王说，颂簋为西周中期的青铜器，按其他说法，则为西周晚期青铜器。"

张建华表示，颂簋的铭文无论上下还是左右，都成列成行，很整齐，

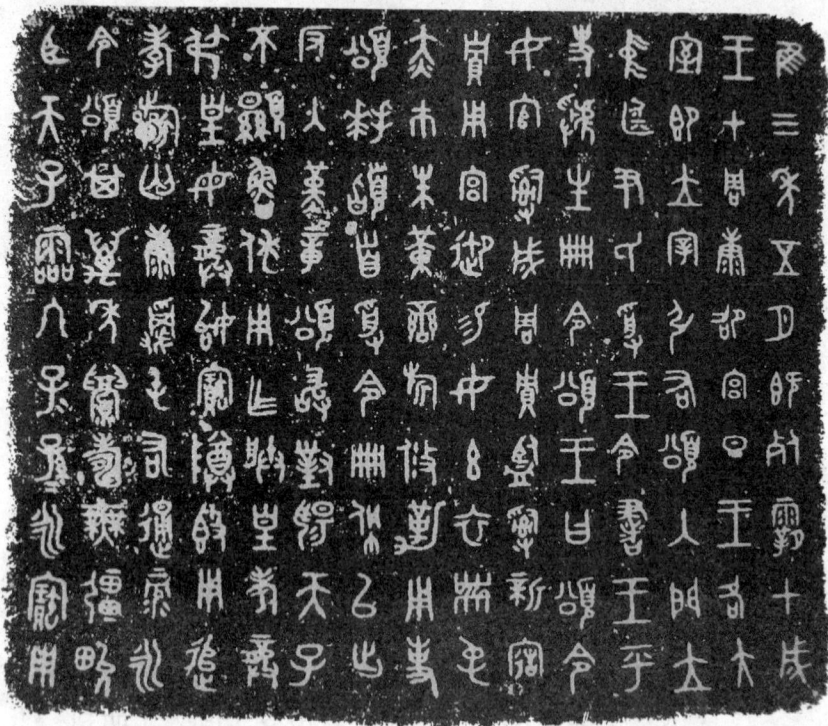

颂簋铭文拓片（山东博物馆提供）

字的大小比较均匀，笔画的粗细一致，起笔、行笔和收笔不露锋芒，笔画转折处作圆弧形，书法家称这种笔法为"圆笔"，称这种书体为"玉箸篆"。它与商代晚期和西周前期的铭文已经有了明显的区别，那时的铭文，字的大小往往不均匀、起笔收笔多尖锐出锋、转笔处多作方折。颂簋上的这种铭文是金文最成熟的形态，是西周王室在西周后期使用的标准书体，书法价值很高。

刘墉侄孙、山东首富曾经是它的主人

颂簋出土于陕西，根据推断，应该是西周中晚期战乱频繁，颂氏家族在往东逃亡的过程中匆匆将其窖藏起来。颂簋何时出土已经无从考证，不过它后来的流传过程，则充满了传奇色彩。

颂簋的第一位收藏者是清朝重臣刘墉的侄孙刘喜海。刘喜海别号"三巴子"，山东诸城人，著名金石学家、古泉学家、藏书家，他的《三巴金石苑》对后人影响很大。清嘉庆十九年[（1814）]，刘喜海在北京一家古董商店意外发现了颂簋，花重金将其购得，并送到山东老家珍藏。

后来，此簋又归当时山东布政使李山农所有。李山农也是著名收藏家，光绪十一年[（1885）]，他先后在平度、招远开办采金工场，十五年[（1889）]又到牟平开办矿务公司，家资丰厚。李山农任事慷慨有侠气，喜汲引后进，还擅长山水画。

此后，颂簋又辗转落于山东黄县丁氏"泰来"号的丁树贞手中。丁树贞[（1861—1915）]，字干圃，号仲立、煦农、陶斋，别号长年，为山东著名的金石收藏家。丁氏数世亦官亦商，做钱庄等生意，家资甚巨，是当时山东首富。他为人慷慨大方，热心社会公益，常有捐资之善举，被清廷加封三品衔，赏戴花翎，并候选知府。在看到不少文物被外国人弄走之后，丁树贞非常痛心，因此举全家之力，有心收藏了不少青铜器，现藏山东博物馆的虢叔旅钟和射妇桑鉴都曾是丁家藏品。

器身、器盖，从分离到团聚

在丁树贞收藏颂簋之后几十年，外敌入侵频繁，山东境内战火纷飞，丁氏家族家道破落，弟兄分家时分割财产，颂簋的器盖和器身由不同的人收藏。

原山东博物馆保管部主任刘敬亭在接受笔者采访时说："那时候我在胶东文物管理委员会，地点设在莱阳的沐浴店，黄县也有分点。1946年进行土改时，曾下过一个关于文物、善本图书和书画不准分给百姓的通知，1947年又进行土改复查。这一时期，胶东文物管理委员会接收了大量文物，颂簋的器身就是在这一过程中被胶东文物管理委员会收藏的。1947年国民党进攻胶东，我们就发动老百姓帮忙保护文物，把文物先运送到山上埋起来。我记得很清楚，当时我的同事殷汝章赶着个毛驴装着文物往山上跑。情形相当危急。"

1954年山东博物馆成立之后，颂簋的器身就成为展品展出，但是，由于分得器盖的丁氏后人早已搬离黄县，联系不上，器盖一直下落不明。一直到1959年，家住青岛的丁氏后人张秀琳女士到济南参观山东博物馆，发现展厅里颂簋的器身和自己家里的器盖应该是一套，回家后一问丈夫，才知道颂簋器身与器盖是当年分家时分开的。于是将器盖捐献给了山东博物馆，如此，颂簋的器身和器盖才真正团圆。

"子子孙孙永宝用"

根据张建华的统计，和颂簋一起出土的青铜器有不少，历代著录的与颂簋铭文相同或基本相同的器物有多件。其中鼎三件，一件收藏于北京故宫博物院，一件收藏于台北"故宫博物院"，另一件藏于上海博物馆。另有壶两件或三件，一件为承德避暑山庄旧藏，现藏于台北"故宫博物院"。一件壶盖为赵之琛、钱水西、莫远湖等旧藏，清代金石著录中的颂壶均为这件壶盖，现在下落不明。还有一件壶身为黄县丁氏旧藏，现藏于国家博物馆。不知后两者是否为同一套器物。

而簋则有八件，一件为张廷济、沈仲复、端方等旧藏，现藏于美国纳尔逊美术馆。一件为刘鹗旧藏，现藏于北京故宫博物院。一件为吴式芬旧藏，现藏于上海博物馆，还有一件即为山东博物馆所藏，是诸颂簋中最为精美者。除了以上几件完整的颂簋，另有一件簋盖现藏于日本京都黑川古文化研究所，一件簋盖现藏于上海博物馆，这两件簋盖的器身和其余两件颂簋则不知所踪。

清季纷纷，地不爱宝。青铜礼器重见天日，颠沛流离，或存或逸，恰似近代中国命运的缩影。颂簋铭文中有一句"子子孙孙永宝用"，联系到颂簋流传的曲折经历，我们或许可以将这句话看作美好的祝愿，同时也是对后世的警策。

"山东维纳斯"的红颜劫难 _{山东博物馆}

说起维纳斯，人们脑海里会映现出一个美丽的女神形象。千百年来，这个美丽女神早已成为神话、爱情、艺术等美好事物的化身。

在山东也有一个"维纳斯女神"，她有着深厚的历史、文化底蕴，有着精美绝伦的面容和身形。从出土到入藏山东博物馆，她历经曲折——这就是东魏的蝉冠菩萨像。2011 年 3 月 17 日，山东博物馆在评出十件"镇馆之宝"的同时，还评选出现场观众最喜爱奖、最具听觉冲击力奖、最具故事情节奖、最具视觉冲击力奖四件"特别奖"藏品，蝉冠菩萨像位列"最具故事情节奖"。

历经被盗、流亡海外的跌宕命运，如今这座 1500 年前的蝉冠菩萨像矗立在山东博物馆"佛教造像艺术展"展厅里。人们也许想不到，她安静美丽的神态背后，隐藏着一个曲折的故事。

山东博物馆副研究员肖贵田对这尊蝉冠菩萨像情有独钟，并倾注大量心血进行了研究，他的讲述专业而有趣。

〔东魏〕禅冠菩萨像（山东博物馆提供）

精美绝伦，这样的佛教蝉冠世界罕见

看到蝉冠菩萨像，你会觉得"山东维纳斯"这个称号名副其实。

这尊蝉冠菩萨像 通高120.5 头戴高冠，嘴角微翘，面带笑意；上身穿袒右衣，双肩覆搭披帛，帛带于胸前打结后向两侧下垂到小腿再向上折，最后各自绕两手肘下垂；下身穿长裙，裙袂处分布密集皱褶。菩萨身上的装饰品十分华丽，两肩各立一圆形饰件，胸前悬挂两层项链，链下坠一宝珠；繁缛的璎珞自两肩下垂，于腹部交叉后分向两侧，再折向身后，腹前交叉处装饰一颗硕大的宝珠。

肖贵田说，菩萨身躯修长，衣服稍薄而贴体，衣褶密而不厚。"整个形体已显轻灵之意，而无北魏时期厚重之感，是一尊典型的东魏时期作品。最为引人注意的是菩萨宝冠正中装饰的蝉纹，'蝉冠菩萨像'也由此得名，至今在山东境内已发现两例蝉冠菩萨石像，这种佛教蝉冠，即使在世界范围内也十分罕见，因此弥足珍贵。"

所谓"蝉冠"，指的就是冠上有蝉纹装饰。蝉冠最早为汉代时宫廷侍从官所佩戴，侍从官经常陪伴皇帝左右，为皇帝的顾问，可以出入宫廷，后来地位逐渐提高，有的甚至代表皇帝与朝臣论政，权力盖过宰相。后代常常以"蝉冠"比喻显贵、高官。如唐代诗人白居易《题裴晋公女几山刻石诗后》中"公今在何官，被衮珥貂蝉" 因冠上插貂尾，故也称蝉冠帽 ；南宋词人陈人杰《沁园春》中"象笏堆床，蝉冠满座"，均是这一制度的写照。

蝉冠装饰，佛教造像中国化的例证

蝉冠装饰在菩萨像上又是何意？肖贵田表示，这得从蝉的生理和人类赋予蝉的寓意说起。"蝉的幼虫长期蛰居地下，若干年后出土、蜕壳、升树、高鸣，蝉的生命就是这样循环往复，象征着生命的复活和事物的循环。正因为蝉有如此神奇的生理特性，'蝉'很早就成为中国艺术表现的题材。"

比如在商周时期的青铜器上，蝉的形象就十分常见，这一时期的蝉往往与原始农业方面的宗教信仰或巫术相联系，被视为自然界的灵物，并作为祭祀的对象，刻画在礼器上作为装饰图样，以此祈求四时风调雨顺，农作物丰收。

在汉代贵族墓葬中，尸体常常口含玉蝉，除了相信玉能保持尸体不腐朽之外，还祈求尸体能像蝉一样复活过来。早期道教更是以"蝉蜕"来比喻人类羽化成仙，蝉成为仙界的灵物、不死的象征。

中国早期佛教接受了本土民间神仙思想和道教观念，常常把佛和菩萨视为神仙，因此菩萨冠上装饰蝉纹也就不足为奇了，这也是佛教造像中国化的一个例证。佛教文章中也常见到"蝉冠"的踪迹，如广饶县的北魏《根法师碑》即有"昂藏峻绪，渺漫长濑。缤纷组带，蝉联缨冠。或智或愚，能危能安"之句，显示佛教蝉冠依然具有世俗的意义，代表了佛教神像的高贵气质。

埋藏前遭灭佛运动，出土时断为三截

蝉冠菩萨像的出土颇费周折：1976年3月，博兴县陈户镇张官村村民在挖土垫房基时，挖出了一堆佛像，这些佛像主要是石质的，虽然都残破不堪，但在土坑中摆放比较整齐。可惜，当博兴县文物部门闻讯前来勘察时，现场早已破坏，大部分石像已被附近村民当做石料运走。

后经当地文物干部不懈努力，几年间找到数百件残块，经粘接修复合计收回佛像、佛像座等残缺个体72件，蝉冠菩萨像就是其中最为珍贵的一件。蝉冠菩萨像发现时已断为3截，当地博兴县文管所所长李少南用3年时间分3次从3名村民家中找到，终于拼接成一尊较为完整的菩萨像。1982年，蝉冠菩萨像完整入藏博兴县文物管理所。

据介绍，博兴县陈户镇张官村村民所挖的土坑，实际上是一座古代埋藏佛像的窖藏坑，出土佛像的地方是博兴县著名的龙华寺遗址。那么为何要埋一坑佛像？佛像又为何都残破不堪？

肖贵田表示，这得从当年佛像经历的灾难说起。"由于皇室和朝廷的大力扶持，北朝时期走进了中国佛教兴盛的第一个高潮时期。同样是在皇帝和朝臣的操纵下，北朝短短的200年间出现两次大规模的灭佛事件，佛像和寺院均遭受毁灭性的破坏。山东地区经历了中国历史上的第二次灭佛运动，公元577年，北周攻灭北齐，在山东延续了北周武帝的毁佛政策。张官村附近是北朝时期龙华寺遗址，龙华寺出土的隋代寺碑记录了这次灾难的场景，'像天塌下来了一样，寺院的梁柱倾倒坍塌，僧人们被迫离开寺院，流离失所'。博兴县张官村窖藏坑内佛像均系东魏至北齐时期遗物，人们推测它们就是这次运动的受害者"。

经历坎坷，被盗后曾流转英国、日本

蝉冠菩萨像归藏博兴县文管所后，又发生了一段坎坷经历。由于县里当年保管文物的条件不是很好，1994年7月初一个大雨滂沱的深夜，蝉冠菩萨像不翼而飞，杳无音信。

1999年12月，两封信函同时揭开了蝉冠菩萨像的迷踪：一封是托名北京大学中国著名佛教考古学者宿白书写的、寄送给中国社科院杨泓的神秘信件，另一封是来自瑞士米西奈斯古代艺术基金会主席玛利奥·罗伯特的信件。

原来，蝉冠菩萨像被盗后流转到英国文物市场，1995年，被日本美秀博物馆以重金购得。在国际诸方友人协助下，国家文物局、山东省文物局与日方经过多回合谈判，终于在2001年4月达成协议，并签署《备忘录》，确定2007年年底在美秀博物馆创立十周年之际，日方将这尊稀世珍宝无偿捐还给中国山东。

2007年3—5月，为了答谢美秀博物馆无偿赠还菩萨像的诚意，山东省文物厅专门组织了70件^(套)佛像文物，在日本美秀博物馆举办了"中国山东省佛教美术展"。

2008年1月，在外流浪长达14年的蝉冠菩萨像终于回到故乡，山东省文物局指定由山东博物馆收藏。从此，这尊菩萨像静谧安详地陈列在佛教艺术展厅里，无声地向海内外友人诉说着她的故事。

别样抗战：齐鲁瑰宝南迁 山东省图书馆

文物传奇，最应该书写的，是抗战时期王献唐、屈万里、李义贵携带山东文物精华前往四川这一传奇故事。

日寇侵华，抗战爆发，时任山东省图书馆馆长的王献唐担心馆藏善本图书与文物精品落于敌手，或毁于战火，乃将文物珍品于 1937 年 10 月起迁出济南，这批图书、文物首运曲阜，后战事逼紧，王献唐等携 5 箱精品至四川乐山大佛寺保护 1950 年 12 月
运回济南，余 26 箱留存曲阜 1949 年 12 月
运回济南。

自 1937 年始，王献唐护宝十载^{（1937 年 11 月—1947 年 6 月）}。期间，运书、护书费用多由王献唐以研究经费维持。守护人李义贵做小贩等维持生活费用。

在山东省图书馆副馆长、王献唐研究专家李勇慧眼里，王献唐三人南下护宝的举动，无异于是"另一种抗战"。经过数次访问，李勇慧向我揭示了这一事件的历史动因、曲折过程和历史意义。

王献唐（资料图片）

韩复榘在王献唐呈文上批了两个字：不理

1937 年 7 月抗战开始，为防馆藏图书与文物精品毁于战火，王献唐向政府请款保护文物，并做防空准备。随着战局日益激化，他准备将馆藏善本及重要文物南迁。8 月 14 日，编藏部主任屈万里奉王献唐命，开始装箱。王献唐呈报当时的山东省政府主席韩复榘，请求政府派车运文物南下并拨付经费。未料想，韩复榘在呈文上只批了两个字——不理。抗战胜利后不久，著名学者黄裳在南京报纸上发表《访"钵山精舍"》

一文，将韩对抢救文化之"不作为"曝光。

在曲阜奉祀官府的文物安然躲过战祸

王献唐载书播迁之际，虽未得韩复榘支持，却得到多位爱国人士鼎力相助。其中国民党元老丁惟汾，孔子第七十七代嫡孙、最后一任"衍圣公"孔德成，当年的济南市财政局局长邢蓝田，山东医专及附属医院院长尹莘农，济南书商彭辑五，著名学者傅斯年、黄炎培等人皆给予支持与帮助。

初选南迁地点时，山东省教育厅希望迁至故宫博物院在南京的保存所。王献唐认为以曲阜奉祀官府最为妥当。济南陷落前，他与屈万里选馆中善本经籍暨文物书画砖瓦之属，与屈万里及工友李义贵，冒敌机轰炸津浦路之险，将10巨箱运至兖州继转曲阜，妥存奉祀官府。后又运两次计31箱。在王献唐护书南迁时，孔德成协助安置与保护山东馆古籍与文物居功至伟。

其后局势危急，国民政府特派官员护送孔奉祀官至汉口。王献唐三人将第一次所运10箱中精选其半迁至四川，其余仍存放奉祀官府。据称当时王献唐与孔德成有约：若国亡，存留的26箱古籍文物，为奉祀官府所有；若光复，则归还省图。

抗战期间，在曲阜奉祀官府的文物安然无恙躲过战祸。

在宜昌，三人险丧敌机狂轰滥炸中

1937年12月27日，王献唐与屈万里、李义贵携文物5箱，搭乘尹莘农组织的第十重伤医院专车，离开曲阜南下。这一天济南陷落。此后，"过铜山，经沂郑，出武胜关，凡八日行程，三遇空袭，而抵汉口"。在汉口行将装船入川时，运费无着，幸遇山东大学在汉口奉命迁校四川万县的校长林济清聘王献唐为中文系教授，预付800银元酬金，才解燃眉之急。

"逆江而上一路艰辛。在宜昌，三人险些丧生于敌机狂轰滥炸之中；在离开宜昌时，天尚未明，街头烛火点点，行人稀少，及到码头发现无工人装船，方知此日是旧历新年。佳节蒙离乱，游子之情，凄楚难言。在重庆以小舟运书至火轮时，屈万里先生失足跌下驳船，幸身体健捷，得以攀缆，免于难。时入川鲁籍同乡溺死汉水者已达20余人，忆起令人悚然。为寻一安全之处，王献唐访丁惟汾，请其托王子壮向教育部次长张道藩说项，同意将馆中物品移乐山。直至1938年12月29日，在黄炎培等人帮助下，始将珍贵文物安全地存于乐山大佛寺天后宫中。前后时逾一载，地迁近七千里。屈万里后来曾写过一篇长文《载书播迁记》，详细记载了三人南迁过程中的艰辛。"

在流寓岩洞佛寺护书期间，王献唐以馆长自任。在政府经费几尽断绝下，用自己在大学和学术团体任职的微薄收入，维持保护图书费用的开支。

清贫困苦中，王献唐衣食不继，而志守弥坚。书斋署"那罗延室"。"那罗延"，梵语"坚牢"，意在牢守齐鲁图书文物之决心。在乐山，时有敌机轰炸，每遇空袭警报，大家四散于防空洞中，唯独王献唐坚守书籍文物。别人劝其暂时躲避，他笑着说："这些东西是我的生命，一个人不能舍了自己的生命。"

1948年9月济南解放后王献唐去职，仍积极配合，终使分存于孔府奉祀官府、乐山大佛寺的图书文物于1949年12月11日、1950年12月25日，完整无缺地返回故里，由山东古代文物管理委员会代为保存。

护书十载，身无长物，重病缠身，亲人生离死别，犹未悔也

王献唐离乡十载，思乡之绪萦绕心头。"然比思乡更痛的是亲人阴阳永隔。献唐有四子，其中两个死在四川"。根据著名史学家赵俪生先生资料记载，王献唐的大儿子是地下共产党员，被捕之后关在渣滓洞。后来挖出来王献唐大儿子两口子的尸体，女朋友还怀着孕。二儿子是他最疼爱的，华西医科大学优秀毕业生，已预先订妥公费资送留学，可是谁会想到，突然感染脑膜炎，一两天就没了。

王献唐在四川期间，身体每况愈下，神经痉挛症时常发作，脑疾日重，目不能见光，头不能见风，失眠更甚。1947年6月中旬，因脑疾重，王献唐曾赴北平一家医院做开颅手术。

护书十载，身无长物，而重病缠身，亲人生离死别，献唐悔乎？在王献唐所作的《自箴》中，鲜明表达了保护齐鲁文脉而问心无愧之态度："学以致知，求诸近，求之远；行贵克己，不怨天，不尤人。"

"行贵克己"，道出王献唐为人处世之道。"不怨天，不尤人"，

更表示其保护齐鲁文脉"舍我其谁"的姿态。其 1946 年 11 月 20 日致当时的山东省教育厅厅长李泰华函，有"此项物品已为山东文物之精华，献唐既为山东从敌机轰炸中抢运而出，亦当负责使其归还山东，虽劳病至此，无怼也"之语，更是其毕生爱国精神之最好体现。

保护齐鲁文化瑰宝，堪称"另一种抗战"

王献唐南迁文物，包括山东省图书馆、山东金石保存所成立 30 年来收藏之金石古物、书籍珍本及字画精品。因此这次载书远播，对于在第二次世界大战中保护与抢救齐鲁文脉与中华文明具有重要意义。运往四川的图书文物有三大类。第一类为古籍珍、善本，438 种 2659 册，珍稀者有：宋赣州州学刊本《文选》、宋宝佑赵节斋刊本《通鉴纪事本末》等；第二类为书画类，143 种 182 件，珍贵者：王渔洋行书诗笺、刘石庵小楷五福颂、郑板桥行书堂幅、高南阜书画屏、石涛山水堂幅、恽南田山水画等；第三类为金石器物，包括陶瓷、玉器、铜器、砖瓦、甲骨等 734 件，珍奇如商父乙鼎、商五戈足形鼎、商甲骨、周明我鼎、周五敦、秦二世元年诏版等，多属稀世文物图籍。留存曲阜者多为山东文献，也非常珍贵，皆是山东省图书馆与山东金石保存所数代人几十年收集的珍萃，也是齐鲁文化与中华文明之瑰宝。

王献唐保存珍籍于炮火之中，其功绩无法估量，这是山东乃至中国文化史、抗战史上一段不能被忘记的故事。1960 年 11 月 18 日，在王献唐去世后的第三天，山东省政府在省民政厅礼厅由副省长余修主持举行公祭王献唐活动。《大众日报》1960 年 11 月 18 日刊发公祭通告，著名考古学家夏鼐当月在《考古》上发表纪念性文章，这是对王献唐道德品行的充分肯定。

他一辈子只有几件大褂子

安可行，王献唐的儿媳，18 岁嫁进王家，在十多年一起生活的日子里，一直是她照顾王献唐和家中几位老人，她的丈夫王国华继承了王献唐的学术衣钵。2011 年 8 月 18 日下午，居于青岛的安可行老人在电话中对笔者说："在四川时他就头疼，回来后疼得更厉害，就上北京动了手术。他做学问太拼命，加上去四川又颠沛流离，身边没人照顾，所以生了病，

1960年就去世了。离开济南时，他让我婆婆带着四个儿子到乡下避难，自己去了四川。他说如果不保护好这些齐鲁文化瑰宝，就无颜见山东父老。后来大儿子去四川找他，在路上参加了革命，最后牺牲了。"

安可行说，生活中的王献唐特别简朴，夏天总穿着粗布烂衫。"一辈子只有几件我婆婆给他缝制的大褂子。他最喜欢的就是读书、研究文物、做学问，有时候一晚上起来好几次。他就是这样一个人，早年整理聊城海源阁藏书，待在海源阁里一年多，出来时手脚都肿了，头发也长到了肩膀"。

"使命意识""独立思想"与"严谨学风"

李勇慧认为，现在少有人了解王献唐，但他的治学态度和精神值得后人继承。王献唐1896年出生，山东日照人，现代杰出历史学家、图书馆学家、金石考古学家和版本目录学家，是山东地区考古、文物事业的奠基人。其一生搜集整理、抢救保护山左文献不遗余力，贡献卓著；于近代图书馆管理及文字、音韵、训诂、金石、考古、史学、版本、目录、校勘、书画、篆刻多个学术与艺术领域皆有斩获，成就斐然。昔王鸣盛序《十七史商榷》有言曰："予任其劳而使人受其逸，予居其难而使人乐其易。"献唐之功，实在于兹。其有功于中国学术文化者，可谓"虽百世而下，必将与日月同光，山河并寿"。

王献唐从青年时代即有对中国传统文化"从头说起"的魄力和胆识。他与章炳麟、王国维、梁启超、陈寅恪等近现代国学大师道德学问相一致，终生信守维护"国学"当在"吸取世界文化同时保存国粹"、文献乃"民族之命脉"、学术乃"天下之公器"、治学当"实事求是"不能"讨巧""文与史本相表里"等思想，具备中国传统学人的"使命意识""独立思想"与"严谨学风"，是当之无愧的国学大师。

他不识字，却守护国宝13年

抗战时期跟随王献唐、屈万里远赴四川保护齐鲁文化瑰宝的李义贵，是当时山东省图书馆的工友。这位目不识丁的济南汉子，抛妻别子，于战火纷飞中远赴四川，在异乡守护瑰宝13年。

2011年8月5日上午，我见到李义贵的小女儿、刚从山东博物馆退休

李义贵（李连英提供）

的李连英。说起父亲，李连英数次潸然泪下。不善言辞的她说："父亲从小不识字，在扫盲班学过一阵子，到四川保护齐鲁文化瑰宝，说起来是几句话的事，但做起来，很不容易。"

1906年，李义贵出生在济南南部山区一个偏僻小山村——罗伽村。小小年纪就失去双亲，为了生活，李义贵当过地主家的长工，在烧酒作坊打过工。后来到济南打短工、拉洋车。

李连英说："父亲常到省图书馆门口拉洋车，时任省图书馆馆长的王献唐常坐父亲拉的洋车，王先生给多少钱，父亲从不多说，久而久之，王先生看父亲忠厚老实，就让他到省图书馆干杂务，从此父亲才过上安静的日子并在济南娶妻安家。1936年生下大儿子李连发。"

"七七事变"后华北危急，济南也成危城。李义贵抛妻别子，跟随王献唐和省图书馆编藏部主任屈万里在狼烟烽火中开始了漫长艰难的旅程。离开济南的时候，儿子还不满一岁。

王献唐、李义贵一行三人，先是运送10箱图书、文物到曲阜，后来又精选5箱运往四川，行程近7000里，曾遭受敌人追击、敌机轰炸，在三峡险滩险些触礁，还遭遇土豪兵痞的觊觎侵吞，大雨中在船舷失足等，颠沛流离间历经了千辛万苦。

屈万里后来曾回忆途中遇险的经历："旋闻轧轧机声，自南而至，视之凡四架，予乃避入丛林，则见冢上洞孔密布，盖敌度林中必有匿人，以机枪射击所致也。因复趋出，偃卧道侧，以察其肆虐之状。是时我高射炮齐发，烟花缀空，如白云朵朵。机枪则密如连珠，时杂以轰炸声，俨置身战阵间也。"

13年在异乡守护文物，对常人来说是难以想象的。

李连英说："父亲虽没文化，但知道这些文物、图书的重要性。即使在最困难的时候，他忍饥挨饿也没有动过变卖藏品求生的念头。父亲的

想法很朴素 —— 那是国家的宝贝，是公家的东西，不能动。在路上走了一年多才到四川。1938 年，文物运抵四川乐山，存入大佛寺天后宫中。王献唐、屈万里去学术机构任职赚经费，父亲专门负责看管。在四川，起初他还能定期收到津贴，但随着战乱加剧，他和王献唐失去了联系，生活来源断绝了。迫于生计，父亲去江边搬运货物、清淤除污、担沙扛石，还摆过地摊，卖过香烟、水果，以微薄的收入糊口。江岸上的行会，街市里的把头、无赖一听我父亲是外地口音，就想敲诈勒索，甚至拳脚相加，用父亲的话来说：'弄不好，就可能被撞入江底，来一个身首不见。' 所幸父亲个头很高，有一米八多，人又老实，渐渐就扎下根来。四川气候潮湿，为了不让古籍受潮，父亲时不时拿出来晾晒，但又要保密，其中艰难，只有他自己能体会。就这样，父亲守着那些珍宝，熬过了 13 个春秋。"

护宝归来 —— 他的生活依旧十分艰难

从 1937 年离开济南算起，13 年后回到济南，已经是 1950 年。

李连英说："乐山解放后，父亲拿着所藏文物目录去报告解放军，

李义贵全家福（李连英提供）

由于文物珍贵、数量巨大，解放军立即上报中央。在国家文物部门、山东省政府、山东古代文物管理委员会及王献唐等人努力下，政府派两名同志到乐山接收了文物，将它们和我父亲一起接到北京。返回济南时，已是 1950 年的 12 月。13 年之后，这批齐鲁文化瑰宝重回济南。父亲离开济南时，儿子还未满一岁，家里没法维持生活，结发妻子就带着年幼的儿子改嫁他人。1950 年底，父亲费尽周折找回了失散 13 年的大儿子，后来送儿子参加了解放军。之前，王献唐曾回济南帮父亲寻亲，无果。在四川的父亲知道消息后很悲痛，回乡无望的情况下，在乐山重新娶妻成家。生了一儿一女，也就是我大姐和我小哥哥。我是父亲回济南后才出生的，我在家里排行老小。"

回到家乡后李义贵一直在山东古代文物管理委员会、山东博物馆工作。一家六口，四个孩子，只靠他一个人的工资生活。李连英说："我母亲一直到 50 多岁时去马路上砸石子补贴家用，直到 1971 年病故。父亲有时候去给母亲帮忙，博物馆的人还会说他搞第二职业，弄得他心里很难受。上世纪 50 年代，王献唐看到我们家生活困难，每月从自己工资里拿 5 块钱来补贴我们。1960 年王先生病重住院，我父母忙前忙后帮忙，那时候我才 5 岁，也给王先生送过饭。"

由于种种原因，李义贵 1975 年 69 岁时才办理退休。李连英说："其实父亲应该是离休，但当时认为济南解放时，乐山还没解放，父亲在乐山那段时间不能算在工龄里。可父亲守护的毕竟是山东的珍贵图书、文物，13 年不仅没有丢失一件，还从四川买了几件有当地特色的瓷器，后来一并捐给山东博物馆。艰苦的护宝过程没能被当时的领导认可，没能离休，是父亲心里永远的遗憾。希望人们不仅能记住为国家做出贡献的大人物，也能记住我父亲这样的小人物。"

一车拉来三件国宝 济南市博物馆

"作揖的作揖，打躬的打躬，鼓瑟的鼓瑟，吹笙的吹笙。筋斗连番，钟磬齐鸣，有庄有谐，有动有静。庄者，道貌岸然，谐者，滑稽多情。一个凝固的瞬间，一个欢乐的场景。一观再观，忍俊不禁……时光闪回，两千年光景，歌台舞榭之外，下里巴人，芸芸众生……"

西汉彩绘乐舞杂技俑出土后，《中国文物报》曾这样对其进行描写和赞誉。现在，1969 年在济南北郊无影山南坡出土的这件国宝级文物，已成为济南市博物馆的镇馆之宝。

济南市博物馆副馆长张雯认为，这件西汉彩绘乐舞杂技陶俑以巧妙的构思，优美的格调，在有限的空间中展示了当时贵族宴饮娱乐的场景，即便在今天看来，这种集音乐、舞蹈、杂技各种表演于一体的演出也不失为一场丰盛、热闹的视听盛宴。这一两千年前的内容丰富、场面完整的乐舞杂技俑，为迄今我国汉墓出土文物中所仅有，凝结着极高的文物价值、艺术价值与历史价值。

"地排车"拉来三件国宝

2011 年 10 月 19 日上午，我在济南商埠区一幢老居民楼里，找到了已经 87 岁高龄的于中航。于中航是"文革"期间济南市博物馆仅有的 6 位工作人员中的一位，对于当年杂技俑的发现以及入藏济南市博物馆的过程，老先生记忆犹新——

"上世纪 60 年代，济南北郊的无影山周边是一片沙土地。当时生产队施工搞建筑，都从那里挖沙土，有时能挖出一些陶盆、陶罐。那时北园公社堤口大队有一个叫崔昌礼的社员，是个有心人。1964 年，崔昌礼曾把他挖沙时发现的一件汉代陶壶送到济南市博物馆，馆里给了他奖励，并对他讲了保护祖国文物的重要意义。奖励虽然不多，只够他来回的路费，但崔昌礼因此就记着这个事儿了。1969 年 4 月，崔昌礼在挖沙时发现了一个有底盘的陶俑，上面一些玩杂技、跳舞的小人很有意思。当时崔昌礼正忙着挖沙，腾不出时间来，于是委托前去拉沙的历下区运输公司的韩家山，请他帮忙把自己发现的杂技俑和一对载人、载鼎的陶鸟以及一套陶车马送到博物馆。韩家山拉着'地排车'，一路小心翼翼，将它们送到了博物馆。我们觉得这些东西很有价值，就留了下来。后来根据文物鉴定专家的鉴定，杂技俑和那对载人、载鼎的陶鸟都被定为国家一级文物。"

"献宝人"奖品是一本《毛主席语录》

"文革"期间，济南市博物馆已经从趵突泉公园搬到纬四路的一个仓库。于中航说："杂技俑就是拉到那个地方的。那时候，人们对文物很不重视，但是对我们文物工作者而言，这毕竟是一件相当重要的器物。在向上级部门请示之后，我们专门召开了一个表彰大会，对崔昌礼的行为进行了表扬，送给他一本《毛主席语录》作为奖励。"

在那个年代，人们对文物的认识和现在有着天壤之别，以一本《毛主席语录》作为对"献宝人"的奖励，是独特的时代氛围使然。于中航说："其实，那时候济南市博物馆收集文物的一个重要渠道，就是去垃圾站翻捡。如今，作为济南市博物馆重要藏品的新石器时代龙山文化穿孔玉斧、商代晚期的青铜犁铧，都是我从垃圾站翻捡来的。那时候济南的垃圾站负责市区及周边18个县的垃圾收购，我们跟垃圾站的人说，如果你们发现了古旧的铜器等老物件，就跟博物馆联系。等我们去了之后，如果发现东西确有价值，就以略高于废铜烂铁的价格收购。通过这种方式，我们收集了不少文物。"

郭沫若指示发掘杂技俑汉墓

于中航告诉我，"当时我们一看到杂技陶俑就非常惊奇，因为杂技在汉代十分盛行，文献也多有记载。但是这样成组的歌舞杂技陶俑十分罕见。于是我们给杂技俑拍了照，寄到中国科学院考古研究所，后来中科院考古所的工宣队向我们传达了郭沫若的指示，要求我们对出土杂技俑的无影山汉墓进一步发掘。遗憾的是，整个墓葬发掘完毕，除了发现一些陶罐、陶壶之外，再没有更有价值的发现，也没有找到墓主人究竟是谁的证明。"

1971年，为了庆祝新中国成立22周年，故宫在全国征调重要文物进行展览。当年国庆节，来自济南的杂技俑首次在故宫展出。杂技俑一亮相，就吸引了众多中外观众，后来又到日本、菲律宾等国展出。一直

〔西汉〕彩绘乐舞杂技陶俑（济南市博物馆提供）

到 1981 年，才重新回到济南市博物馆。

杂技俑在赴京展出期间，还发生了一件"怪事"，于中航说，"时任中科院考古研究所所长的夏鼐看到这件文物之后，认为右侧三个'观众'前面的两个用来盛酒的陶樽不应该有，就把它们拿掉了。所以在故宫展出时的杂技俑就没有那两个陶樽，后来不少杂志发表的杂技俑照片，也没有这两个陶樽。一直到回到济南，我们才把它们重新放上。究竟夏鼐先生为什么会觉得不应该有这两个陶樽，至今依然是个谜。"

乐工、表演者、观赏者栩栩如生，全国仅此一件

在济南市博物馆，副馆长张雯带着我观看了这一稀世珍宝。这组彩绘乐舞杂技陶俑，在一个长 67 厘米，宽 47.5 厘米的陶盘上。陶盘上有 21 个各具特点的陶俑，其中乐工 7 人、杂技表演者 7 人、观赏者 7 人，均栩栩如生，完整展现了汉代贵族观赏乐舞杂技表演的场面。

站在陶盘两侧的观者，宽衣深服，冠履整齐，可以看出地位不一般，显然属于社会上层人物。特别是右侧三人面前还放着两个陶樽，按照古代礼仪，凡是贵族宴饮必定要放置酒樽，用来贮酒，象征着宴饮。陶盘后侧的一排乐工，使我们看到了汉代乐队组合及其演奏的情景。他们使用的乐器有打击乐、弹弦乐和吹奏乐。右首树立的大鼓叫建鼓，是汉代

百戏演出的主导乐器。击大鼓者左侧一人在击磬。击磬者左边有一个乐架，乐架上悬挂的乐器是钟，乐工双手各拿一捶，正准备敲打。钟架旁边一人在击小鼓。击小鼓者左侧的乐工，面前置有一瑟。弹瑟者旁边还有两个乐工，都是女子，她们身穿绕襟花衣，长跪吹笙。

生动的场景让我们仿佛能听到"鼓声雄壮，钟声洪亮，琴声悠扬"。伴随着音乐的节拍，身着花衣的两名青年女子挥动长袖，跳起轻快的长袖舞。头戴尖顶小帽的四名青年男子，着紧身短衣，腰束白带，正在做着精彩的杂技表演。其中两个人正相向倒立表演"拿大顶"，还有一人腾身而起仰身后翻，另一人在做难度很大的柔术表演。在陶盘的前方有一个身穿红袍，双臂张开，身子可以自由转动，手中别无所持的陶俑，看起来他像是正在唱歌，或者正在主持节目。

这组陶俑集观赏、舞蹈、音乐、杂技于一体，场面完整，妙趣横生，在稚拙简朴的造型中，透露出一种豪放的格调。张雯说："以前国内其他地方也出土过单个的杂技俑，但像这样完整反映乐舞杂技场面的杂技俑，可以说是国内仅见的一件。"

古代雕塑艺术史不可或缺的实物资料

陶俑是代替活人殉葬的一种明器，是为了使死者能在另一个世界继续过如同生前一样的生活。所以陶俑真实负载了古代社会的各种信息，对研究古代的舆服制度、军阵排布、生活方式以及中西文化交流皆有重要意义。它还为我们勾勒出古代雕塑艺术发展的脉络、历代审美习尚变迁的轨迹，成为了解中国古代雕塑艺术史不可或缺的珍贵实物资料。

我国的音乐、舞蹈和杂技表演艺术历史悠久。西汉建立后，国家统一，经济发展，文化繁荣，内外交流频繁，乐舞杂技艺术日益丰富，发展到了一个新的水平。据说汉高祖刘邦所宠爱的戚夫人就擅长跳长袖舞。史书记载，元封三年（前108）春天，汉武帝在长安未央宫举行盛大的"角抵戏"表演，京都周围"三百里以内的人都来观看"。所谓"角抵戏"其实就是汉代音乐、舞蹈、杂技等各种表演艺术的总称，所以又被称为"百戏"。"百戏"在汉代风靡城乡，久盛不衰。汉代贵族常常在宴会上举行"百戏"表演，招待客人取乐。由于济南出土的杂技俑比较完整地表现了汉代"百戏"的完整场面，所以具有特别重要的历史价值。

力士像：“五三惨案”见证者 _{济南市博物馆}

它是元代的遗物，也许就是元代济南城楼上的原物。自明洪武四年^{（1371）}开始，济南在新建或重修砖石城池时，被移用到泺源门^{西门}的箭楼之上。数百年来，它经历了重重战火的洗礼，默默见证着济南这座城市的沧桑变化。

1928 年，日本侵略军在济南制造了震惊中外的“五三惨案”。在战火之中，它落入一名侵华日军之手，并被寄赠给了当时曾到济南采访的日本朝日新闻社的一名记者，战火纷飞中它见证了那段惨痛的历史。

它也是中日友好的证物。1956 年，收藏它的日本记者将其归还中国，表达了对中国人民的友好感情和良好祝愿。1957 年，它回到了阔别 29 年的家乡济南。

它就是现藏于济南市博物馆的国家一级文物——元楠木雕力士像。虽然历经岁月沧桑、战

〔元〕楠木雕力士像（济南市博物馆提供）

火洗礼，这尊力士像却依然"镇定自若"，凝聚在它背后的传奇故事，永远不该被人遗忘。

木质名贵，造型粗狂

元楠木雕力士像用整块金丝楠木雕成 _{高26厘米,宽18.5厘米,厚9.1厘米, 重825克}，是一件人体造型的建筑构件。它身材矮壮、肌肉丰满，耸肩缩头，下蹲屈膝，双手下垂抓握膝上。面部丰腴、双耳外露，两唇紧闭，眉棱突起，双目凝视前方。力士像的正面及两侧还刻有简单的衣纹，肩背以上为斜面。头顶有一个凹槽。

这尊楠木雕力士像的面部表情被雕刻得栩栩如生：镇定自若又儒雅大方，似乎在向对手显示实力，同时又显得恭谦礼让。整件作品轮廓简洁，造型粗狂凝重，雕刻刀法洗练流畅。经过多位专家的论证，特别是从雕刻刀法、人物刻画等特征进行鉴定，确定其为元代文物，具有珍贵的历史价值和艺术价值，被定为国家一级文物。

另外，这尊力士像的木料也相当珍贵。金丝楠木是我国特有的珍贵木材，因其木质光泽很强，木纹金丝辉煌绚烂，故名"金丝楠"。历史上金丝楠木专用于皇家宫殿、寺庙的建筑和家具，古代帝王龙椅宝座和寝床都选用优质金丝楠木制作，因而有"皇帝木"之称。金丝楠主要分布于我国四川、贵州、湖北和湖南等海拔1000米—1500米的亚热带地区阴湿山谷、山洼及河旁。生长缓慢，其生长旺盛的黄金阶段需要60—90年，金丝楠木的生长规律使其大器晚成，成为栋梁之材要上百年，《博物要览》记载：金丝者出川涧中，木纹有金丝。楠木之至美者，向阳处或结成人物山水之纹。木质坚硬耐腐，自古有"水不能浸，蚁不能穴"之说，古人还将其称为"神木"。

"五三惨案"之后流离日本

力士像之所以能被专家定为国家一级文物，还与它在近现代史上非凡的流传经历有关。

1928年春，日本侵华部队出兵济南，从5月3日开始向中国军民进行突然袭击，用极其残忍的手段凌辱和杀害了蔡公时等17名外交人员，并野蛮屠杀手无寸铁的济南百姓，6000多人惨死于日本侵略军的炮火和屠刀之下，这就是震惊中外的"五三惨案"。当时，日军出动飞机、大炮、铁甲车等轮番攻击济南内城。及至5月10日凌晨，东门早已被击破，西门楼荡然无存，南门楼毁去大半，大好城池化为断壁残垣，满目疮痍。原本矗立在西门箭楼上的元楠木雕力士像，也随着西门楼的被毁而埋于瓦砾之中。

力士像此后的命运，和一个叫新宫寿天丸的日本人联系在了一起。当时，日本朝日新闻社记者新宫寿天丸受命赴济南采访。他抵达济南时虽然事态已经终了，但是硝烟尚未散尽。采访完毕之后他又从济南去了青岛，一个多月后返回日本。参与进攻济南的侵华日军中，有一名他的朋友，在得到了这尊力士像后，将它寄赠给了新宫寿天丸。新宫寿天丸收到力士像后，便将这件木雕"如宝玉爱抚珍重并供奉于家中"。

阔别家乡29年，力士像重回济南

1956年11月，已在日本尼崎市商工会议所任专务理事的新宫寿天丸得知中国总工会代表团访日，考虑再三，将供奉家中多年的力士像精心包装好，托中国总工会代表团带回中国，并用汉字书写了一封600字的《力士像欢送之辞》，表达了他对中国人民的友好感情和良好祝愿。

他在这篇"欢送之辞"中写道："余访问中国几次，感最爱中国，对中国人民亦感亲近……近来中国改革，日新月异，爱中国精神旺盛，余最欢快，趁此机会，爱惜之力士像拟返还中国。力士像在济南城头看中国兴亡历史，力士像一定要看新中国，力士像返还理由在此存。力士像返国之后，看到中国之诸弊已完全拂底，政治之民主化，人民安居乐业，国运日日隆盛，他心中感慨如何？请力士像代我叫唤'万岁'！请力士像在中国永久保护，人民幸福！"

1957年2月，中国人民对外友好协会将力士像转交济南市人民委员会，后交由济南市博物馆收藏。阔别家乡29年之后，力士像终于重回济南。

在日本记者家中被当做镇宅之神供奉

卫志忠，济南电视台资深记者，《政务面对面》栏目制片人。2005年，为纪念抗日战争和世界反法西斯战争胜利60周年，中共济南市委宣传部和济南电视台联合拍摄了大型文献纪录片《1928——历史的诉说》，卫志忠是这部纪录片的总编导。当年，卫志忠带着摄制组一行三人，在日本见到了新宫寿天丸的后人。

卫志忠告诉我："早在 1995 年，我就和山东电视台的人一起，拍摄过一部纪录片《五三碑下》。当年在拍摄过程中，我们就发现了元楠木雕力士像这一线索，但当时并没有进一步深入挖掘。此后多年，我就特别注意收集有关力士像的资料和线索，并且发现了一些重要的新线索。到了 2005 年再拍《1928——历史的诉说》时，我们就决定将力士像的流传当作片中一个重要的内容。"

然而，寻找新宫寿天丸的后人殊为不易，卫志忠说，"一开始是抱着试试看的心情，我让日本的朋友帮忙联系新宫寿天丸的后人。后来，在日本关西日中友好协会会长大仓裕先生的协助下，经过多方打听，终于联系到了新宫寿天丸的小儿子新宫寿彦。原来，新宫寿彦'子承父业'，也是日本朝日新闻社的记者，他常驻日本国会，是著名的时政记者。之后我们又联系到了他的哥哥、新宫寿天丸的长子新宫千早。联系好了之后，我们一行三人就奔赴日本，在大阪兵库县西宫市新宫千早的家中，我们见到了他们兄弟二人和日本关西日中友好协会会长大仓裕先生"。

在摄制组前往日本之前，济南市博物馆专门从曲阜请来一位经验丰富的老木工，花了大半个月时间，精心仿制了一尊力士像，又制作了《力士像欢送之辞》的精美册页，托卫志忠捎给新宫寿天丸的后人。年已古稀的新宫千早见到父亲的信和复制的力士像之后十分激动，并述说了自己对力士像的记忆，"小时候父亲把力士像放在家里的门楼上作为镇宅之神供奉，不让其他人动。因此我小时候对这尊力士像就心存敬畏"。

在那次采访中，新宫千早还详细地向卫志忠一行回忆了他的父亲，并再三表达了两国人民世代友好的真诚愿望。那次日本之行也让卫志忠印象深刻，"力士像勾连着济南城数百年的历史，见证了'五三惨案'，也目睹了中日友谊，它背后的故事，值得所有济南人铭记"。

破解东方朔故里之谜 _{德州市博物馆}

2013 年 4 月 18 日，我来到德州市博物馆。这座开馆才 8 个多月的博物馆气势雄大，虽然当时只有三个展厅对外开放，但有关德州从古至今的历史，仿佛一张长长的画卷，在这里徐徐展开。

为了充实展馆内容，德州市博物馆从德州所属各个区县借调了众多精品文物。其中，来自陵县的 4 件国家一级文物，颇为引人注目。东方朔第二十八代孙东方合墓志藏在德州市博物馆库房，而同样出土于东方合墓的胡人抱囊形瓶、唐三彩水盂、龙凤纹贯耳扁壶则分别放在独立的玻璃展柜，向人们诉说着历史深处的故事。

很多人也许不知道，这 4 件国家一级文物，经历了非常惊险的出土过程。

残破古墓下的惊喜

故事发生在 2002 年 2 月，德州市博物馆保管科研部的程晓明清楚地记得当时的情形。

当时，德州市陵县神头镇东街一村民在自家地里浇地，突然发现一座古墓，村民随即进行了哄抢、破坏。经过群众举报、层层上报，等到程晓明等考古人员赶到现场时，大家心里立即凉了一大截：整个古墓基本已被破坏殆尽，墓室基本见底，只能依稀判断该墓为一个方形竖穴砖室墓，墓门朝南，但墓室顶和墓门均已被破坏，已经看不出形制。

虽然对这座残破古墓已经不抱任何希望，但是赶到现场的考古人员还是立即对其进行了抢救性发掘。然而，结果却令所有人无比惊喜：在残破古墓下的淤泥中，考古人员发现了一件保存完好、精美绝伦的唐三彩水盂。这件水盂内施黄、绿、褐、白四色釉，釉色明亮、艳丽，口沿上有精致的卷云纹，体型轻盈别致。程晓明说："这是一件有较高艺术水平的唐三彩作品，这种形制的唐三彩水盂，很可能全省唯此一件，在全国也不多见。"

令人惊喜的还有胡人抱囊形瓶和龙凤纹贯耳扁壶的出土，它们同样出现在古墓淤泥中。程晓明说，虽然唐代胡人献宝造型的器物很常见，

唐三彩水盂（钱欢青摄）

但这件胡人抱囊瓶的形制十分特殊，胡人长发披肩，怀抱一只巨大皮囊，这个典型的波斯人形象造型生动，别出心裁。而龙凤纹贯耳扁壶也应该和游牧民族有关，"那时候的扁壶一般都是游牧民族在狩猎、打仗中使用，这个扁壶的造型明显吸取了游牧民族的风格，说明在当时唐朝和西域游牧民族的交流十分频繁。但是它的胎很厚，很可能不是生活用品，只是用来陪葬的明器"。

此外，墓中还出土了秦王镜一面^{国家二级文物}，以及硬质白陶明器残片百余件。同一墓葬出土数量如此众多且精美绝伦的文物，实属罕见。

收缴墓志解开历史谜团

在进行完抢救性考古发掘之后，考古人员也对残破的墓室进行了测量，发现墓室呈南北走向^{南北长5.84米，东西宽4.7米，深1.5米}，墓底及墓室四壁均用青灰砖砌成。在发掘过程中，考古人员还听说有一块"石碑"被村民搬回家铺地去了。考古人员于是联合当地公安部门，通过宣传文物政策等形式，最后将"石碑"收缴了回来。

村民口中的"石碑"其实是一块墓志^{长43厘米，宽42厘米，厚12厘米}。正是这块珍贵墓志，解开了一个尘封已久的历史谜团。墓志以小楷工整镌刻，字迹清晰隽秀，共计469字。墓志显示，这座唐代墓墓主是"智圣"东方朔第二十八代孙东方合，墓志所署时间是唐高宗咸亨三年⁽⁶⁷²⁾。程晓明介绍："长期以来，因无确切的史料记载，关于东方朔故里一直是个有争议的问题，这块墓志说明，东方朔二十八代孙葬在这里。中国人讲落叶归根，据此我们可以推测，东方朔故里很可能是这里。这块墓志是迄今为止关于东方朔故里之谜的唯一实物证据，且填补了东方朔家族史研究的一大空白，它的出土证实了东方朔确为陵县神头镇人。由于史料价值很高，所以这块墓志也被专家认定为国家一级文物。"

东方合祖父东方老是有名的战将

墓志主要是把死者的简要生平刻在石碑上，放进墓穴里，以求得人死留名。陵县东方朔文化研究者王世明曾撰联赞美东方合墓志："无曼倩后裔千古人间惑，有膺老荣合一碑天下晓。"对联说的便是东方合墓志最有价值之处：它记录了东方家族"膺老荣合"四代人的身世。

墓志铭首句即："公讳合，德州安德人也，即汉大夫倩之二十八代孙。"意思是：墓主人是东方合，德州安德人，系汉太中大夫东方朔_{字曼倩}的第二十八代孙。安德即今陵县，隋唐前后曾在这里设过安德郡、德州、平原郡，郡治_{州治}均在安德县。东方朔生卒年为公元前161—前93年，东方合墓志铭的镌刻时间是唐咸亨三年⁽⁶⁷²⁾，其间隔约800年，28代，每代人间隔为28年左右，这比较符合现实，所以这一记载应该是可信的。

墓志铭还记载，"曾祖，膺，永平中任青州长史"。说的是东方合的曾祖_{东方朔第二十五代孙}是东方膺，北魏永平中^(508—511)任青州长史。墓志铭说他"弼政三齐则羽仪人物，佐清千里则令范当时"。

东方合的祖父_{东方朔第二十六代孙}是东方老，墓志记载："祖，老，齐特进，又迁济、益、南兖三州刺史。"这是说东方老在北齐位特进大夫，后来又先后当上了济州、益州、南兖州刺史。这在正史中可找到佐证，《北史·卷三十一·列传第十九·高允》附载："东方老，安德鬲人……文宣受禅，封阳平县伯，位南兖州刺史。"这条附载可以和墓志铭的记载相互印证，两处说的都是东方老的事，职务都是南兖州刺史。《北史》中说东方老是"安德鬲人"，因为北齐时安德为郡，鬲县县治在今陵县，鬲县

胡人抱囊形瓶（钱欢青摄）

龙凤纹贯耳扁壶（钱欢青摄影）

辖有今陵县的边临镇、于集、神头等地，所以安德阚人仍是今陵县神头镇人。到唐朝前期，安德县设有德州，撤了阚县，故东方合就成了"德州安德人"。名称虽有变化，但所指地域都是一致的，都是指现在的陵县神头镇一带。史书还记载，东方老是位有名的战将，出生入死，经历多次战争，为北齐的奠基人高欢立下了汗马功劳，所以高欢的儿子高洋登基后就封东方老为阳平县伯、南兖州刺史。东方老后来作为一名重要将领率大军征南梁，虽然开头取得一些战绩，但后来遇到连绵大雨，遭到"水淹七军"的惨败，东方老被梁俘获，随即遭杀害。

东方合曾在李世民麾下建功

　　东方合墓志铭还记载："父，荣，隋任右武卫长史……"即东方合的父亲_{东方朔第二十七代传人}是东方荣，隋朝时任右武卫长史，是皇帝御林军的官员，这个官职是皇帝的亲信人员才能充当的。东方合 20 岁就很有名声，"龆年阐誉五车，富于经典六艺"，在隋唐变革年代，曾在军中任职。陪葬的秦王镜铭文曰："赏得秦王镜，判不惜千金。非关欲照胆，特是自明心。"此为唐高祖灭隋时期，秦王李世民赏赐功臣所制。这充分证明东方合骁勇善战，功绩卓著，曾在李世民麾下，为建立大唐立下汗马功劳。到唐朝统治稳定后，他也想致力于文官事业，可是忽然于 672 年死去，葬于家乡。墓志铭还记载了东方合夫人的简况："为渤海封氏，在家女则，出适母仪。"

　　程晓明说，东方合的墓志铭记载了东方朔第二十五到第二十八代四代人的身世，文字记载的时间跨度^{（508－672）}为 160 年左右，可是却经历了北魏、东魏、北齐、隋、唐五个朝代，这段历史正是中国历史上由乱到治的动荡时期。尽管朝代变迁，但从东方瞻到东方合四代人都在不同朝代的政治舞台上处于重要地位，由此可见东方朔后裔颇有其祖遗风。

山东"最美"七件唐三彩

聊城·中国运河文化博物馆

在中国陶瓷史上，唐三彩有重要的地位。由于西方人的重视，唐三彩在很长一段时间内几乎都是最昂贵的中国艺术品。

唐三彩，顾名思义，是唐代一种三彩陶器。"三彩"的意思不是三种颜色，而是多种颜色，主要有黄色、绿色、黑色、蓝色、赭色、白色等釉色。"三彩"前面加个"唐"，则鲜明体现了这种三彩陶器的时代风格，它们往往制作精美、雍容华贵，散发着大唐气象。

在聊城中国运河文化博物馆里，有两件唐三彩静静立于展厅一角，一件是武士俑，另一件是女骑马俑，连同库房里的五件，七件唐三彩均出土于莘县的一个唐代墓葬。墓葬主人生活的年代，正是武则天当政时期。这七件唐三彩，被认为是山东省内迄今发现的最精美、最漂亮的唐三彩。

唐三彩的生产大多集中在长安、洛阳，远在山东莘县的墓地里，为什么会发现如此多而且精美的唐三彩？它们是怎么被发现的？墓主人又是何许人呢？

碎裂的唐三彩，一块碎片都没少

回忆起这组唐三彩的发现过程，聊城市文物局原副局长、研究员孙淮生至今颇有感慨——

1986 年 4 月初，莘县张寨乡黄庙村的村民，在村南坑内挖土时发现一个砖室古墓，并且挖出部分唐三彩。根据后来的统计，村民挖出的唐三彩共有七件，其中五件是完整的，两件已经碎裂。无论完整的还是碎裂的，所有发现的唐三彩都被村民拿回了家。

文物主管部门在得知这一情况之后，联系了当地派出所，民警介入了对唐三彩的收回工作。在文物工作者和民警的努力下，没过几天，包括两件碎裂的唐三彩在内，所有唐三彩全部被收回，一块碎片都没少。在收回全部唐三彩的同时，派出所民警还从村民手中收回了一盒墓志，

唐三彩武士俑（钱欢青摄）

墓志显示，这座唐代墓葬的主人名叫张弘。

莘县位于鲁西，与河南、河北为邻，地处黄河冲积平原。因此，距今久远的唐代墓总是深埋地下，有的深二三米，有的深三四米，最深的可达到六七米，很难被发现。

莘县张弘墓出土的七件唐三彩，如果是在洛阳、长安周围并不足为奇，而在山东境内，则属首次发现。

专家鉴定后认为，从出土的唐三彩的造型、釉色来看，绝非山东当地所产。唐三彩的生产多集中在洛阳、长安两地，张弘墓所出土的武士俑、骆驼等，形体较大，釉色鲜艳光亮，浸润自然，非产自洛阳、长安不会有此精品。

那么，远在洛阳、长安的东西，为什么会出现在山东莘县呢？

根据墓志铭提供的确切年代推算，墓主人生活的年代，正是武则天执政之时。那是唐代的鼎盛时期，也是随葬三彩器最为流行的时期。莘县张弘墓出土的唐三彩从形体、釉色来看，反映了盛唐时代的特点。同时，原产在长安、洛阳的唐三彩能在莘县出土，也反映出唐代商业之发达，交通之便利。另外，也可以推断出，唐代的莘县应该是一个经济发达、人烟稠密的重要地区。

仪表堂堂、喜欢艺术的"县长助理"

孙淮生告诉我，出土七件唐三彩的张弘墓，其特别之处在于墓葬的规制不高，规模不大，但是出土的东西非常多。所幸，派出所民警从村民手里收回的除了唐三彩，还有完整的一盒墓志，590字的《大唐故齐州祝阿县丞张府君墓志铭并序》。

根据墓志铭记载，墓主人张弘的祖先是清河人。其曾祖父张裕当过"齐洪州豫章县令"，祖父张伽当过"隋越州录事参军"，父亲张仁当过"唐朝兖州平陆县令"。张弘从小勤奋好学，"秋萤冬雪，光映书台，春诵夏弦，生流讲帐"。他当过"辰州麻阳县主簿""扬州大都督府博士"，最后任齐州祝阿县丞相当于现在的县长助理。当上祝阿县丞之后，张弘非常敬业。

唐三彩骑马俑（钱欢青摄）

墓志铭中还说张弘"仪表端庄""风神秀直"。67 岁时，张弘在自己家中去世。孙淮生认为，张弘墓中之所以会有如此多的唐三彩，是因为墓主人生前做过官，对长安、洛阳的生活风气很了解，身后事也追随流行的风气。

山东境内最精美、最漂亮的一组唐三彩

莘县张弘墓出土的七件唐三彩，有两件放在博物馆的展柜，我因而有幸对它们进行了近距离的观察。

一件是通高 68 厘米的武士俑。武士自然地站立在方台之上，面部微微向左侧着。右臂前伸握拳，左手按置胯上，身着铠甲战袍，条带束腰，下身穿护膝战服，足系长筒紧靴。全身装束给人以洒脱利落、威武干练之感，仿佛随时能应付紧急之变。武士的铠甲、战袍饰黄、绿釉，色彩艳丽明亮，但是头和面部并无釉色，而是直接露出灰色的陶质。虽未施釉，但是武士竖眉怒目、十分严肃的面部表情依然被刻画得非常生动。

另一件女骑马俑也栩栩如生。马背束有鞍桥，剪鬃、缚尾，马头略向左回首，张着嘴巴，四蹄稳健地立在踏板之上。女俑则骑在马背之上，端坐平视，双臂下垂，身着圆领长袍。整件唐三彩施以草绿、姜黄、乳白三种釉色，非常漂亮。

聊城中国运河文化博物馆馆长陈清义告诉我，除了这两件，另外五件唐三彩分别是牵马胡式俑一件、牵马汉人俑一件、女侍俑一件和骆驼两件。这七件唐三彩都具有非常高的艺术价值。

很多人以为唐三彩是瓷器，其实不然。唐三彩是一种上了釉的陶器，非常容易破损。虽然容易破损，但是比起原来的灰陶、红陶，唐三彩的硬度有所提高，这是因为唐三彩的烧造温度，比烧造灰陶、红陶的温度又提高了 100℃，达到了 1100℃左右。

唐三彩的制作工艺十分复杂。首先要将开采来的黏土经过挑选、舂捣、淘洗、沉淀、晾干，然后用模具做成胎入窑烧制。烧制要分两次：第一次，将用白色黏土制成的胎体在窑内以 1000—1100℃素烧；第二次，将烧过的素胎经过冷却，再施以配制好的各种釉料入窑釉烧，用 850—950℃的温度烧成。在釉色上，利用各种氧化金属为呈色剂，经煅烧后呈现出各种色彩。烧出来以后，有的人物需要再"开脸"——就是给人物的头部画眉、点唇、画头发，然后这一件唐三彩的作品就算完成了。

曾被认为不吉利，如今已成艺术珍品

唐三彩不是当时人们生活中所用的器物，是专门为陪葬制作的器具，这类随葬品统称明器 也称冥器。唐朝盛行厚葬，大量烧制俑、动物象生和各种器皿，所以唐三彩的品种无所不有，在中国的陶瓷领域中形成非常丰富的一个门类。

中国人对唐三彩的认知，是这些年才逐步加深的。百年前的中国人如果挖出唐三彩，一定会当场砸掉，因为觉得不吉利。马未都曾经举过一个例子："过去由于认识局限，所以拍戏时也不太注意，比如早年电视剧《红楼梦》，贾母的屋里摆一件唐三彩，这是一个大误。《红楼梦》反映的是清朝乾隆时期的社会状况，乾隆时期，不可能把唐三彩摆在屋里，因为当时认为它很不吉利。"

首先对唐三彩给予高度评价的是西方人，西方人认为唐三彩是中国陶瓷史上独树一帜的一座高峰。由于西方人的重视，唐三彩曾经在很长一段时间内，是最贵的中国艺术品。

1989年，苏富比在伦敦要拍卖一匹非常漂亮的唐三彩马。为了招标，拍卖公司把它运到香港展览，展览的时候引起轰动，很多人都去看。结果从香港准备运回伦敦时，这匹马在船上被盗了。当时香港皇家警察重案组全部出击，连夜侦办此案并很快破案。破案后立即把这匹马运到伦敦，正好赶上拍卖会。

因为这匹马有这么一段被盗又被找到的经历，当时世界各大报纸都报道了此事，所以引起很多人关注。这匹唐三彩马的成交价最终达374万英镑，当时折合600万美金。

这个由西方人创造的中国艺术品的最高拍卖纪录，由一匹唐三彩马保持了很长一段时间。

"洪武造手枪"揭秘 _{聊城·中国运河文化博物馆}

　　作为四大发明之一，火药的发明是中国对世界文明的伟大贡献，而管形射击火器的发明与创制同样给世界带来一份惊叹。从此，在刀光剑影的战场上出现了火器声响与弥漫硝烟。

　　金属管形火器的出现，是火器技术史上的里程碑。中国乃至世界究竟什么时候开始使用金属管形火器，目前仍是一个谜。就目前所知，有铭文断代的最早的金属管形火器是元明宗至顺三年（1332）铜铳，现藏中国历史博物馆。

　　到明初，铜铳被更广泛地用于战场。然而，目前我国出土和保存的铜铳为数不多，带铭文、年号的就更少。在聊城中国运河文化文物馆展厅，就有一件明初铜铳。难得的是，这件铜铳形制完整，上刻清晰铭文，铭文显示该铜铳为一个水兵教练所用。

　　虽然从形制和功能上说，铜铳和现代意义上的手枪相距甚远，但在古代战场，铜铳就是手枪。比起刀光剑影的冷兵器肉搏，铜铳显然提高了军队战斗力。

神秘之人报案，称有村民挖出古代"火炮"

　　这件铜铳的来历很有意思。1993 年的一天，时任聊城市博物馆副馆长的孙淮生突然接到一个报案电话，称发现有个村民从地里挖出来一个古代"火炮"，报案人匆匆说了自家地址就挂了电话。

　　在聊城冠县和莘县交界处的一个小村庄，孙淮生与民警冯一民及博物馆保卫干事三人找到报案人的家。孙淮生说，报案人家里非常破败，院子里只有几间破土坯房，连院墙都没有。进了正房，看到屋子当中有一张八仙桌，八仙桌上盘腿坐了个大汉，询问后得知此人就是报案人。孙淮生等人说明来意后，此人说正在练"元极功"，让他们到外面等一会儿。过了很长时间那人"收了功"，然后带着孙淮生他们跑了 30 多公里后，在莘县西南部一个村子里，他们真找到了出土"火炮"的地方。这是一个有三四米深的取土坑——在聊城广袤的黄河冲积平原上，村民们盖房子填地基，往往会就地挖坑取土。

报案人又带着孙淮生三人找到挖出"火炮"的村民家里。然而听说来意后，这名村民矢口否认挖出了"火炮"。与此同时，孙淮生却在他家的角落里无意发现了"火炮"——原来这不是一门"炮"，而是一个铜铳，上面刻有"洪武十一年"字样，显然，这是一件很有价值的文物。

一看铜铳要被强行征走，中年汉子百般不情愿，说这不是自己家的，是别人暂时存放在这里的。孙淮生三人告诉中年汉子，从地下发现的文物都是国家的，必须上交，劝说了很长时间，三人终于把铜铳带回来了聊城市博物馆。

铜铳（钱欢青摄）

辛苦奔走，终于征得铜铳，但对孙淮生而言，麻烦事儿却还没完。铜铳入藏聊城市博物馆之后，奖励了报案人50元钱，但报案人依然不断到孙淮生办公地点甚至家里去找他，闹得孙淮生的媳妇和孩子一度不敢回家。万般无奈之下，孙淮生只好找了派出所，从此才得以清净。

明初海防水军教练的佩枪

看到铜铳上"洪武十一年"字样之后，孙淮生就已知道这件文物价值珍贵。事实上，它的珍贵不仅在于有确切制造年代，还有铜铳使用者的详细身份、姓名。铜铳上的铭文共29字，内容是："横海卫教师祝官孙习学军人王官保铳筒重廿五斤洪武十一年月日造。""洪武十一年"即 1378 年。铜铳由口部、筒身、药室、后座组成全长 36.4 厘米，重 15.5 公斤。铜铳的口部呈碗状，直径 14.9 厘米，口壁厚 1.5 厘米，直径 9.1 厘米。。筒身外铸固箍三道。药室略呈球状，药室下部有一个直径 0.2 厘米的引火孔。这件铜铳与明万历年间何海宾撰写的《兵录》卷十二所载"碗口铳"的形制及作用相符，而且在后座上刻有"海"字，由此可推断其为海防水军兵器。

孙淮生介绍，作为明代前期常见的单兵火器，铜铳从洪武年间开始大量制造并装备军队。使用方法是：先将火药由铳口装进药室，再塞入以坚木制成、可筑实火药、增加火药爆发力、加大射程的"马子"，然后将散子弹装入前膛，用火绳通过火门点火，引燃发射药，使火药爆炸生成大量高温气体，将"子弹"瞬间推射出膛。

孙淮生认为，这件铜铳很可能参与或者见证了明初聊城一带的战争——"叔叔夺侄子皇位"的"靖难之役"——明太祖朱元璋死后，他的孙子建文帝即位，当时的燕王朱棣为争夺皇位，发起"靖难之役"，起兵攻打侄子。朱棣行军的路线，是从现在的北京沿运河一路南下，最后攻打南京。

朱棣为什么会选择以运河作为战略路线？孙淮生说，因为古代战争讲究"兵马未动，粮草先行"，运河能保证战时供给。在聊城一带，朱棣的军队和建文帝的军队展开拉锯战，打了很多次仗。史料记载，经历频繁的战争和黄河水灾后，聊城一带当时几乎成了无人区。所以朱棣在最终夺得皇位之后，就实施移民政策，让山西、胶东等很多地方的人移民到聊城一带生活。

现代手枪的"鼻祖"，在兵器史上占有重要地位

要了解这件铜铳在中国古代兵器历史上的重要地位，则须梳理清楚火器的发展历程。

火药是我国古代四大发明之一，同时我国也是多种火器的发源地。据史书记载，唐末就使用了"发机飞火""火球""火蒺藜"等火器。但当时的火器，一般都是用一种被称为"抛石机"的机械，抛射爆炸弹，或用弩机发射火箭。这种火器，虽然也有一定的射程和杀伤力，但因无法准确瞄准目标，因此威力并不很大。

管形火器的发明避免和克服了这些缺点，把火器使用推向一个新的阶段。南宋绍兴二年^{（1132）}，德安知府陈规在守卫德安城今湖北安陆 时，首次

使用"长竹竿火枪二十余条"。作战时，由两名士兵共同使用一条，一人持枪，一人点燃枪中火药，用以喷火烧灼敌人，焚毁敌军的攻城器械。这里所说的长竹竿枪，是世界上最早的管形火器，虽然这种竹竿火枪只能算是以利用火药的燃烧性能为主的初级管形火器。

南宋开庆元年^{（1259）}，兵士在寿春府^{今安徽
寿县}创制了一种突火枪。这种突火枪用巨竹做枪筒，筒内安放火药及子窠。子窠由筒内火药燃烧后产生的气体推力射出，同时发出巨大声响，射程远达 150 步^{约合
230 米}，子窠为使用子弹开了先声。

管形火器由于枪管对弹头的约束力，形成一个较为稳定的管内弹道，同时增加了管外弹道的稳定性，从而使射击的准确性提高。近代枪炮就是从最初的管形火器逐步发展而来，从这个意义来讲，管形火器才是真正的火器，可称得上是现代枪炮的"鼻祖"。

到了元代，管形火器有了巨大发展，竹筒逐渐被金属筒代替，出现用铜或铁铸成的枪炮，统称"火铳"。金属管形火器的出现，是火器技术史上的一座里程碑。现收藏于中国历史博物馆的一件元代至顺三年^{（1332）}造的铜火铳，是世界上现存最早的有明确纪年的火铳，1935 年发现于北京市房山云居寺。铳身上镌有铭文："至顺三年二月十四日，绥边讨寇军，第三百号马山。"此铜铳铳头稍大，用以安放石弹，铳身装火药，铳尾有火眼，用以点发。

孙淮生说，聊城中国运河博物馆所藏的这件明初铜铳，是明初铜铳大量用于战争的实物证明。铜铳在发展过程中，铸造技术不断得到改进，形体逐渐由重变轻，铳身逐渐拉长。到永乐年间，铜铳已发展到工艺精细、形制统一的阶段。这时的铜铳由中央统一制造，统一编号，反映了当时军工部门统一制造和管理火铳的状况。到明中期，由于铜铳准确性差、点火费时、射程有限的缺点，渐被较先进的鸟铳所替代。

秦泰山刻石："千古一碑"九死一生

泰安市博物馆

　　泰山脚下，岱庙巍然，其城垣高筑、古木参天、殿宇巍峨，宛若皇城。因为是历代帝王祭祀泰山的地方，所以岱庙又被称作"天子庙"。

　　漫步岱庙，但见碑刻林立，古迹云集。在岱庙东御座院内大殿前，有一座砖砌碑亭，一块并不起眼的石碑密封于玻璃罩中。不少人在游览东御座时都会忙着穿上古代皇帝的戏服，在大殿中皇帝坐过的宝座上拍照留念，却往往忽略了这块石碑。而事实上，这块石碑却大有来头——它叫秦泰山刻石，也叫"李斯碑"。它是泰山上下年代最为久远的一块刻石，距今已有2200多年历史，它也是我国古代第一块石刻诏书，是泰山众多碑刻中最为珍贵的一块，对研究秦代历史，中国书法史、石刻史，均具有重大价值。

　　历经两千多年岁月沧桑，曾经刻满222字的石刻，如今只剩下9个半字，"千古一碑"九死一生，秦泰山刻石的意义早已超越文化层面，成为记录时代变迁的一块"活化石"。

秦始皇封禅泰山刻石记功

　　公元前221年，秦始皇消灭了韩、赵、魏、燕、楚、齐六国，结束春秋战国以来500多年的诸侯割据局面，完成了统一大业。

　　始皇帝气势不凡，灭六国时金戈铁马，完成统一大业之后，又立即进行了大刀阔斧的改革。他废分封制为

秦泰山刻石（泰安市博物馆提供）

郡县制，奠定了此后 2000 多年的行政格局。他统一法律、货币和度量衡，实行车同轨、书同文，以丞相李斯的小篆体作为官方的统一文字。

为了巩固统治，震慑六国反抗势力，显示自己的丰功伟业，秦始皇决定巡视全国。其中最为重要的就是封禅泰山。

何为封禅？按照古人解释，在泰山上堆土为坛，祭祀天神，叫作"封"；在泰山下的小山扫出一片地，祭祀地神，叫做"禅"。在古代原始宗教信仰中，东方主生，东岳泰山正是代表着生死交替、朝代更迭。因此，在改朝换代、国家统一之时，帝王为显示功业，都要到泰山封禅，昭示天地太平，答谢天地恩泽。

公元前 219 年，秦始皇率群臣来到了泰山。在泰山极顶，秦始皇除举行盛大的祭天仪式外，还命李斯书写记功刻石。这篇总共 144 字的刻辞被全文记录在《史记·始皇本纪》中，在刻辞中，秦始皇着重宣扬了统一天下的功绩，表达了治理国家的决心。总的意思就是皇帝第一次统一天下，制定法律，巡视黎民百姓，为了处理政务，早起晚睡，很辛苦很伟大。

根据泰安市博物馆原保管部主任刘卫东的研究，秦始皇选定的这块刻石，是一个自然生成的似方似圆的石柱，原石高 1.6 米，共四面，秦始皇的刻辞占了三面。公元前 210 年，秦始皇病死在东巡的归途中，他的小儿子胡亥继位为二世皇帝。秦二世即位后，曾对赵高说："先帝巡行郡县以示强，威服海内，今晏然不巡行，既见弱，毋以臣畜天下。"于是公元前 209 年，秦二世也东封泰山，并在秦始皇刻石的剩余一面刻其诏书，也由李斯书写，二世诏书共 78 字。

后来的历史证明，秦始皇希望二世、三世……代代相传、江山永固的梦想很快破灭，立于泰山之巅的刻石，也无法阻挡历史的巨轮。

从 222 个字到 9 个半字

秦始皇的 144 个字，加上秦二世的 78 个字，秦泰山刻石总共有 222 个字，但如今，却为何只剩下 9 个半字？

据刘卫东的推测，刻石立于岱顶野外，风吹日晒，加上举世瞩目，不断有人来做拓片，字迹磨损自在情理之中。到宋代，刻石还保存完好，但字只剩下 160 多个。到明代嘉靖以后，刻石被移到碧霞祠西墙外的玉女池旁。由于年代久远，风雨剥蚀及人为破坏等原因，曾几移其所，面目全非。彼时，刻石上仅存秦二世诏书中的 29 个字。

明万历二十七年^{（1599）}以后，刻石被移置碧霞祠东庑壁间。此后屡遭劫难，损坏严重。清乾隆五年$^{(1740)}$碧霞祠毁于大火，此石遂亡。嘉庆二十年$^{(1815)}$春，一位参加过当年玉女池维修工程的老人在谈到泰山刻石时说，他曾经在玉女池中看到过刻石残片。此事很快被当时的知县汪汝弼得知，汪知县便与前任知县蒋因培一起，在玉女池找到残石两块，发现尚存秦二世诏书十个字：斯、臣、去、疾、昧、死、臣、请、矣、臣，而且其中还有一个残字，因此只能算9个半字。残石随后被嵌置于岱顶东岳庙西"读碑亭"内。清道光十二年$^{(1832)}$西墙倒塌，泰安县令徐宗干"索残石于瓦砾中"，嘱道人刘传业将残石移至山下，嵌置岱庙西道院壁间，并刻跋语碑记载事情经过。

两次被盗，有惊无险

秦泰山刻石虽然仅剩9个半字，但这一稀世珍宝早已名重天下，因此也引来了盗贼的目光。历史上，它曾两次被盗，然而幸运的是，每次都有惊无险。

第一次被盗发生在清光绪十六年$^{(1890)}$。在一个漆黑的风雨之夜，几个鬼鬼祟祟的黑影翻墙进入岱庙，不一会儿就扛着一块残石跑了。这几个人偷走的，正是国宝秦泰山刻石。

第二天，秦泰山刻石被盗的消息惊动了当时的泰安县令毛蜀云，他下令官兵封锁全城，严加搜查。十天之后，好消息传来，有人在泰安城北的石桥底下发现了刻石。原来，这伙盗贼得手之后，由于城内封锁严密，一直找不到机会转手，又害怕东窗事发，就把刻石丢弃在了石桥底下。

秦泰山刻石的第二次被盗，是刘卫东在上世纪70年代听泰山管理处一位姓薛的副处长说的：那是在1937年底日军占领泰安之前，日本的文化间谍买通汉奸，偷走了刻石。岱庙的管理人员发现后立即上报，当时的国民政府非常重视，立即展开追查，几天之后，窃贼心虚，将刻石丢弃在泰安城东杆石桥底下，并让人给官方捎话，说了刻石丢弃的地点。政府于是立即派人取回了刻石。后来虽然泰安沦陷，但因为这块刻石名气太大，日本人再也没敢打它的主意。

刘卫东说，此后秦泰山刻石一直保存在岱庙，没再遭遇不测，而它之所以能幸运躲过"文革"，还有一段故事："文革"初期，红卫兵打算在泰山山顶、中天门和岱庙塑三座毛主席铜像，于是砸了岱庙中的一些铜像，但铜依然不够，所以铜像也没塑起来。但岱庙砸铜像以及曲阜破坏"三孔"的消息传到北京后，周总理专门给山东省革命委员会下令要保护文物,岱庙随之实行军管,并于 1968 年成为毛泽东思想展览馆。因此,整个"文革"期间,岱庙并未受到多少冲击。而刘卫东的父亲,就是当时管理岱庙的军方负责人,当年刘卫东跟随父亲住在岱庙里,对那时的情况,自然记忆颇深。

"千古一碑"稀世珍宝

史料记载,秦始皇曾多次巡行全国,所立刻石七种:《峄山》《泰山》《琅琊》《芝罘》《东观》《会稽》《碣石》,现仅存《泰山》《琅琊》两块。在中国文字和书法发展史上,必须提到秦代的小篆,由于琅琊刻石字迹太过漫漶,秦泰山刻石成为秦代小篆目前可依据的最为权威的材料。而李斯,也因此而可能是中国书法史上第一位有名有姓,并有作品流传的书法家。

秦泰山刻石是小篆的典范,具有较高的书法艺术价值,鲁迅先生就曾评价它"质而能壮,实汉晋碑铭从出也"。秦泰山刻石既为李斯的代表作之一,也代表了秦篆的最高水平,历代都给予了很高的评价。元代郝经赞誉:"拳如钗股直如筋,屈铁碾玉秀且奇。千年瘦劲益飞动,回视诸家肥更痴。"清人宋思仁说:"李斯小篆为八分之祖,而碑实为可宝,能继周之石鼓鼎铭,为汉金石刻之前步骇。"清代王家榕赞颂:"零星两片石,卓越二千年。"

秦泰山刻石并非中国现存最早的刻石,唐代时在陕西凤翔附近发现的石鼓文,被称为"石刻之祖",石鼓上刻的是赞颂君王行猎的诗歌,原本被认为是周宣王时期,经过近代学者考证,这位行猎的君王不是周宣王,而是秦文公或秦穆公,时代要早于秦泰山刻石。但刘卫东认为,作为秦始皇和秦二世留下的刻石诏书,泰山刻石的规格无疑是最高的。

拂去历史的尘埃,静望这块小而残的刻石,仿佛让人看到秦始皇当年封禅泰山时那种百官随行、骅骝开道、甲乘如云、旌旗蔽日的盛大场面。在泰山之巅立石刻辞,"颂秦德,明得意",是何等荣光!如今,这份荣光已逝去,只有这残石留下来,见证了一段不朽的历史与艺术传奇。

捶丸，中国古代的"高尔夫" 泰安市博物馆

说起高尔夫，人们往往会觉得这是一项十分"高大上"的运动，明星们喜欢玩，土豪巨商们也喜欢玩，但离我们老百姓似乎有些距离。

很多人也许不知道，其实中国古代也有自己的"高尔夫"，而且上到王公贵族，下到普通百姓，都很爱玩。只不过它不叫"高尔夫"，而叫"捶丸"。捶丸所用的球、杆和比赛规则，都和现代高尔夫极为相似。有意思的是，在人们对高尔夫的起源问题争执不休之时，有不少学者认为，高尔夫很可能是元代疆域急剧扩张时从中国带到欧洲去的——因为在宋元时期，捶丸在中国早已十分盛行。

高尔夫的起源问题虽然还没有定论，但宋元时期捶丸游戏的盛行却是历史事实。在泰山岱庙雨花道院中，有一幅宋代石刻捶丸图，就是当时捶丸盛行的有力证据。

捶丸图（泰安市博物馆提供）

修岱庙城墙遗址，发现珍贵石刻

在岱庙雨花道院的北侧，我见到了这幅石刻捶丸图。为了保护石刻，工作人员已经将其用玻璃罩罩了起来。仔细观察，在高约 30 厘米的画面中，站立着一名高约 23 厘米的童子，分腿而立，外面穿着束腰长袍，里面是一条肥腿裤。头上发髻分别位于两耳后，上面还扎着软巾。他右手持球，左手持棒上举。这条棒端呈弧状弯曲，棒柄自上而下逐渐变细，球棒整体呈"L"形。再看小儿，只见他表情庄重，两眼紧盯右前方，双唇紧闭，一幅全神贯注的模样，像极了如今的高尔夫运动健将。

包括捶丸图在内，罩在玻璃罩中的石刻共有 14 幅画面。石刻的两面都有画：有表现我国古代球类游戏的捶丸图，有反映古代百戏之一的踢瓶图，有刻画儿童嬉戏的玩鼓图，有祥和安逸的双鹿、双羊图；更多的则是动感十足的狮戏图。画面中的人物均为儿童，但着装、神态却各不相同；画面中的动物也是形象各异，生动传神。

这一组石刻是怎么被发现的呢？

泰安市博物馆副馆长郑澎告诉我，那是在 2002 年的 8 月 11 日，岱庙西城墙修复工程正在施工中。工人们忙着清理城墙南马道遗址，当清理到距地表 1.7 米处时，出现了 6 块一字排开、长短不一的石板。从其所处的位置看，应是作为马道土衬石来用的，但外形却与普通土衬石不符，这批石板的外侧面还雕有凸起的画面。遵循古建筑维修"修旧如旧"的原则，工作人员决定不取出石板，保持遗址原状，仅对南侧倾斜严重的两块石板进行拨正。就在拨正的过程中，发现石板朝内侧的一面竟然也刻有画面，并且石板上部并不平整，而是分布着梯状突起，突起部还保留有砸损的痕迹。种种迹象表明，这些石板不是城墙马道的原始土衬石，而像是某次工程中借用到此处的构件。既然这批石板与城墙没有太大关系，为更好地保护、研究，工作人员决定将石板取出。

8 月 23 日，6 块刻有画面的石板全部吊出。冲洗清理后，一帧帧生动形象的画面呈现在人们眼前。

捶丸图刻石原是宋代石栏杆的建筑构件

看到精美的石刻，在欣赏赞叹之余，一个个疑问出现在专业人员的脑海中：既然这些石板不是真正的马道土衬石，那么它们究竟是什么？是哪个时代的？又为什么被作为土衬石来用呢？

郑澎说，这批石刻两面有画，皆为剔地起突，6 块石刻共存有 14 帧画面，其中 10 帧比较完整；石板上沿不平整，有规律地分布着梯状突起。专业人员据此判断，它们可能是一种供人观赏的建筑构件。在查阅了各类古建筑相关资料后，专家终于找到了依据。

根据北宋李诫《营造法式》卷三中对钩阑 _{石栏杆} 的描述，可知钩阑有重台钩阑和单钩阑之分。单钩阑由撮项、寻杖、盆唇、华版、地栿组成，上用寻杖，中用盆唇，下用地栿。出土的这批石刻，符合宋式单钩阑特征。石刻画面的雕刻手法属《营造法式》中所说的"剔地起突 _{高浮雕及圆雕}"。由此可以断定，这批石刻是钩阑建筑的构件——华版。

另外，通过对石刻画面的研究，专家发现，画面中凡涉及人物的，皆为童子形象，这与宋代人喜欢以童子形象作为艺术表现题材的特点吻合。画面人物的衣着、发式，也都带有宋代特征。而画中所反映的捶丸、踢瓶、玩鼓等被称为杂耍、百戏的民间技艺，宋代也颇为流行。尤为引人注意的是，石刻画面中八帧狮戏图中的狮子造型，与岱庙天贶殿前宋代铁桶上的狮子极为相似，而岱庙铁桶的铭文中明确记载其敬献年代为"建中靖国元年五月"，即 1101 年。与此同时，工作人员在考察石刻所处的地层关系时也注意到，在这批石刻出土地点的同一文化层面上，堆积了一批带有明显宋元时期特征的瓷片。考古发掘时还发现了一枚宋"嘉祐通宝"钱币。在清理西城墙北马道遗址的同一地层时，还出土了一批带"官"字铭文的宋代城砖。据此推断，石刻年代的下限不会晚于元，当在宋代。

至于这批石刻为什么会出现在岱庙西城墙马道下，还被作为土衬石来用，已不得而知。宋代岱庙的各类建筑多达"八百一十有三楹"，比岱庙现在统计的所有建筑加到一起的 730 余间还要多。可以想见，包括出土的这批石刻在内，当时岱庙里肯定出现过一批因史料中未曾记载或记载后资料佚失，而不为后人所知的建筑物。

"捶丸"究竟是个啥游戏

说捶丸和高尔夫很像，是"中国古代的高尔夫"，那么捶丸究竟是一个什么样的游戏？

踢瓶图（泰安市博物馆提供）

　　捶，击也；丸，球也。捶丸的意思就是用球棒击球。考察有关捶丸活动的资料可知：捶丸活动的出现源于唐代的步打球，盛行于宋元。据记载，宋代宫廷中常专门为皇室贵族举行捶丸活动，这种游戏也受到儿童的喜爱，宋代无名氏所绘《蕉阴击球图》中就有两小儿各持小杖击球的生动形象。而到了元代，捶丸已成为一种非常成熟的体育项目。其标志就是元世祖至元十九年（1282），出现了一部宁志斋老人编写的，总结过去和当时捶丸活动的方式和规则的专著——《丸经》。《丸经》详细记述了捶丸的场地、用具、活动人数、方式、裁判规则等，书中提到捶丸的球杆有杓棒、扑棒、单手、鹰嘴等10种，比起现代高尔夫球手需要使用的木杆、铁杆、长杆、短杆，捶丸更为讲究。在场地设计方面，除了利用天然的山坡地形打球，如果在自然平坦的草地上，捶丸的场地也要设置人为高低不平的障碍。至于游戏规则，捶丸把击球点称为"基"，打球时分头棒、二棒、三棒，这与今天高尔夫发球区和"杆"的概念如出一辙，可以说，捶丸的整套游戏模式，除了称谓不同，几乎是现代高尔夫的翻版。

　　尽管我国发现了不少关于捶丸的记载，但发现的图画资料不多，在现有的实物资料中，元朝泰定元年（1324）绘于山西省洪洞县广胜寺水神庙的《捶丸图》壁画，就生动地反映了元代捶丸活动的真实情况。北京故宫博物院藏有一幅《明宣宗行乐图》，其中就有明宣宗亲自下场捶丸的情景；上海博物馆藏有明人杜堇所绘的《仕女图》，也描绘了几个妇女在林中捶丸的画面。清军入关后，严禁百姓进行各种习武健身活动，捶丸之戏也急剧衰落，并最终从史籍中销声匿迹。

近年来，捶丸已成为体育史学界的热门话题，对于捶丸运动，学术界较为一致的看法是，捶丸这项运动兴盛于宋代，金元两代也曾流行。有专家认为，"由于捶丸与近代高尔夫有相近的形式和规则，故有人认为西方14世纪才有的高尔夫发源于中国，如果是这样的话，风行于11世纪的捶丸与西方的高尔夫相比，就早了几百年的时间"。近年来，"高尔夫球运动是由蒙古大军在13世纪西征时带到欧洲"的说法已经越来越得到学术界的公认。

郑澎说，就现有资料来看，表现捶丸运动的画面多见诸壁画、字画及器物装饰画中，目前尚未发现有与此件石刻画类似文物的相关报道。因此，岱庙中的石刻捶丸图可谓独一无二。捶丸图的出土，是捶丸活动于宋元之际在我国北方民间流行的有力证据。同时，捶丸图、踢瓶图、玩鼓图等以儿童为主的戏耍画面内容，也为研究我国宋代流行于民间的技艺活动，提供了形象的实物证据，具有重要的历史价值和艺术价值。

"泰山三宝"有传奇 ^{泰安市博物馆}

　　古代帝王宣扬"君权神授"，所以，但凡自觉伟业丰功的帝王，都会到五岳之首的泰山封禅、祭祀。历史上，秦始皇、汉武帝、光武帝、唐高宗、唐玄宗、宋真宗等都曾到过泰山。

　　而创了历代帝王祭泰山次数之最的，则是乾隆皇帝。这位喜欢全国各地到处跑，并留下无数诗篇和墨宝的皇帝，登临泰山的次数多达10次，而且还曾30多次给泰山御赐祭器，总数达到300多件！

　　皇上一出手，当然都是好东西。斗转星移，这些精美而珍贵的祭器越来越显示出极高的艺术价值和历史价值。在这些祭器中，黄釉青花葫芦瓶、沉香狮子和温凉玉圭被誉为泰山的"镇山三宝"，如今，它们也早已成为泰安市博物馆的镇馆之宝。

黄釉青花葫芦瓶：民国年间的两桩"奇闻"

　　黄釉青花葫芦瓶身上，曾经发生过两桩"奇闻"。

　　泰安市博物馆原保管部主任刘卫东，清晰地记得老一辈文物工作者流传下来的这两桩"奇闻"。第一桩发生在民国初年，那时候，两个葫芦瓶和众多皇帝御赐的祭器安放在岱庙的东神库中。然而，一场大雨，让东神库轰然倒塌，不少存放在里面的祭器都被砸得粉碎，而两个葫芦瓶却完好无损。第二桩发生在民国三十一年^{（1942）}，已被移至岱庙东御座东廊的葫芦瓶和部分祭器突然失窃。这些东西后来被辗转倒卖到了北平。国宝级文物被盗，一时舆论哗然，案子最后成功破获，失窃的大部分祭器也都被找了回来，但是原本一对的黄釉青花葫芦瓶，却只追回来完整的一件和另一件的瓶盖，其瓶身却再也没有下落。

　　幸存下来的这件黄釉青花葫芦瓶，如今深藏在泰安博物馆库房，博物馆做了一件复制品，展示在岱庙东御座内。这件黄釉青花葫芦瓶^{高22.5厘米，口径3.1厘米}通体以黄釉为底色，上饰青花缠枝莲纹，仅在束腰处饰几何纹和梅花纹，瓶底有"大明嘉靖年制"楷书青花款。可见此瓶是明嘉靖年间景德镇御窑烧制。这件葫芦瓶胎质细洁，釉面肥润光亮，青花色泽浓艳，纹饰典雅有序，造型古朴敦厚，是典型的明代景德镇官窑，可谓瓷中珍品。

刘卫东说，黄釉青花葫芦瓶之所以如此珍贵，和其独特的用料和工艺有关。明嘉靖时期的官窑青花瓷，使用来自西域的"回青"料，这种青料含铁量低，含锰量高，烧成的青花蓝中泛紫，非常浓艳，而且这一时期工匠对黄釉瓷的烧制更加纯熟，颜色十分纯正。黄釉青花瓷器烧制难度大，需两次入窑才能烧成，因而成品率低。工匠首先要在高温窑中烧制青花器，出窑后，在青花器上施黄釉，然后再次入窑低温烧制，才能最后烧成。"成熟的青花产生在元代，纯正的黄釉是在明朝中期才产生的，这两种工艺组合在一起，在嘉靖年间烧制应该还是比较困难的，打碎了好多瓷器，才有这么一件比较完整、比较好的瓷器。"

另外，葫芦瓶形状本身也具有吉祥如意的内涵，这是与中国传统文化密切联系在一起的。因"葫芦"与"福禄"谐音，"藤蔓"之"蔓"与"万"谐音，象征福禄双全，子孙万代。葫芦因而成为吉器，在祭祀中成为礼器。用葫芦形祭瓶作为供器也是循礼制所为，以求风调雨顺，国泰民安之吉。

黄色象征皇家的尊贵，因此长期以来黄釉青花葫芦瓶瓷器一直为宫廷专用。一直到乾隆五十二年[1787]，乾隆皇帝才将其御赐给了岱庙，以祈祷国运太平、自己长命百岁和子孙万代吉祥幸福。

沉香狮子："一两沉香一两金"

和葫芦瓶一样，乾隆皇帝御赐岱庙的沉香狮子也是一对。

黄釉青花葫芦瓶（泰安市博物馆提供）

这对沉香狮子利用沉香的天然形态，巧妙地雕刻黏合而成，沉香上的凹凸疙瘩恰似狮子身上的卷毛。两狮皆双眼圆睁，熠熠有神，嘴微张，露出整齐的牙齿，尾巴高高翘起，形神兼备。仔细观察不难发现，工匠们将这对狮子雕塑成了喜庆吉祥之态。狮子是我国民间传统的吉祥物，雕刻狮子所用的沉香又是名贵的药材与香料，用沉香狮子礼祭泰山，供于岱庙，表示了乾隆皇帝对泰山的敬奉之意。

沉香又名沉水香、水沉香。沉香并不是一种木材，而是沉香树受到自然或人为损伤，伤口受到真菌感染后，分泌出油脂，形成的一种混合了树脂成分和木质成分的固态凝聚物。沉香多产于东南亚以及我国的海南岛、广东等地。由于沉香产量稀少，在我国，自汉代起就被视为珍贵的药材和香料。宋代有"一两沉香一两金"的说法，可见沉香的名贵。

沉香狮子的材质，采用的是进贡到宫廷中的海南沉香。因为产地不同，沉香木结香的能力也大有高下之别。比如，印尼地区结香相对容易，能产生大块沉香，而我国海南地区结香就比较小，大块沉香很难得。这两件沉香狮子就是工匠利用沉香的天然形态，用多块沉香巧妙地雕刻黏合而成的。

刘卫东曾仔细观察过这对沉香狮子，发现狮子里面有手工打造的钉子，因此推断其并非由一整块沉香雕成，而是拼接起来的，狮子的眼睛十分油亮，是镶嵌上去的，其材质并非沉香，看起来很像琥珀。

温凉玉圭：半寒半暖显神秘

公元1771年，乾隆皇帝第六次到泰安，二月东巡，二月二十四日驻跸泰安白鹤泉行宫，二十五日谒岱庙，赐玉圭。二十六日登岱顶祀碧霞元君。

这一次，乾隆皇帝是以母亲孝圣宪皇后的名义将玉圭颁赐岱庙的，那一年正是皇帝母亲的八十大寿。《岱览》及《泰山志》中均记载，"乾隆三十六年，皇太后赐……大玉圭一件，长三尺五寸，宽八寸，名温凉玉，半暖半寒。"

这温凉玉圭的奇特之处，就在于"半暖半寒"。温凉玉圭采用新疆和田玉制作，玉色白略微青，又称"青圭"或"苍玉圭"。玉圭由上下两截组成，上凉下温，故名"温凉玉圭"。上截的上部浮雕由曲线连接的三个圆形，分别代表日、月、星；下部浮雕海水江崖图，分别代表河、海、岱，与上半部分结合起来，即隐喻《尚书·舜典》中"肆类于上帝，禋于六宗"的"六宗"。下截阴刻"乾隆年制"四字楷书款。由于这件玉圭是乾隆皇帝专为泰山"定制"，所以可谓独一无二。

玉圭是礼器中的一种，《周礼·春官·大宗伯》载"以玉作六器，以礼天地四方。以苍璧礼天，以黄琮礼地，以青圭礼东方，以赤璋礼南方，以白琥礼西方，以玄璜礼北方"。泰山位居东方，向来被视为万物生发之地，因此祭祀泰山用礼东方的青圭；而且玉为圭形，象征着春物初生。乾隆皇帝以青玉为圭礼奉泰山，应该是严格遵循了传统礼制的。

玉圭摸起来上凉下温，的确是一个难解之谜。为了解开这个谜团，专业人员曾用专门的测温仪器，但根本测不出温差，只能推测有可能和玉圭上下两部分的玉质差异有关。另一个原因，则也和玉圭的人为神秘化有关，刘卫东说："民国时期的岱庙道士曾说过，当时如果有人要摸玉圭，是要先交香火钱的，道士们会在玉圭的下半部抹上一层蜡，使其触感和上半部有差别。再加上玉圭本身的宗教气息，就被越来越神秘化了。"

乾隆皇帝御赐的温凉玉圭
（泰安市博物馆提供）

一镢头刨出虎符来 东平县博物馆

　　和如今高度信息化的战争不同，冷兵器时代的战场，更具有刀光剑影的肉搏式悲怆。那时信息传递的权威、精准和及时，有时能决定一场战争的胜负。战事一触即发，在没有电报、电话的情况下，古代帝王如何才能及时调兵遣将，把镇守各地的军队派往前线？

　　这就要靠兵符。自古以来，兵符都是专符专用，一地一符，不可能出现使用一个兵符同时调动两地军队的情况。由于老虎为百兽之王，凶猛敏捷，所以早期兵符被刻画成老虎的形状，因此后人习惯将兵符称为虎符。

　　虎符往往一分为二，右边一半由帝王保存，左边一半由将帅保存。打仗时，只有二者合二为一，才能调动军队。正是因为虎符是调兵遣将的重要凭证，所以历朝历代的统治者都把它们视为珍宝，秘密收藏，一般都要藏在皇宫或者王宫最安全的地方。

虎符（东平县文管所提供）

一镢头刨出 12 枚晋代虎符

在东平县文管所所长杨浩眼里，晋代虎符的重要性毋庸置疑，从目前国内公布的考古资料来看，还没发现过晋代虎符的记录。东平虎符，很可能是迄今国内晋代虎符的唯一发现。现今收藏在东平县文管所的三枚虎符中，经专家鉴定，其中一枚被定为国家一级文物，一枚因为有所锈蚀、品相相对要差，定为国家二级文物，而另一枚尚未鉴定。

国宝级文物的发现，源自一件偶然发生的普通小事——

东平县有个叫宿城村的村子。1972 年的一天，十八九岁的村民孙义成和同村的孙义峰，到村头地里拉土填园子。两个人分工明确：孙义峰在前头用镢头刨土，孙义成在后头将土装到车里去。

突然，孙义成发现，刚从土里刨出来的一块青砖上，并排放着 12 枚造型奇特的小铜器，这些铜器身上有虎纹，模样好像半个俯卧的老虎。

这些小铜器是用来做什么的呢？两个人想了半天，没想出答案来。也没把这些"小老虎"当作宝贝，孙义成把它们装到筐里拿回了家，随手放在堂屋的窗台上。

12 枚虎符放在窗台上，一直无人问津，孙义成也没太把它们当回事儿。几年之后的某天，孙义成的一个聊城朋友到他家里做客，无意间看到了这些小铜器，他向孙义成建议，由自己先拿着这些东西到聊城找人，看看这些小老虎到底是什么东西，是否值钱。孙义成同意了，朋友就拿走了 12 枚虎符中的 7 枚。

时间一天天过去，7 枚虎符却如石沉大海，音信全无。后来，孙义成急匆匆跑到聊城找到朋友原来居住的地方，却发现人去楼空，邻居说对方早已搬了家。茫茫人海，要想把这个朋友找出来，谈何容易？孙义成只好作罢，从聊城回了家。

杨浩告诉我，这么多年来，被孙义成朋友拿走的 7 枚虎符再无音信，剩下的 5 枚虎符中，有人说其中 2 枚分别到了山东省、泰安市博物馆，另 3 枚则入藏东平县文管所，"这 3 枚中的其中 2 枚，是孙义成主动交给文管所的。第三枚是后来他儿子孙元宾在上世纪 90 年代末修房子时从墙里扒出来的，扒出来之后也交给了文管所。文管所为感谢他，给了他 500 块钱奖金。"

精美虎符拥有高超的"防伪"技术

小小虎符在制作上有哪些独特之处呢？

杨浩说，被定为国家一级文物的那枚虎符，个头很小长6.5厘米，高4.5厘米，宽2.5厘米，但造型精美。虎符为青铜所制，上有虎斑纹，在虎符的脊骨上刻有错银铭文，前胸还有数字。所谓"错银铭文"，就是先在虎脊背上刻出阴文，再把银丝嵌入阴文，最后打磨光亮。由于所发现的虎符均为右边之一半，所以铭文之字，也是只有一半，只有当左右两枚虎符的字能对起来，才能发挥调兵遣将的作用。如此复杂的工艺，是很难仿造的。

据传，兵符是由商朝末年著名军事家姜子牙发明的。不过，根据文献记载，兵符最早出现在春秋战国时期，从那时起，中国的帝王都使用兵符来调遣军队。著名学者王国维曾对中国古代兵符有过研究，他认为，"汉晋兵符，每字中分，以为合符时之验"。东平虎符完全符合这种论证，且在虎符的头部，还刻有一个"晋"字，可见其当为晋代虎符。

虎符历史悠久，保存下来的非常稀少。在以往发现的虎符中，最著名的有秦代错金"杜"字铜虎符，还有保存在中国国家博物馆的秦代阳陵铜虎符。阳陵铜虎符是秦代制造的一套完整兵符，秦始皇统一中国后，颁发给阳陵守将使用。

杨浩认为，和秦代阳陵铜虎符比起来，东平晋代虎符的"防伪意识"更强：从造型上看，阳陵铜虎符平头翘尾，形态质朴，东平虎符昂首张口，虎尾下垂，虎纹细腻，造型复杂，更难仿造；从铭文看，阳陵铜虎符左右两半都刻有"甲兵之符，右在皇帝，左在阳陵"12字错金铭文，东平虎符则采用铭文左右各半的方法来防伪，因此更具有防伪意识。

虎符的主人应是晋朝东平王司马楙

如此重要的虎符为什么会出现在东平宿城村呢？

要解决这个疑问，先要了解东平的历史。公元265年，晋朝建立，晋武帝司马炎在当年的十二月分封"皇从父弟"司马楙为东平王。自此，司马楙拥有了自己的文武官员和军队，成为掌握重兵的一方诸侯王。晋武帝以为有诸侯王替他镇守四方，就可以高枕无忧了。然而事与愿违，诸侯王羽翼丰满后都各自为政，有的还想夺取政权，于是晋朝就出现了

虎符背上铭文，"每字中分，以为合符时之验。"（东平县文管所提供）

连年的内战，司马懋难免被卷入其中，东平虎符就是这段战乱历史的凭证。

司马懋将东平国的都城建在宿城，也就是现在的东平故城一带，挖出虎符的宿城村，就是当时东平国都城宿城所在地。杨浩介绍，东平古城现为省级文保单位东西长 1600 米，南北 1300 米，现存两米多高的汉代夯土城墙 180 米，"晋朝战乱频繁，东平王司马懋所住宫殿又在这里，所以我们推测发现的虎符应该是司马懋所有"。

司马懋地位虽然十分显赫，但名声并不太好。根据史料记载，司马懋善于阿谀奉承，老是拍当时的尚书杨骏的马屁。后来杨骏犯了事被诛杀，按理司马懋也当受牵连被杀，但是司马懋又和东安公司马繇关系不错，就赶紧找司马繇走后门，从而逃过一劫，转而当上了大鸿胪加侍中。

不仅善于拍马屁，司马懋还很贪婪。史载晋惠帝永兴二年（305）七月，司马懋被任命为兖州刺史，"懋征求不已，郡县不堪命"，就是说作为兖州地方长官的司马懋横征暴敛，弄得下面的郡县、百姓都受不了了。

元代石碑记录莱芜矿冶史辉煌 _{莱芜市博物馆}

　　说起莱芜，人们总会想起钢铁。而事实上，历史上莱芜地区的矿冶业就很发达。汉武帝时在全国置铁官 47 处，莱芜_{当时叫嬴县}就是其中一处。到了唐代，莱芜有"铁冶十四、铜冶十八、铜坑四，且产锡"，矿业规模之大全国罕见。

　　辉煌的历史总会凝结到某些文物身上，留存后世。如今，当你步入莱芜市博物馆，迎面就能看到一块珍贵的元代石碑，石碑正面刻着一篇《重修安期真人祠记》，反面则刻着"济南莱芜等处铁冶都提举司"这个矿冶机构的部门构成和成员。两面刻文将纪念安期真人和矿冶管理机构连接了起来，对了解元代莱芜矿冶史，具有重要的价值。

14 个人，花了 6 个小时，终于把石碑抬下了山

　　说起这块元代石碑入藏莱芜市博物馆的过程，莱芜市文物局副局长刘国柱记忆犹新。

　　莱芜市莱城区高庄街道办事处谭家楼村村西，有一座仙人山，山上有一座仙人堂，堂前就曾立着这块石碑。新中国成立后，仙人堂屋顶的大梁塌了，但石碑还立在原处。1995 年，莱芜文物部门进行文物调查时，第一次发现了这块石碑。

　　刘国柱见到这块石碑是在 2002 年。那一年，他和同事一起走乡串村调查文物，在仙人山山顶看到石碑后，仔细阅读了上面的文字，刘国柱觉得此碑对了解元代莱芜矿冶史具有重要意义，但山上建筑大多已经倾颓，让石碑留在山野荒坡，很可能会遗失。于是，2003 年春，刘国柱带着文物部门其他 5 位同事，决定将石碑运到库房。

　　仙人山海拔 509 米，虽然不是很高，但山势陡峭，且山路难觅，上山下山十分艰难，文物部门于是又雇了 8 名民工一起上山。

　　石碑_{高 0.99 米、宽 0.63 米、厚 0.18 米}体量虽然不大，但也有 600 来斤重。刘国柱记得，他们一行 14 人，从上午 8 点多上山，一直忙到下午 2 点多才把石碑抬

《重修安期真人祠记》碑拓片（钱欢青摄）

下山来。为什么这么费劲？刘国柱说："一是为了保护石碑，避免下山途中把石碑磕坏，我们得先用草绳和麻绳把它密密麻麻捆起来；二是因为山上没路，山势又陡，每次只能 6 个人抬石碑，走不了几步就得换人，而且 6 个人抬一块碑，步调一致也非常重要。"就这样，小心翼翼地，14 个人花了 6 个小时，才把石碑从山上抬了下来。

仙人安期生，也是莱芜矿冶行业神

刘国柱认为，这块石碑最有意思的地方，是显示了仙人安期生和莱芜矿冶行业的关系。

碑立于元大德五年（1301）。这一年，济南莱芜等处铁冶都提举司重修仙人山上的"安期真人祠"，并立碑以志。碑的正面刻着一篇《重修安期真人祠记》，碑文载："凤凰之山，有古仙人堂。父老相传，以为真人安期生也。得非秦始皇东游求诸海上者邪？俗又谓'八百伏先生'，竟莫详厥由。同祠列坐其左者，从革侯也，亦不审其姓氏岁代。其右则金火神圣娘子，云从革侯之女也。又云三人者，皆同时人也。唐人有碑识其事，碑漫漶残裂。可辨者间数字尔，读者每以为恨。吾观夫莱芜诸山，形如环堵。藏真匿宝，世眼罕识，非天降异人，肇谋立法，采而成之，以示济世益民之利……国朝自立提举司以来，每岁例以季秋率僚属奔走祠下，享以牢，礼成而后兴役。于是凿石起炉，伐木为炭，熔矿成金。迄来春之仲，程课斯告毕。越大德丁酉岁，改立都司，三载考绩，公赋日美，下利日滂。逋者还，居者乐，废者兴，缺者完，旅贩辐辏，铁法大成。良有上下称职，说以使民，民忘其劳，叶气薰陶，神人胥悦而致此乎……"

这段碑文说得很明白：元代莱芜仙人山有安期真人祠，其中供奉着安期真人和从革侯、金火神圣娘子等矿冶业行业神。每年秋季都会由矿冶业官方机构的官员主持祭祀，因为有了神的护佑，所以矿冶业十分兴盛。

据谭景玉、王其勇《莱芜矿冶业行业神考述》文，对于从革侯和金火神圣娘子，虽然文献中并没有多少记载，但是其他地区也有将此二者作为矿冶业神来祭祀的情况。据说金火神圣娘子是在其父受到催逼时毅然投入炉中，使冶铸成功而被奉为神的。其父从革侯可能也是因女儿金火神圣娘子投炉而受封。然而，安期真人作为矿冶业行业神却仅见于莱芜，因而是一颗具地域特色的行业神信仰。

史载，安期生大约是生活于战国末期的齐人，传齐国黄老刑名之学。黄老学者本重养生，而齐地学术最为活跃，燕、齐一带又是神仙传说盛行之地，也许正是这一原因，安期生被齐方士目为神仙。在道教中，安期生主要是一位好仙药、行气功的神仙形象。安期生之所以会成为矿冶业的行业神，首先因为他是传说中道家的神仙，在莱芜一带也有不小影响，莱芜当地有不少关于安期生修仙、炼丹、行医、显异的民间传说。在此基础上，把都要使用炉火的道家开炉炼丹与铁的冶炼联系起来，将其附会为矿冶业的行业神，也就可以理解了。

碑文详述机构设置及矿冶史辉煌

此外，碑文还记载了重修安期生祠的缘由，乃是祠宇"欹倾圮毁，上雨旁风，浸所不堪将，遂神无所依，人无所仰，众口一辞，不谋而同"，"乃以通利监提领皇甫恩任其事，佐才助力者举欣欣然，不再月，而缔构像设，较之旧制，精彩一新"。

碑文标识的日期是"大德五年岁在辛丑四月中旬"，立碑者为"承直郎、济南莱芜等处铁冶都提举司邢秉仁，承直郎、济南莱芜等处铁冶都提举司同提举乌马儿，朝列大夫、济南莱芜等处铁冶都提举田可宜，奉政大夫、济南莱芜等处铁冶都提举阿里沙，通利监提领皇甫恩"。

碑文正面内容显示，重修安期生祠和立碑纪念的是济南莱芜等处铁冶都提举司的官方行为，而在碑文反面的碑额，则刻着"济南莱芜等处

《济南莱芜等处铁冶都提举司管辖》碑拓片（钱欢青摄）

铁冶都提举司管辖"14个大字。

史料记载，莱芜矿冶业的历史十分悠久，至晚到春秋时已有较大规模。汉代在此设有铁官，所产蠃铁著称于世。唐代这里"有铁冶十三，有铜冶十八、铜坑四。有锡"，是全国重要的矿冶基地，其矿冶业达到了一个高峰。五代后周时设莱芜监，主管莱芜矿冶业。北宋至道三年^{（997）}，复置莱芜监，管辖莱芜"三坑、十八冶"。到元丰年间，冶户达到千余户，采冶者达数千人，每年承担的铁课达24万多斤，是宋代重要的冶铁中心之一。金代仍设铁冶务负责矿冶事务。

元至正十一年^{（1274）}，朝廷始设莱芜铁冶都提举司，徐公琰任提举司，官位五品，下辖宝成、通利、锟锘三监。大德二年^{（1298）}，又将济南、商山提举司并入，更名为济南莱芜等处铁冶都提举司，由邢秉仁任提举司，官升至正四品，管辖宝成、通利、锟锘、元固、富国五监。石碑上记载了宝成监、通利监、锟锘监的内部职务及任职人员，有官勾司、司吏、矿铁库使、藏典、什物库子、煽炉提领、大监、部夫头目、百领、拈匠作头、催差头目等职，可见机构设置合理、分工明确，已经积累了丰富的管理经验。当时冶户约5000余，课铁至少达到139万多斤。明代政府限制矿藏开采，山东开采量居全国前三，其中以莱芜济南铁冶都提举司最著名，年产铁360吨。

可见，自汉唐以来，国家都在莱芜设立机构管理此地的矿冶业，这里也一直是重要的冶铁中心。在如此发达的矿冶业下，将古代仙人安期生附会为矿冶业的行业神也就不足为奇了。但从明代宣德以后，莱芜的矿冶业进入低谷，莱芜作为重要矿冶业中心的地位一去不返，与此同时，安期真人祠兴废无常，安期真人作为矿冶业行业神的身份日渐被人们忽视乃至遗忘，逐渐恢复了其"仙人"的本色。

砖窑厂打工，捡来商代宰甫卣 _{菏泽市博物馆}

商代饕餮纹青铜宰甫卣（菏泽市博物馆提供）

每个时代的艺术品，都有它独特的气息。

青铜时代的艺术，表现出了神力兼并万物的倾向，以权力强化宗教活动在社会生活中的地位，事事占卜，事事问神，用青铜礼器来供奉神灵，祭祀社稷、祖先，为酒为醴，载歌载舞，"致其敬于鬼神"。因此宗教和礼法的神圣化，导致青铜艺术造型及纹饰的神秘意味。

作为独特社会思想的物质化表征，使得青铜器对认识其产生的时代具有重要的价值。在商代，青铜器已经发展到成熟阶段，著名的司母戊大方鼎就是其中的杰出代表。而在菏泽市博物馆，也有一件极具价值的青铜器——商代饕餮纹青铜宰甫卣。这件青铜器不仅制作精美，而且铸有罕见的 23 字叙事铭文。而它入藏菏泽市博物馆的经历，还颇具传奇色彩。

到山西砖窑厂打工，带回来个"宝贝"

鲁西南民俗博物馆馆长、菏泽市文物保护专家咨询委员会主任张启龙，数十年来一直从事文物征集、保护等工作。他清楚地记得这件宰甫卣的传奇来历。

那是在上世纪 60 年代，家在菏泽的一位农民拿着一件青铜器找到了时任菏泽县文化馆的文物干部陈克强，想让他看看这件东西"是否值钱"。根据这位农民的说法，他在山西的一个砖窑厂打工，无聊时在砖窑厂附近挖土的地方溜达，发现一个地方有土块突出来，觉得十分奇怪，于是用手剥开土块，发现了这件器物。虽然器物表面沾满泥土，但依然可以隐约地看到精美的纹饰，就把它"捡"回了家，清洗后发现是件青铜器，于是就带着它到文化馆来"鉴宝"。

陈克强仔细一看，发现这件青铜器不仅铸造精美，而且还有铭文，就跟农民说，这是件重要文物！农民一听，心想肯定很值钱，就表示可以把它卖给文化馆。陈克强说，这是出土文物，根据法律规定，必须交给文物部门，"别说要钱了，要是卖给文物贩子，还要治罪"。农民就将青铜器交给了菏泽县文化馆。这件青铜器后来又划拨到牡丹区博物馆收藏，2001 年统一划拨到菏泽市博物馆后，博物馆为它设置了专柜，收藏至今。

张启龙说，1976 年夏，山东省流散文物工作现场会在菏泽召开，当时的国家文物局流散文物处处长关敬成和山东省文物总店经理杨子范，以及山东省文物局专家台立业等人参加了会议。会议期间，张启龙陪同台立业到菏泽县文化馆查看文物，台立业仔细看了这件青铜器后，认为它应该是商代的，就说，"这件青铜器非常珍贵，应该可以定为国家一级文物，要好好保护。"

1985 年，被誉为商周考古第一人的北京大学历史系邹衡教授来到菏泽。当时的菏泽地区文展馆的工作人员把这个铜器拿给邹衡看，邹衡当场评价：商代铭文一般字数很少，超过 20 个字的不多见，而这个器物上铭文竟有 23 个字，殊为难得。对这一评价，张启龙至今记忆深刻。

23 字记事铭文极为罕见

这件商代饕餮纹青铜宰甫卣 <small>通高 31.5 厘米，口径 11.3 厘米 ×12.8 厘米，最大腹径 18.4 厘米，底径 14.9 厘米 ×12.8 厘米，盖口径 14.4 厘米 ×12.7 厘米，钮长 3.4 厘米</small> 的钮盖被铸成了蘑菇形，颈很短，鼓腹下垂，圈足，提梁两端则被铸成兽首。器盖上铸满饕餮纹，下饰鸟纹一周，口沿部有一相对称的饕餮纹盲鼻。

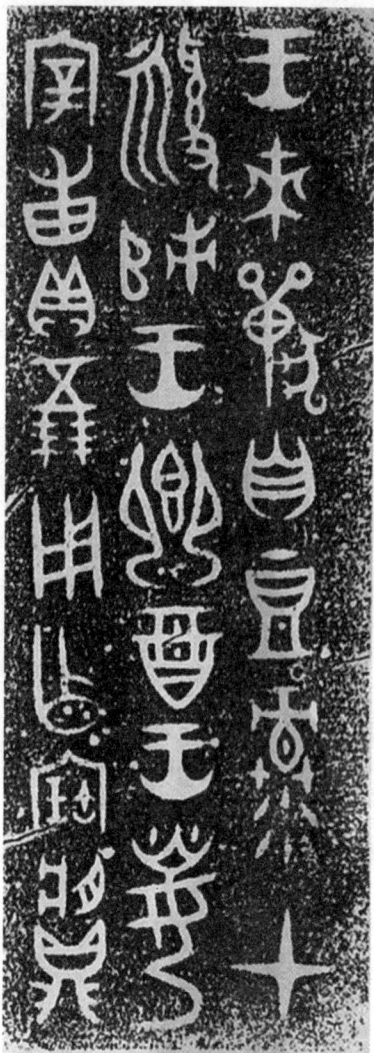

宰甫卣铭文拓片（菏泽市博物馆提供）

在宰甫卣的器盖和器体底部的内壁上，铸有三行总共 23 字的铭文，内容为：王来兽^{（狩）}自豆录^{（麓）}才^{（在）}禚师王乡^{（飨）}酉^{（酒）}王光^{（贶）}宰甫贝五朋用乍^{（作）}宝鼎。

铭文大意是：殷王自豆麓狩猎归来，在宴飨时，赏赐宰甫贝五串，宰甫因此做此器以志其事。文中的"宰"是职官之称，"甫"是"氏号"。宰甫"联称，表示此"宰"者为"甫"氏之人。

这件宰甫卣的铭文拓本初见于吴大澂《愙斋集古》，名之为"来兽敦"。吴大澂题盖铭曰："此本为陕贾所拓赠，今器不知归何处。"此后王国维《国朝金文著录表》据器主更名为"宰甫敦"。《小校经阁金文拓本》《三代吉金文存》等书据吴大澂所得拓本入录，分别名之为"宰甫敦""宰甫簋"。《周金文存·补遗卷二》著录了周庆云所得此器盖铭的另一拓本，而又归为鼎类。经专家鉴定认为，宰甫卣铭文和以往著录的拓本分毫不差，可以证明两者属同一器物。可见以往把这件青铜器命名为敦、簋、鼎均属讹误，应正名为卣。在当时，应该是一种酒器。

荷泽市博物馆文物科科长任庆山表示，商代青铜器铭文一般只有一两个字，而且大多记录族徽和祖先名，像宰甫卣这样的长篇记事铭文极为罕见。"铭文内容可与甲骨文相互对照印证，为研究殷商历史、地理提供了极为宝贵的实物资料。因此，宰甫卣拓片问世以来，不少学者竞相著录研究，素为学术界所珍惜"。

笔力浑厚，为金文书法艺术之杰作

有专家表示，殷商时期金文的用笔、结构和章法都显示出其独特的风格，和甲骨文相比，金文的用笔相对浑厚一些，笔道显得粗浑一些，但有些作品仍保留了甲骨文的一些特点。

殷商金文有的字数极少，只保留族徽或器主姓名，也有长篇铭文，与西周初期金文无多大区别。其风格有的颇显端正细劲，如"宰甫卣"铭文；有的颇具浑厚之气，如"司母戊大方鼎"铭文；有的颇作欹侧之势，如"作册般甗"铭文，开后代欹侧书写之风气；有的多用中锋，颇显劲健圆融之味。

作为商代晚期金文的代表作品之一，宰甫卣铭文和作册般甗等青铜器的铭文不同。后者最突出的特点是在相当程度上保持着商代甲骨文的面貌，章法上斜角呼应，结构上取斜势，用笔上起收时尖利的味道还相当浓，而宰甫卣铭文则在章法整齐、字形端正方面发展得比较完善。这篇铭文结体严谨，笔致丰腴，间或使用肥笔，显得行气茂密，气韵凝重，具有一种端庄伟岸的美，是殷商晚期金文书法艺术中的杰作。

在《美的历程》中，李泽厚先生把青铜器独立成章，命名为"饕餮青铜"，认为其承接"远古时代"，开启"先秦精神"，并将广泛应用于青铜器装饰的饕餮纹作为一种审美趣味进行解读，把青铜艺术狞厉之美的本质归因于超人的历史力量与原始宗教神秘观念的结合，体现了"客观历史前进的超人力量"。如今，当我们凝望这三千多年前的宰甫卣，也能感受到那个时代的美与力量。

废铜堆里发现珍贵金代铜佛^{菏泽市博物馆}

在上世纪六七十年代，很多如今看来非常重要的文物，都是来自废品收购站。我曾经采访过济南市博物馆的于中航老先生，他曾说，那个年代，济南市博物馆的不少藏品就来自废品收购站，"不少青铜器，都是用略高于废铜的价格收来的"。

我在菏泽市博物馆见到的一尊金代铜佛，就是在即将和其他废铜一起被当作废品卖掉之前被发现的。普通人保护文物的敏感意识和文物工作者强烈的责任感，让又一个珍贵文物避免了化为乌有的命运。

一块八毛钱一斤，买来珍贵铜佛

那是在 1978 年的秋天，当时，张启龙是菏泽地区文物管理站的文物干部。有一天傍晚，张启龙正准备下班，突然接到了时任菏泽地区金属公司钢材科科长洪学臣打来的电话，说下午他在公司的废铜仓库打扫卫生时，发现了一尊铜佛，问了问别人，说是公司的员工从乡下收来的，一看没什么价值，就打算当废铜卖掉。

张启龙一听有"疑似文物"，十分兴奋，撂下电话，骑上自行车就直奔冶金公司。见到洪学臣后，张启龙立即对铜佛进行仔细观察，他发现，铜佛虽然锈迹斑斑，但形象完整、雕刻精美、手法纯熟。虽然无法马上判断铜佛的年代，但凭着职业敏感，他觉得这尊铜佛应该是件不可多得的珍贵文物。

听了张启龙的判断，洪学臣说："如果你觉得是文物，那就先带走呗。"

虽然即将被当做废铜处理，但要拿走铜佛，也需要向冶金公司支付费用，张启龙一摸口袋，发现自己走得太着急，兜里一分钱都没带，于是跟洪学臣说："要不我明天再来找你？"洪学臣说："夜长梦多，万一今天晚上废品收购站就来车拉走这一堆废铜呢？保护文物就应该快刀斩乱麻。不行你写个欠条，我给你担保，现在就把这事儿给办了。"

洪学臣的热心让张启龙非常感动，于是，他们找来仓库保管员，给铜佛过磅，以每斤一块八毛钱的价格，将铜佛买了下来。铜佛重47.68斤，总共所需费用是85.82元。算好铜佛的价钱，张启龙写下欠条，洪学臣作为担保人在欠条上签了名，购买铜佛的手续算是办完了。

接下来的任务就是把铜佛拉回文物管理站。回忆起拉铜佛的过程，张启龙也觉得非常有意思。"铜佛虽然不到50斤重，但是

金代结跏趺坐铜佛（菏泽市博物馆提供）

有半米高，我当时骑着自行车，没法弄。又是洪学臣想出了办法，他找来一只麻袋和一个纸板包装箱，用绳子将铜佛结结实实捆在自行车后座上，一边忙活一边还念念有词：'铜佛不能坐在你的身后，那样会对佛不敬，所以得让你俩背靠背，绳子也不能直接扎在佛像身上，所以得先用纸板包起来，再套上麻袋，这样一来，绳子捆的就是麻袋，而不是铜佛了。别人看不见自行车上拉的是铜佛，也比较安全。'"

在洪学臣周到的"服务"下，张启龙成功地把铜佛拉回了文物管理站。1980年，铜佛又入藏菏泽地区文展馆，1991年入藏菏泽地区博物馆。2001年入藏菏泽市博物馆后，专柜存放至今。

文物入库之后，接下来的一个重要步骤是专家鉴定。张启龙回忆，

那是在 1992 年，山东省文物局文物鉴定组到各地鉴定文物，经过台立业、刘谷、崔明泉等专家的鉴定，这尊铜佛属于金代结跏趺坐铜佛，虽然底沿有断裂，但整体依然比较完整，最后被定为国家二级文物。

金代铜佛，为何尤为珍贵

菏泽市博物馆文物科科长任庆山告诉我，这尊金代结跏趺坐铜佛是一尊释迦牟尼坐像^{底座长 25 厘米，宽分别是 18、37 厘米，高 50 厘米，重 23.84 千克}。佛像雕刻精美，螺形发髻，面相丰满，双耳垂肩，双乳袒露，体态丰腴，神情庄重又不失慈祥。特别是佛像的衣饰花边，线条流畅，飘洒自然，也雕刻得极其精美。另外，佛像右手掌心向上，施禅定手印，为结跏趺坐。结跏趺坐是一种最安稳也最重要的坐法，《大智度论》卷七有云："问曰：'多有坐法，佛何以故？唯用结跏趺坐。'答曰：'诸坐法中，结跏趺坐，最安稳不疲极，此是坐禅人坐法，摄此手足，心亦不散。又于一切四种身仪中最安稳，此是禅坐取道法坐，魔王见之，其心忧怖。'"

任庆山表示，金代的造像仍上承辽代造像的传统，技法上与辽代无太大差异，但金代的佛造像身躯更为饱满，胸部宽厚突出，体躯壮硕，流露出北方民族的浑朴作风。由于金代铜严重不足，政府严禁民间拥有铜制品，除必须用铜的铜镜之类外，其余尽可能用其他材料代替。因此，为节约用铜，金代的铜佛普遍轻薄小巧，大型金铜像几乎没见到过，铁佛像一时流行。在这种背景下，菏泽市博物馆馆藏的这尊金代佛像就显得尤为珍贵。

菏泽古沉船，叙写六百多年时空传奇

菏泽市博物馆

考古，往往会在不经意间，让历史露出峥嵘一角，震撼世人。

2010 年菏泽古沉船的发现，极其偶然：谁也不会想到，在闹市区的地下，竟然会沉睡着一艘 600 多年前的元代古船；谁也不会想到，这艘沉船上，竟然还藏着数量众多的珍贵文物，其中一件元青花龙纹梅瓶，竟被专家估价 1.5 亿元……沉船和沉船上的文物，就像一个时光穿梭机，让人瞥到了元代人的生活状态，叙写出一段惊心动魄的历史传奇。

工地施工，惊醒沉睡 600 多年古船

2010 年 9 月 17 日，菏泽。

从清晨开始，大雨就下个不停，雨点织成漫天密网，从空中飘飘洒洒笼罩下来。上午 10 点左右，雨终于停了。而在位于闹市区的菏泽国贸中心施工工地，人们却惊讶地发现，经过大雨的冲刷，在工地 B 区下挖基槽的地方，出现了一些木头和两个陶罐。工人们以为发现了一个古墓，于是立即报告给了工地负责人。工地负责人一看事态重大，立即组织人员保护好现场，并拨打了 110 报警。10 分钟后，警察抵达现场。

时任菏泽市文物处副主

元代古沉船出土现场（马法玉摄）

任的马法玉告诉我，他是在大约 11 点的时候接到了 110 的电话。半个小时之后，文物处的几乎所有考古人员就抵达了施工现场。初步查看后，考古人员立即通知工程部门停工，并及时制定了文物抢救方案，下午两点，抢救发掘工作就紧锣密鼓地展开。

一开始，大家觉得这很可能是个古墓，随着发掘工作的进行，他们才发现这是一艘沉船。说起来，古沉船的发现实属"偶然中的偶然"：在埋有沉船的地方建高楼本身就是偶然，更为偶然的是，这一区域的工程设计直到最后才确定下挖很深的基槽，如果按原来的设计，基槽不到现在的深度，那么这条沉船也就不会被发现了。伴随着"偶然"的还有"幸运"，菏泽古沉船联合考古队队长、时任山东省文物考古研究所副所长的王守功告诉我，按照工程的设计，在基槽下挖后，还要在基槽内打桩，在沉船的周围，密密麻麻布满了下挖桩基后浇注的混凝土柱，然而幸运的是，所有桩基都未打在船体上，从而保全了沉船的完整性。

惊世元青花，被估价 1.5 亿元

作为最先进入考古工地的一员，2010 年的 9 月无疑会成为菏泽市文物处考古人员马静一生难忘的时光。由于元青花存世量极少，对一个考古人员而言，一辈子能挖到一件元青花已属万幸，而马静却在一个下午连着挖到了三件！

最先被马静挖到的不是元青花，而是一对寿山石雕——降龙罗汉和伏虎罗汉。半小时之后，一只温润如玉的玉壶春瓶出土。第二天下午，也就是 2010 年 9 月 18 日下午，马静则挖到了令世人震惊的元青花龙纹梅瓶。这个梅瓶口径 6.3 厘米，底径 14.6 厘米，高达 42.5 厘米通体青白釉，釉色温润，画面繁复，自上而下有六层纹饰，其中腹部是龙纹，怒目圆睁，尖齿外露，扭颈回首，鬓须飘动，龙周围祥云围绕，堪称元青花中的重器。虽然在地下沉睡了600 多年，但色彩依然饱满浓艳，线条优美圆润，是元青花中的精品，非常罕见。继梅瓶出土之后，元青花鱼藻纹高足碗和元青花芦雁盘也相继出土。不过可惜的是，高足碗和芦雁盘均略有破损，所幸碎片均在发掘中被找到。

梅瓶出土后，现场考古人员并没有想到它会是元青花。时任菏泽市文物处主任的张启龙看到梅瓶后，凭借多年的文物征集经验，觉得应该是元青花。他连夜找来众多资料进行比对研究，并找来文博专家、菏泽市牡丹区文物管理所副研究员孙明鉴定，两人一致认为，这件梅瓶发色青翠而深沉，胎质硬而细腻，局部有铁锈疤痕，具有鲜明的元青花特征。随后，菏泽市文物处又请来山东省文物商店总经理宋玮，宋玮觉得菏泽地区从未出土过元青花，所以一开始心怀疑虑，但看到梅瓶后却极为震撼，认定这是一件稀世元青花珍品。

张启龙告诉我，有关这件元青花龙纹梅瓶，还有个有趣的故事：因为 2005 年 7 月 12 日伦敦佳士得曾将一只元青花鬼谷子下山大罐拍出过 2.3 亿元人民币的天价，所以在菏泽沉船考古发掘新闻发布会召开时，很多人都在私底下议论这只梅瓶的市场价。在一个非正式场合，宋玮说了一句"如果把梅瓶放到拍卖市场，起拍价不会低于 1.5 亿元"，这句话被媒体

元青花龙纹梅瓶（菏泽市博物馆提供）

记者听到，于是被炒得沸沸扬扬。事实上，张启龙认为这一估价其实也估低了，"这只梅瓶有确切的出土地点，可以作为元青花的断代标准器，远非经济价值所能衡量"。

神秘古船，600 多年前被撞沉没

除了三件元青花，沉船上出土的文物达 110 多件，包括陶器、瓷器、玉器、石器、铁器、铜器、金饰等等。考古成果极为惊人，仅瓷器还有北宋青釉玉壶春瓶、南宋龙泉窑牡丹纹盘、宋代钧窑盏托等。而另一件体量巨大又极为珍贵的文物，当然是沉船本身。

　　清理完沉船之后，考古人员测量发现，全船"薄板覆盖"，两舷内弧，整体线条优美流畅，做工精湛，一丝不苟。船首轻盈灵活，船中、后部宽敞厚重，是全船的重心部位；船尾高排傲气，操控方便，很有大宋汴河船的遗风。

　　沉船出土之后，考古人员发现 _{沉船总长 20.53 米，型宽 3.4 米}，船的左侧木质已基本腐朽，但底部及右侧保存基本完好。除了船首、船尾两个独立的船舱外，船体共有 10 个大小不等的船舱。根据考古人员凭借出土文物的推测和鄄城老船工凭借多年经验推测，一至二舱为船员休息的地方，出土有酒器等；三至七舱为货舱；八舱为主人休息的地方；九舱为就餐的舱，许多精美的瓷器大多出土于该舱内；十舱为厨房舱，出土了大量的炊具。

　　那么，这只船从哪里来呢？对于这个问题，鄄城的老船工和我国著名船舶研究权威席龙飞先生得出了惊人一致的结论，他们都认为这是"上河船"，也就是黄河流域洛阳以西所造的船，因为上河船一般较长、较窄，而山东本地制造的船则一般较短、较宽。席龙飞进一步认为，这肯定不是长江上吃水很深的大船，而是吃水只有一米左右的运河船。

　　考古专家根据船右侧被撞的痕迹，经过综合分析，推断这艘造于洛阳以西的船，很可能是元代一名高官在搬家时所用，因此船上不仅装有粮食，还装有主人喜欢的各种精美器物。在行驶到出土位置时该船突然被撞沉，船上的人们慌乱逃命，船和船上的东西却永久沉睡在了水下。至于闹市区为何会出现本该在河床上出现的沉船，则和菏泽地区的地貌变化有关。在元代，沉船的地点当然不是闹市区，而是一条连接大运河的人工河。

古船新生，创国内出土古船修复之典范

　　菏泽出土的古沉船是山东省目前发现的年代最早的沉船，为研究元代木船形制及制作工艺提供了标本。从清理发掘时，相关部门就打算将其修复，以重现元代古船雄姿。由于地下水的影响，对古船进行原址保护存在困难，文物部门于是用一个长 15 米、截面 2 米 ×5 米的巨型钢笼，将船整体吊装到菏泽市博物馆广场东侧，并为古船专门盖了一间临时展厅，在此开展保护修复工作。

　　从 2012 年 3 月开始，由荆州文物保护中心联合山东省文物考古研究所、菏泽市文广新局组成专门人员实施"菏泽国贸中心沉船保护修复

项目"。项目组执行负责人吴双成告诉我，项目组在进行细致的前期研究之后，编定保护修复方案，报国家文物局审批后，严格按照修复方案实施修复。"第一步，让古船进行自然脱水；第二步，对古船进行清理，去除船上的一些软包装和沙土；第三步，进行船底板矫形，利用千斤顶等机械装置，将已经变形的船底板恢复成原来的样子；第四步，拼装右舷；第五步，拼装隔舱板；第六步，复制左舷；第七步，修复船舵。"

吴双成表示，整个修复工作完全按照传统工艺，连铁钉都是根据船上已有样品到东平湖老铁匠铺里定做，所用艌料也完全根据传统工艺，用石灰和桐油混合而成。2013 年 1 月 12 日，菏泽市文广新局邀请武汉理工大学、中国船级社武汉规范研究所、广东新中国船厂、武汉船舶职业技术学院等单位的五位专家，对菏泽古船主体修复工作进行专家评议。专家们一致认为："项目组克服出土船材扭曲、变形、腐朽、缺失等不利因素，圆满完成了古船右舷残存部分的修复工作，并根据古船的对称性，合理复原了古船左舷，复原施工工艺具有创造性，达到国内先进水平，是国内出土古船修复的典范。"

2013 年 8 月，古船的整个修复工程基本完成。

200元征来唐伯虎真迹

菏泽市博物馆

当一个历史人物被越来越多的传说和故事包裹，我们总会对其产生一种亦真亦幻的感觉。

就像"江南第一风流才子"唐伯虎。

看到"唐伯虎点秋香"的故事被演绎成无数文学作品和影视剧，看到周星驰演的唐伯虎用乖张的搞笑、淋漓的才情和出色的武功把巩俐演的秋香追到手，我们似乎越来越难以触摸历史上那个江南才子，在当时的现实时空中，究竟是一个什么样子了。

唐伯虎当然是一个真实的存在。他生活在明朝，出生于1470年，1523年去世。他玩世不恭而又才华横溢，诗文擅名，与祝允明、文征明、徐祯卿并称"江南四大才子"；他的画名更著，与沈周、文征明、仇英并称"吴门四家"。在菏泽市博物馆，就藏有一幅唐伯虎真迹《山居对弈图》，站在这幅唐伯虎真迹前，想象无数美丽的传说，让人浮想联翩。而有关《山居对弈图》的流传经历，也足以成就一个新的传奇。

"我想把这幅画捐给国家，能换回辆自行车吗？"

话要从1978年说起。那一年夏季的某一天，正在单位上班的定陶县文化馆文物干部王以立接待了一位70多岁的老人，老人说自己叫提汝霖，家住定陶东关，家里有一幅明代唐寅的画作，想要捐献给国家。

王以立一听唐寅的名字，立即就来了精神，赶忙让老人坐下详说。老人说，自己的孙子已经30多岁了，还没娶媳妇，如今好不容易有人给说了媒，但是还缺辆自行车，"所以想把唐寅的这幅画捐给国家，希望能换回辆自行车，不知道行不行"。

上世纪70年代，结婚要有"三大件"，也就是手表、缝纫机和自行车。手表和缝纫机都有了，但是提汝霖家还缺辆自行车。王以立详细了解后得知，为了这事儿，孙子还跟爷爷急了。孙子知道爷爷藏着一幅很值钱的画，到了要结婚的坎儿，就让爷爷把画卖了好去买辆自行车。爷爷不答应，孙子发了狠话，让爷爷在"断子绝孙"和"卖画"之间做个选择！思忖再三，提汝霖还是不愿意把画高价卖给文物贩子，于是就找到了定陶县文化馆，想把画捐给国家，条件是换辆自行车。

了解情况后，王以立立即向定陶县文化馆馆长汇报，但馆里没有经费，无力拿自行车换画。于是他又立即给当时的菏泽地区文物管理站文物干部张启龙打去了电话，邀请张启龙到定陶了解情况。

精心掩藏躲过红卫兵的搜查

三十多年之后，当如今已是鲁西南民俗博物馆馆长、菏泽市文物保护专家咨询委员会主任的张启龙回忆往事，依然记得当时接到王以立电话后的激动心情，"放下电话，骑上自行车，就往定陶跑"。

一个多小时候后，张启龙和王以立会合，两人于是立即奔赴提汝霖家。老人非常热情，说："咱们先不谈自行车的事儿，我先讲讲这幅画的来历。"

提汝霖说："这画不是我家祖传的。那是在上世纪 30 年代，日本人打到定陶，我跟着城里人往南跑，也不记得走了多少天，带的干粮也吃得差不多了，又饥又渴。见前面有个院落，房子盖得挺好，但院门敞开着，于是就进去转了一圈。没找到吃的，只在厨房里舀了一瓢水喝。转到正房大厅的时候，发现墙上挂着一幅画。仔细一看，落款是唐寅。画好，字也好。"

因为喜欢书画，提汝霖看出了这幅画的珍贵。他心想，院子的主人估计早已逃难去了。如果日本人来了，这画说不定会落入日本人的手里。于是，他找竿子把画揭了下来，把包裹里的衣服都扔了，用床单小心包起了这幅画继续往南走。又过了几天，老家传来消息，说日本人撤出了定陶，提汝霖于是回到了家里。

回家之后，街坊邻居都知道提汝霖得了一幅珍贵的画，那时候提汝霖也年轻，总想炫耀，逢年过节就会把画挂出来。久而久之，亲戚朋友家要是办个喜事儿，也会把画借去挂挂。

转眼到了"文革"，"破四旧"风起云涌。提汝霖知道，一旦这画被红卫兵搜走，就完了，于是提前用油布把画包起来，藏在了墙壁和屋顶的夹缝处，并且用麦秸泥给糊了起来。等到红卫兵来到家里，逼他交出唐寅的画，提汝霖说："我这画经常被街坊邻居借去挂，借来借去，

明代唐寅《山居对弈图》（菏泽市博物馆提供）

不知道借哪去了。前两天我还去问过好几家，都说没见着。不信你们可以去问问。"红卫兵翻箱倒柜没找到画，只好作罢。

"破四旧"风潮过后，提汝霖害怕画作被虫咬坏，于是把画从墙里取了出来，发现没问题后，又将画包好，放在了大床的最里面，铺在高粱秆和席子中间，连老伴儿和儿子都不知道。

说完得画、藏画的经历，提汝霖对张启龙和王以立说："这画虽然不是我的，但这么多年保护这画，也付出了不少心血。文物贩子出价三千、五千我也没卖。这次实在是没办法，但我也不想卖给文物贩子，卖给他们之后，我就看不到这画了，捐给国家，放在博物馆里，想看的时候我还能时常去看看，我们的后世子孙想看也能去看。"

听完老人这一席话，张启龙十分感动，但在那个年代，自行车票还真不好弄。仔细想了想，张启龙向提汝霖说了自己的想法：给老人200元钱，让他去"黑市"上买辆自行车。那年月，自行车票十分紧俏，但是200元钱在"黑市"上还是足够买辆自行车了。提汝霖想了想，答应了。

拿着画回到定陶县文化馆后，张启龙决定当天就将画拿回菏泽地区文物管理站，"眼看要下大雨，王以立借给我一件军用雨衣，我把画卷在雨衣中，再用细麻绳仔细捆住，绑在自行车上，急匆匆往回赶。路上果然下起大雨，画安然无恙，我却成了落汤鸡"。

　　为了确定画作的真伪，没过多久，张启龙就带着画到济南找文物专家鉴定。"刘春甫、台立业两位先生鉴定后认为这画应该是唐寅的真迹，建议我再去北京找专家做最后鉴定。我于是直接从济南赶往北京，请故宫博物院书画组刘九庵等先生鉴定。刘先生认为，从这幅画的风格、书法、诗句、落款、印章等各方面考察，是唐寅真迹无疑。因为这幅画有局部脱落，断裂，于是在国家文物局流散文物保护处关敬成处长的介绍下，我又将画拿到琉璃厂一家百年老店，让他们进行了重新修复保护"。

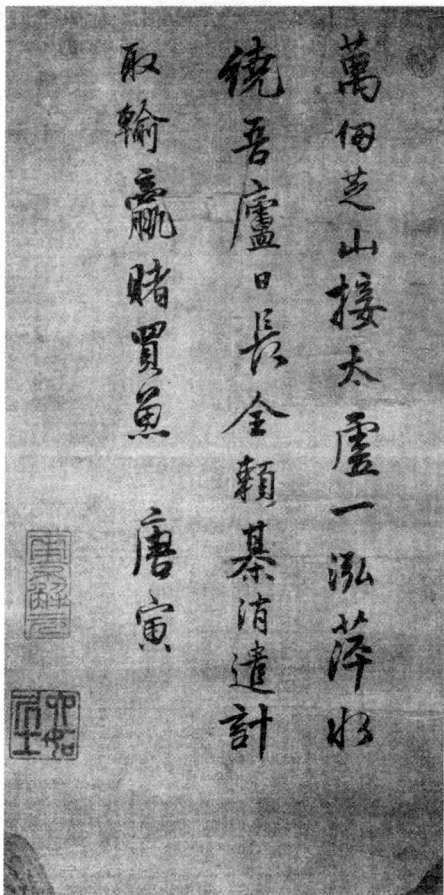

《山居对弈图》题诗及落款、印章（菏泽市博物馆提供）

别人笑我太疯癫，我笑他人看不穿

　　此后，这幅画便由菏泽地区文物管理站收藏，1980 年入藏菏泽地区文展馆，1991 年 8 月入藏菏泽地区博物馆。2001 年入藏菏泽市博物馆后，配上画套，专柜存放至今。

　　仔细查看，画为绢本，画面绘高山峻岭，古松攀虬，沟壑飞泉。溪旁建有亭榭，两人对弈，一人坐观。线条流畅，风格潇洒苍秀，右上角有自题诗"万仞芝山接太虚，一泓萍水绕吾庐。日长全赖棋消遣，计取输赢赌买鱼"。款署"唐寅"，阳文印章"南京解元""六如居士"。

有关唐寅，不得不说的是，和影视剧中体现的风流潇洒不同，他的现实人生充满坎坷。

唐寅初字伯虎，后更字子畏，号六如居士，明吴县^{今江苏苏州}人。他年轻时富有才华，性格豪宕不羁。后来向周臣学绘画，并结交沈周、祝允明、文征明、徐祯卿等，切磋文艺，倡为古文辞，得以熟读《四书》《五经》，并博览史籍。16 岁时便以第一名"案首"的资格考中秀才，入学为府学生员，"四海惊称之"。29 岁时，他又高中南京乡试第一名——解元。正当次年赴京会试夺魁呼声甚高时，竟受考场舞弊案牵连而被黜，从此灰心仕进。归里后，妻子与他反目，离家出走。唐寅于是放浪山水间，以丹青自娱，靠卖文为生。正德二年^{（1507）}，唐寅治圃桃花坞，与文士画友诗酒相狎，自署"江南第一风流才子"。45 岁时，宁王朱宸濠重金聘他到南昌，他察觉朱宸濠有异志，便佯狂使酒，使朱宸濠不能忍受而将其放还。从此皈心佛学。晚年，厨烟不继，萧条若僧，在贫病交加中了却残生。

以现在的眼光回望这"江南第一风流才子"，让人不得不感慨人生若梦。然而唐伯虎之所以能被为后世如此传诵，也许恰恰在于，这潇洒才情，在无常命运的折磨下，弥散出了另一番更有光泽的人生风景。这位一生挚爱桃花的才子，不仅自筑桃花坞，还曾写过一首千古传唱的《桃花坞歌》，诗很长，只引最后四句："别人笑我太疯癫，我笑他人看不穿。不见五陵豪杰墓，无花无酒锄作田。"

画幅老虎换来珍贵《秋柳三鸳图》

郓城县文物管理所

在菏泽市郓城县文物管理所，珍藏着一幅明代著名画家吕纪的画作《秋柳三鸳图》。这件国家一级文物，原属故宫旧藏，岁月变迁，最后流落到了郓城。

像很多珍贵文物一样，《秋柳三鸳图》的流转，也是一段极有意思的传奇故事。当我们拂去历史深处的尘埃，传奇故事本身，也成为文物价值的一个重要组成部分。

"用它来糊窗户，比纸要结实"

《秋柳三鸳图》的故事讲述者，是鲁西南民俗博物馆馆长、菏泽市文物保护专家咨询委员会主任张启龙。

话要从新中国成立初期说起。彼时，郓城县政府有个打字员，名叫李树霖。有一次，县里在乡下搞一个河道施工项目，李树霖也被派到了工地，吃住都在当地百姓家里。因为业余喜欢画画，所以李树霖就注意到了挂在农民家堂屋墙上的一幅画。古雅的画面和精致的技法深深吸引了他，仔细一看，画面右下角还有"吕纪"两个字。李树霖知道，作为明代知名画家，吕纪在中国绘画史上占有重要的地位。李树霖于是就跟农民说："能不能把你家堂屋里挂的那幅画借我临摹几天？"那位农民并不知道这幅画的珍贵，就跟李树霖说了它的来历。原来，这幅画是土改时他从地主家分东西分来的，"分东西的时候，桌椅板凳都被拿走了，这画没人要，当时我看着这画不错，纸挺硬，用它来糊窗户，比普通的纸要结实，就把它拿回了家"。

把画拿回家后，农民果然用它来堵了堂屋的窗户。他找来一些枣树枝条上的刺儿，将画钉在了堂屋墙上，糊住了窗户。见到李树霖想借画，农民说："你想要的话，拿走就行。你会画老虎吗？老虎能辟邪，要不这样吧，你给我画张老虎，把这幅画换走。"李树霖于是画了张老虎，换下了那张画。河道工程结束后，李树霖就把画带到了县城。几年以后，李树霖从县政府调到县文化馆任文物干部，尽管这幅画是他用自己画的一幅老虎换来的，按理说属于私人物品，但他还是将画入库登记，成了郓城县的重要文物。

"刘久庵先生调出故宫档案，确认它是故宫旧藏"

明代吕纪《秋柳三鹭图》（郓城县文管所提供）

1978 年，当时菏泽地区的几个县有几件重要文物破损得比较厉害，当地相关部门就决定带着这些文物上北京，让故宫博物院的专家鉴定一下，如果适合保护，就在北京就地修复、保护。带着这些文物进京的，正是时任菏泽地区文物管理站文物干部的张启龙。

张启龙记得，当年自己是从兖州上的火车，车上人特别多，他用几张旧报纸包起了画，抱着画就在火车车厢的过道里睡着了。到了北京后，张启龙又挤着公交车来到故宫，找到了时任国家文物局流散文物保护处的关敬成处长。"关处长问我是来干吗的，我说拿着几张字画来请故宫博物院的专家鉴定一下，再找个地方重新修复、装裱一下。关处长又问我几个人来的，怎么来的。我说就我自己，坐火车、挤公交来的。没想到关处长听后大发雷霆，说：'回去告诉你们馆长，这简直是开玩笑！别人如果发现你带的是这么贵重的字画，说不定你连命都保不住！下火车后为什么不坐出租车而去挤公交？把画挤坏了怎么办？一点保护文物的安全意识都没有！'"

发完脾气后，关敬成还是给张启龙找了故宫博物院书画组的刘久庵等先生，帮忙鉴定张启龙带来的画。刘久庵先生仔细查看了《秋柳三鹭图》，认定是明代吕纪手迹，并调出故宫档案，与这幅画进行比对，发现该画确为故宫旧藏。刘久庵于是对张启龙说，最好能把这幅吕纪的画留在故宫，故宫可以用其他几幅大家的作品来换。张启龙于是立即给单位写信，时任菏泽地区文物管理站站长的武斌接到信后，立即向时任菏泽地委副书记的徐志坚进行了汇报，徐志坚听完汇报后说："我们都是门外汉，如果故宫换给我们的是几幅赝品，谁来负责？我们再穷，保护文物的钱还是要出，你问问需要多少钱，我的审批权限是9999元，你上财政局办个手续，拨一部分经费，让张启龙抓紧找人把画装裱好，拿回来。"

武斌将领导指示传达给尚在北京等待命令的张启龙后，张启龙立即请关敬成帮忙，联系到北京琉璃厂一家擅长装裱古字画的店，对《秋柳三鹭图》进行了重新修复、装裱，然后拿回了菏泽。从此，这幅已被专家定为国家一级文物的珍贵《秋柳三鹭图》，一直珍藏在郓城县文管所。

宫廷画家，还当过"秘密警察头目"

《秋柳三鹭图》是明代弘治年间宫廷画家吕纪的作品，属绢本工笔重彩画 画心长209厘米，宽119厘米；整体长323厘米，宽138.7厘米。画面上枯柳勃发新枝，枝间柳莺轻翔，黄鹂鸣叫，一片繁荣景象。而象征明王朝统治的秋柳，根基已经枯萎，到了秋风萧杀的季节，残荷败草不绝于目，树下三只鹭鸶徘徊岸边，意思是请君三思^{（鹭）}。画面右下款书"吕纪"二字，左上钤"皇明姻室，怀柏清玩"朱文印鉴一枚。

吕纪出生于1477年，字廷振，号乐愚。浙江宁波人。弘治年间他被征入宫廷，供奉仁智殿。吕纪擅画临古花鸟，初学边景昭，后研习唐宋诸家名作，继承两宋"院体"，以工笔重彩见长，又在水墨写意方面受林良影响。

　　吕纪的花鸟画延续了黄筌工整细致的画风及勾勒笔法，并予以发扬，多以凤凰、仙鹤、孔雀、鸳鸯之类鸣禽为题材，杂以浓郁花树，画面绚丽。亦作粗笔水墨写意，笔势劲健奔放，与林良相近，与边景昭同为明代院体花鸟画中的临古派代表。传世作品有《桂菊山禽图》《榴花双莺图》《雪景翎毛图》《浴凫图》等。吕纪的画作造型准确，设色鲜艳，画意生动，笔墨清新，是当时与边景昭、林良齐名的花鸟名家。另外，有意思的是，他作画时，常以寓意手法规谏皇帝，明孝宗曾说："工执艺事从谏，吕纪有之。"郓城县文管所收藏的《秋柳三莺图》，就是这种"工执艺事从谏"的典型例子。

　　据说，吕纪的花鸟绘画，还是日本屏风画的来源之一。《柳荫双鸭图》和《幽涧双鹭图》曾在日本出版的《听松清鉴》中著录，郑振铎在上世纪40年代遍访流传海外的中国名画，后编成《域外所藏中国名画》，其中就这两幅作品。吕纪的这两幅作品不仅是明代全景花鸟画的杰作，也是中国绘画影响日本绘画的代表性证据。

　　和宫廷画家这一身份相比，吕纪的另一个身份颇令人吃惊——他曾官至锦衣卫指挥使，也就是"秘密警察头目"。其为秘密警察头目的"事迹"已经很难知晓。如今，当我们看着这笔墨精美古雅的画作，却很难将创作出如此美丽画面的宫廷画家和"秘密警察头子"这一身份联系在一起。

青铜簠内放着 2500 年前的水饺_{济宁市博物馆}

　　"水饺人人都爱吃，年饭尤数饺子香。"在我国北方，逢年过节、迎亲待友，总要包顿饺子吃。当人们享受着这舌尖上的美味之时，可否想过，它是怎么来的？

　　在济宁市博物馆，我见到了春秋时期一组珍贵的青铜器。七件正鼎加一件陪鼎的葬制规格，说明这些青铜器的主人显然属于诸侯一级。济宁市博物馆馆长王莉告诉我，在这组等级很高的列鼎之外，还有一件青铜簠特别有意思——当年出土时，里面还放着水饺。这些距今2500 年的水饺，成为中国迄今为止发现最早的水饺，堪称水饺的"老祖宗"。

把水饺历史提前了 1000 多年

　　相传水饺系东汉末年"医圣"张仲景为治疗百姓伤寒及两耳冻伤而发明的一种祛寒提热、状如人耳的食品，时人从此就模仿制作，称之为"饺耳"或"饺子"，也有一些地方称"扁食"或"烫面饺"。而魏国张揖所著的《广雅》一书中，就提到这种食品。据考证：它是由南北朝至唐朝时期的"偃月形馄饨"和南宋时的"燥肉双下角子"发展而来，距今已有 1000 多年历史。清朝有关史料记载说："元

发掘时盛有"水饺"的春秋时期青铜簠（济宁市博物馆提供）

旦子时，盛馔同离，如食扁食，名角子，取其更岁交子之义。"又说："每年初一，无论贫富贵贱，皆以白面做饺食之，谓之煮饽饽，举国皆然，无不同也。富贵之家，暗以金银小锞藏之饽饽中，以卜顺利，家人食得者，则终岁大吉。"这说明新春佳节人们吃饺子，寓意吉利，为的是辞旧迎新。千百年来，饺子作为贺岁食品，始终受到人们喜爱，相沿成习，流传至今。

1959 — 1975 年，考古人员在新疆吐鲁番阿斯塔那—哈拉和卓唐代墓中曾进行 10 多次考古发掘，其中一

青铜簠内 2500 年前的水饺（济宁市博物馆提供）

次就发现了水饺，其年代和文献中最早出现的水饺年代基本一致，而济宁博物馆馆藏之青铜簠内的水饺，则又把水饺的历史提前了 1000 多年。

当然，2500 年前的水饺暴露在空气中之后，就迅速粉化了，如今我们已经看不到实物，那么，这些水饺当时是怎么被发现的？

"最早水饺"来自薛国故城

薛国故城的位置，在今滕州市官桥镇。滕州市就是原滕县，在 1978 年以前归属济宁管辖。1978 年 10 —12 月，由济宁地区文化局和滕县文化馆组成薛国故城调查队，对薛国故城进行了调查，并发掘了数座规格很高的春秋古墓，发现众多的陶器、青铜器等文物。在青铜鼎出土之时，考古人员发现鼎内尚盛有牛、羊、猪、鸡、鱼等动物骨骼，而在清理两个青铜簠时，考古人员惊喜地发现了水饺。

亲身参与当年考古发掘的济宁市博物馆原馆长朱承山告诉我，古时青铜器不仅是等级的象征，不同的青铜器盛放什么东西也有严格规

定。鼎盛肉，簋和簠盛饭，壶盛酒。"当时，考古人员在清理青铜簠的时候，打开盖，只见里面整整齐齐放着两层水饺，表面白茫茫好像裹着一层霜，暴露在空气中后，这些水饺很快变黑，最后粉化。和现在的水饺比起来，这些 2500 年前的水饺形状并不很规整，和现在的馄饨有点儿像。"

在 1978 年的那次考古发掘中，出土水饺的古墓被考古人员编为一号墓。在该墓中还发现了一个"薛比"铭文戈，可见墓主人名叫薛比。那么，这个薛比又是谁呢？《春秋》有载："鲁定公十三年^{（前 497）}，薛人弑薛子比。"史料记载：春秋之中，弑君三十六、亡国五十二，诸侯奔走，不得保其社稷者，不可胜数。薛比就在这样的"时代氛围"中，因得罪国人，成为国人手下亡魂。

这次弑君事件有经而无传，所以我们已经无法知道事件的具体过程，但可以肯定的是，在那个重视礼教的年代，薛比死后，仍然被按照君主待遇下葬。按照当时"事死如事生"的规矩，薛比下葬时陪葬有煮肉的铜器鼎、盛饭用的簋、盛酒用的壶及盛面食用的簠。而"饺子"作为当时鲜有而珍贵的食品，也当仁不让地成为陪葬品。

幸亏薛比喜欢吃水饺，让 2500 年后的我们知道水饺原来竟有如此久远的历史，让传统中国人年年节节吃水饺的习俗，也找到了历史的根源。

珍贵列鼎成"镇馆之宝"

在 1978 年那次薛国故城考古发掘中，考古人员发现的一系列青铜器中，包括"薛侯行壶""薛子比戈""薛郭公子戈"等青铜器，还有一组非常珍贵的列鼎。如今，它们已成济宁市博物馆的"镇馆之宝"。列鼎的发现，为研究薛国及其列鼎制度提供了重要的实物资料。

"列鼎"是指在一个墓葬中发现的一组形制相同、纹饰相同、尺寸依次递减的鼎的组合，这是当时统治阶级等级制度和权力的标志。济宁市博物馆的这组列鼎由七件正鼎和一件陪鼎组成。七件正鼎形制花纹相同，体量大小依次递减，列鼎附耳直立，足似马蹄形，平盖直口，盖顶有三个长方形钮，中间有一个半环形钮，上有铭文。盖顶及腹上部有一圈蟠螭纹饰，腹下部有垂鳞纹饰，耳外有 S 形纹饰。

春秋时期列鼎（济宁市博物馆提供）

陪鼎（济宁市博物馆提供）

　　列鼎具有很强的等级性，商代墓葬中发现的鼎已经开始出现明显的等级差别，到了西周时期，则形成了一套完整的等级森严的列鼎制度。根据史书记载，西周时期祭祀和宴飨时经常以奇数的列鼎和偶数的列簋配合使用。天子用九鼎（三陪鼎）八簋。第一鼎盛牛，称为太牢，以下为羊、豕、鱼、腊、动物内脏、肤、鲜鱼、鲜腊。诸侯七鼎（一陪鼎）六簋，称大牢，减少鲜鱼、鲜腊两味。卿大夫五鼎四簋，称少牢，鼎盛羊、豕、鱼、腊、肤。士三鼎二簋，鼎盛豕、鱼、腊；士也有用一鼎的，鼎盛豕。春秋中晚期，越礼的现象开始出现并日益加重，随着社会的变革，用鼎制度也遭到了破坏。

"小金石馆" 里藏国宝 济宁市博物馆

俗话说 "汉碑三字为宝"。就历史考古和书法研究而言，年代愈久远的碑刻，就愈有价值。那些屈指可数、历经两千多年天灾人祸保留至今的汉代碑刻，弥足珍贵，为后人研究历史、书法、雕刻等的发展提供了宝贵的实物资料。

汉碑如此珍贵，然存世极少。据济宁市博物馆原馆长朱承山掌握的数据，全国现存汉碑的总量是 68 块，济宁市就有 30 多块。其中曲阜 24 块，邹城 2 块，另外 11 块，则都在济宁市博物馆，所谓 "中国汉碑半济宁"，这个说法一点儿也不过分。济宁汉碑成为我国古代石刻艺术中的瑰宝。

济宁为何会有如此多的汉碑？这些汉碑的历史价值和书法价值究竟何在？其发现和流传过程又有着怎样的传奇故事？

好心护碑，反被告状

在济宁市博物馆院内东侧，有一座并不起眼的房子，和不远处的铁塔寺、声远楼遥相呼应。

房子虽不起眼，名气却很大，它叫汉碑室，又称 "小金石馆"。房子里，放着 11 块珍贵汉碑，几乎块块都是国宝级文物。而这房子本身，也早已成为全国重点文物保护单位。

朱承山告诉我，汉碑室的建设本身，也是一段非常有意思的故事：济宁汉碑的收集过程十分漫长，到清代时，一部分汉碑存放在济宁文庙的明伦堂内。1929 年，文庙很多建筑倒塌，明伦堂也没有幸免，导致汉碑风吹日晒，而且不断有人从碑上拓拓片，给汉碑带来损害。当时济宁的教育局局长王大恕看到这番情景，非常痛心，于是带头捐款，在教育局门前修建了五间屋子，把那些汉碑移入其中进行保护。汉碑室于是诞生。

按理说，王大恕这是办了一件保护文物的大好事，但结果却出人意料：汉碑室建成后，济宁本地的几个文人给省教育厅写信告状，说王大恕修汉碑室是为了将公家的文物据为己有。省里接到告状信后十分重视，立即派出调查组奔赴济宁调查。调查的结果是否定的。最后，省里对王大恕既未表彰，也未批评，事情就此了结。但长远来看，王大恕此举显然泽被后世——80多年之后的今天，汉碑室依然矗立，我们依然可以看到如此多的国之珍宝。倘若当初他不建此室，任由汉碑风吹日晒，后果可想而知。

黄易与济宁汉碑的不解之缘

走进汉碑室，一排汉碑矗立眼前，汉碑之后的墙壁上，还镶嵌着一些汉画像石。历史厚重感扑面而来。

这些碑刻历经两千多年的风雨剥蚀，碑面虽然有些斑驳，但透过斑驳的文字，内容仍依稀可辨。每一块汉碑，仿佛都在默默诉说自己的故事。为什么这里会出现这么多的汉碑呢？朱承山认为，济宁是儒家文化的发源地，孔子重礼教的观念在济宁影响深远，自古就有树碑立传的传统。而汉代长时间的安定和平，也带来当地经济繁荣，为汉碑的产生奠定了经济基础。同时，文化的发展，也为济宁汉碑的发展和繁荣带来了客观条件。

其实，早在宋朝，

济宁市博物馆汉碑室内，汉碑排列整齐（钱欢青摄）

人们已经开始注意收集汉碑了，欧阳修就曾在济宁收集过汉碑。而汉碑之所以能集中一处保存至今，和一个名叫黄易的清代学者密不可分。

黄易^(1744－1802)，清代书法家、金石学家。黄易本是浙江钱塘人，幼承家学，工书画，精篆刻，与丁敬齐名，世称"丁黄"，为西泠八家之一。乾隆五十一年⁽¹⁷⁸⁶⁾，黄易任济宁运河同知，下车伊始，即应任城书院山长盛百二之请，以汉隶书写《朱子家训》。盛百二请工匠刻石，立于书院。碑文刻成，文人墨客接踵前往观赏，不少人还拓印成帖，以作临池范本。这年五月，内阁学士翁方纲来到济宁，黄易与济宁知州刘永铨一起陪同翁方纲赴学宫观览汉碑。随后将久埋地下的东汉中平三年⁽¹⁸⁶⁾尉氏令"郑季宣碑"掘出，并得以审查考证。这块"郑季宣碑"，如今就立在汉碑室内。

黄易在济宁做官时，对金石碑刻的考察和收集痴迷到了极致，他不辞劳苦，走遍了济宁的山山水水，嘉祥武翟山、随家庄和邹城两城^{今属微山}等地，都留下了他的身影。每遇所得，即使断石残字，亦亲手摹拓，妥善珍藏，"收金石碑刻至三千余种"。

特别值得一提的是，乾隆五十二年六月，黄易发起了捐资发掘和重修武梁祠的倡议，并列出了详尽的保护计划。历经年余，沉睡地下千年的武梁祠汉画像石终见天日，并得到妥善保护。其中一部分重要的刻石被运到济宁的学宫和衙庙，大部分则在嘉祥就地建室保存。黄易此举，使得百余年后，费慰梅等学者得以见到这批汉画像石，并对国际美术史研究产生了重要的影响。而如今依然矗立在汉碑室中的武荣碑，就是黄易在发掘和重修武梁祠时运到济宁的。

开山炸石发现珍贵刻石

如果说黄易收集汉碑属有意识的文人行为，那么有的石刻被发现则纯熟偶然。其中，现存于汉碑室的"禳盗刻石"，便是偶然"现身"的。

朱承山介绍，1982年，济宁市金乡县的老百姓在开山炸石时偶然发现了带字的刻石，可惜的是刻石被炸为数块。刻石虽然只有一百多字，却极为珍贵，经专家考证，该刻石年代为西汉中早期，是我国现存西汉刻石中文字最多的一块，已定为国家一级文物。

根据专家推测，该刻石应该是一处古墓的压槛石，所刻文字包括"诸敢发我丘者，令绝毋户后。疾设不详者，使绝毋户后"等内容。意思大致是，凡是敢盗发我坟墓的人，叫他断子绝孙；即使不是有意破坏者也一样。该文以墓主人的口气，严厉咒骂盗墓者。可见墓主人在生前就修书已毕，恐惧后人盗墓，颇费心机地口授咒骂盗墓者之语，令民间刻工刻在墓口压槛石上。依据这些内容，这一刻石在出土后被命名为"禳盗刻石"。"禳盗刻石"在书法史上的价值也非常大，其书体具有古隶的特点，不少字带有浓厚的篆意，相同的部首偏旁时有变化，是由篆向隶书过渡的字体。凿刻技法单刀直取，线条纤厚，极少修饰，质朴无华，为研究西汉文化、民俗、书法碑刻提供了难得的资料。

真切感受中国汉字发展的全貌

汉碑，顾名思义，乃刻于汉代之碑。那么，这些汉碑究竟刻了些什么内容呢？又有哪些书法艺术和历史研究的价值呢？

以武荣碑为例，所刻 274 字，记载的便是武荣一生的经历。武荣碑的独特之处在于，其所刻文字所占面积不过全碑的三分之一，碑的原始特征较为突出，是考证汉碑早期形制的珍贵史料。

另一块景君碑，是众多汉碑中最典型、最完整的代表。"景君碑"的全称是"汉故益州太守北海相景君铭"，碑文为隶书，共 561 字。该碑立于东汉汉安二年[143]。景君名遑，是汉功臣景丹的第五代孙，济宁人。曾任河北大名县司农，益州太守，北海相。汉

被康有为誉为"天下名碑"的东汉景君碑（钱欢青摄）

安二年秋病逝。碑文歌颂了景君为官一任、造福一方的功德。"景君碑"形制比较完整，有碑额、碑座、碑穿。其文字字形稍长，结体宽博，笔画平直方劲，与汉隶方扁的特征不相吻合，有凌厉奔腾之势，该碑的书法结构淳古、风神飘逸。它是隶书接近成熟的杰出作品，它有些向下垂的竖画，保留了一些小篆的特征，同时又开启了楷书悬针和垂露的先河，对于人们研究书法艺术、研究汉字的演变规律，都有着重要的意义。清代康有为评价它为"古气磅礴，书法劲健古雅，瘦硬挺美，为天下名碑"。

　　汉字的成熟离不开汉隶的形成这一重要阶段。正是因为有了汉代时"隶变""八分"，才使得汉字由初时篆体的圆转笔势发展为折笔方块字的隶书，由圆入方、由繁入简，为楷书的出现和流行奠定了基础。因此可以毫不夸张地说，没有包括济宁汉碑在内的这些实物佐证，今人便无法真切地感受和把握中国汉字发展、书法衍变的全貌，作为语言文化载体的汉字将会出现一个认知断层。这也使得济宁汉碑室成为众多书法家的"朝圣"之地。

"铁炮"云集，诉说铁血历史 济宁市博物馆

在济宁市博物馆院内西北角，有一个仿古长廊，长廊上排着一列长长的古代铁炮。在院墙外现代化建筑的映衬下，它们庄严、肃穆，虽然"一言不发"，却仿佛在现实中撕开了一个时空缺口，让人遥想它们曾经历的铁血战火。

事实上，陈列出来的这一排古代铁炮，只是济宁市博物馆馆藏的38门古代铁炮的一部分。这一数据超过了中国军事博物馆，创下同一地收藏古代铁炮的全国之最。

岁月沧桑，文物无言，但铁炮背后的铁血传奇，早已成为历史的见证。

僧格林沁"剿捻"，调集全国铁炮

这38门古代铁炮让济宁市博物馆原馆长朱承山"非常骄傲"。"中国军事博物馆和威海中国甲午战争博物馆数次派人来商谈，想把这些铁炮弄走，我一直没同意。"

"没同意"的一个重要原因，在于一地发现之文物，对该地之历史文化的研究，有着极其重要的历史价值和文物价值。那么，济宁为什么会发现如此之多的古代铁炮呢？

其中一个原因，是与济宁的地理位置有关。明清时期，济宁均设有河道总督，专司运河河道的防务，因此可谓军事重镇。另一个原因，则与清代名将僧格林沁有关。

僧格林沁是蒙古贵族出身的清军大将，科尔沁旗人，博尔济吉特氏。他是道光皇帝姐姐的过继儿子。道光五年（1825）袭科尔沁郡王爵，后受命为参赞大臣，率蒙古骑兵阻击太平天国北伐军。咸丰五年（1855），僧格林沁被封为亲王，九年（1859）指挥大沽口海战，大败英法侵略军，后在通州失利，被革职。同治二年（1863）秋，僧格林沁重被清廷起用，受命统一指挥"剿捻"军事行动，从而与山东发生了"密切"联系，并成为驻济宁时间最长的"剿捻"将领。

济宁市博物馆院内陈列的铁炮（钱欢青摄）

捻军是太平天国时期活跃在中国北方的农民起义军，最初在安徽，后迅速在苏鲁豫皖扩散，并在鲁西南运河沿岸活动。正是在这种情势下，清廷命僧格林沁为钦差大臣，率一万清兵直奔济宁。僧格林沁率兵从天津南下，先是在河南与山东交界处与捻军发生遭遇战，同治二年十一月，僧格林沁率部驻扎济宁，以与河道总督衙门相邻的铁塔寺为大本营，迅速开始为"剿捻"做准备。

军事准备首先是部队，除了僧格林沁带来的一万清兵，根据朝廷命令，河道总督衙门控制的部队，山东巡抚的部队，以及部分湘军、皖军都受僧格林沁控制，协助"剿捻"行动。

其次是武器准备。部队云集，武器短缺，僧格林沁于是从全国调集了180门各时期的铁炮。在战事结束之后，这些铁炮一部分被调往登州府，其余均留在了济宁，这也就是为什么济宁一地能发现如此多铁炮的原因。

惨死山东，僧王祠至今犹在

早在僧格林沁抵达济宁前，济宁本地抗击捻军的行动就已进行。据《济宁直隶州续志》卷八载："咸丰三年，粤匪破江宁，安徽捻军亦起，在籍绅士车尧慎、孙毓桂办理团练，练勇一千二百余人，分驻铁塔寺、普照寺……"

僧格林沁率部到来，无疑使得"剿捻"行动升级。准备工作完成之后，僧格林沁的"剿捻"行动迅速展开，其作战半径很大。"由东而豫而皖而楚，复折而豫东，或由济而兖而泰而济南而青登，而江左之赣榆、沭阳，折而沂之兰郊，而兖济而曹而豫，或由曹之菏、濮、钜、郓而东昌而冀，以及长垣、东明、开州。东至海，南至江，西至洛阳，北至大名，相距数千里"。

僧格林沁的铁血镇压，使得捻军损失惨重，但他想不到，自己的人生也会在"剿捻"之路上画上一个惨烈的句号。

同治四年（1865）四月，天气开始变得有些热，麦子已经长起来了。僧格林沁由河南追击捻军，一程又一程，直到曹州（今菏泽），在高楼寨村附近，僧格林沁被捻军装扮的"向导"引入了包围圈。血战一夜，清军大败，僧格林沁和总兵何建鳌、内阁学士全顺等均被捻军杀死在麦地里。为了泄恨，捻军还把僧格林沁的尸体大卸八块，并且割下头颅带走。天明时分，捻军渐渐散去，清军在慌乱中找齐了僧格林沁的无首尸体，偷偷运回济宁。僧格林沁的尸体在铁塔寺停放了三天，设了三天灵堂，接受山东各级官员吊唁，三天之后，才运往北京发丧。不久，同治皇帝下旨，在铁塔寺内建立僧王祠，在祠堂大殿挂僧格林沁画像，两边放置其余战死将领牌位，供地方官员定期吊唁。

僧格林沁死后，清军大败，捻军围攻济宁，一度占领清军长沟大营。同治五年（1866）二月十九日，清廷又派钦差大臣曾国藩由徐州到济宁，与山东巡抚丁宝桢会商防守事宜，部署运河防线。此后历经数年，最终把捻军镇压了下去。

在济宁市博物馆内院铁塔旁，当时的僧王祠现已被用作"济宁运河文化展"展厅。

见证古代铁炮发展史

济宁博物馆珍藏的38门铁炮，"生产"时间历元、明、清三代，不仅在数量上堪称全国第一，而且从制作工艺和"杀伤力"各方面，都反映了中国铁炮的发展历史。

据记载，中国以铁炮作为武器是从宋代开始的。按照朱承山的说法，目前我国还没有发现宋代铁炮的实物。济宁博物馆的两门元代铁炮，应该是现存比较古老的真实物件。元代铁炮保留着原始的制作风格，它们特别笨重，每门重达900斤，而且形体短粗、铸造粗糙、炮膛椭圆敞口，口大膛小，口径竟达到26厘米，更像一个大铁球。如此造型，注定射程比较近，"火力"也不集中，因此开炮就像放礼花一般。当然在那个时代，这铁炮远比刀剑有杀伤力。历史记载，蒙古军的大炮曾填以巨石发射，这两门铁炮也许就装过大石头炮弹。

从"体形"上看，明代铁炮就要小巧多了，明代前期的铁炮重约100多斤，大部分可以扛在肩上进行发射。而且这一时期的铁炮不再口大膛小，而是变成了直筒炮。虽然"体形"变小，但杀伤力却要比元代铁炮大得多，射程也达到100多米。到明代晚期，铁炮的制作技艺又有所进步，"体形"变成"膛大口小"，炮身变长，射程达到500—700米，杀伤力也大大增强。

在济宁市博物馆馆藏的38门铁炮中，明代的铁炮占据了多数，达到20多门，随着制作工艺的提高，铁炮的表面也趋于精致，其中一门铁炮的炮尾被铸成虎头状，还有铁弹丸卡在膛内。另一门铁炮上，写有铭文"安攘大炮"，炮体浑厚，青色有光，修饰着花纹边框，里面两龙

铁炮上的铭文（钱欢青摄）

铁炮上的图案（钱欢青摄）

对视，煞是威风。这是首次发现的山东本地造的明代铁炮。还有一些铁炮从铭文看出来自外地。比如，有的铭文为"两广总督""两江总督"等。清代的 10 余门铁炮基本上延续了明代的风格。在这些铁炮中，多数铸有铭文，写着制造日期、地点等，甚至还有外国文字。朱承山说，明王朝为加强武备，曾设西洋历局，请西洋人制火器下发各重镇，带有外国文字的火炮应该就是洋人参与制造的。

一部分铁炮来自于废品收购站

对 38 门铁炮的来历，朱承山记得非常清楚。

1974 年秋，济宁市中区机关招待所建房时，施工人员在招待所西北隅铁塔寺院内发掘出一批铁炮，这些铁炮炮口朝北整齐排列，共计 15 门。在铁炮的周围还有大小不等的实心铁弹丸数枚。

1993 年济宁市博物馆在靠近铁塔寺的地方建馆时又出土了 3 门铁炮。后来，在霍家街小学东校区再次出土了 10 门铁炮。据记载，霍家街小学东校区在古时曾是一个大型兵营，在这里发现铁炮合情合理。

比较有传奇色彩的是废品收购站的铁炮。朱承山说，当时，文物工作人员会定期到废品收购站"淘宝"，在那里发现了老百姓当废铁卖的铁炮 10 门。这批铁炮在废品站已经放了好几年，文物工作者发现之后，用废品站买入时的价格买到了博物馆保存，"价格大约在每斤两块钱"。

孔子夫妇楷雕像：千里流转归故土 ^{孔府}

　　每次到至圣先师孔子的故乡，内心总会感觉到一种绵延不绝又深厚有力的传统力量。

　　虽然，自五四运动始，孔子和儒家学说便在中国寻求现代化的特殊语境中屡遭批判，尤其是"文革"时，孔子的思想和曲阜"三孔"都遭遇了前所未有的破坏。但所有这一切，都无法改变孔子对中国传统文化的巨大意义。两千多年前，司马迁就在《史记》中感叹："天下君王至于贤人众矣，当时则荣，没则已焉。孔子布衣，传十余世，学者宗之。自天子王侯……可谓至圣矣。"

孔子夫妇楷雕像（曲阜市文物管理委员会提供）

　　曲阜不仅是孔子故乡，儒家圣地，其文物藏品也异常丰富。在孔府的一个院落里，文物库房以大型金库的安保级别设置。这其中，就有一宗国宝级文物，即孔府传家之宝、镇府之宝——孔子夫妇楷雕像。这对雕像历经两宋之交的战乱和抗战烽烟，从北往南又从南往北辗转数千里，历时八百多年，终于回归故里。

子贡守墓六年，完成孔子夫妇楷雕像

据曲阜市文物管理委员会委员、课题研究组组长孟继新说，孔子及夫人亓官氏的楷木雕像，历来被孔氏后裔奉为祖传神灵，敬藏府中，秘不示人。

文物专家在给孔子夫妇楷雕像定为国家一级文物时，鉴定其为宋代之物。但在孔子后人的眼里，这两尊雕像，却是孔子的弟子子贡亲手所刻。

据传孔子死后，他的众弟子像对待父母一般为孔子送葬，并服丧守墓三年。三年后，其他弟子都离开了，可是子贡没有走，他又为孔子守了三年墓。对子贡而言，六年的守墓生活是漫长而寂寞的。想必子贡在六年当中，总是在思念、缅怀老师，老师与师母的神态相貌，会时时地浮现在他的脑海。子贡于是取身边楷树之木把记忆中的老师及师母的形像雕刻了出来，以寄托自己的思念之情。

两宋之交烽烟起，传家之宝到浙江

孔子夫妇楷雕像高不足2尺。孔子阔额，头顶稍下陷，大袖长袍，手执朝笏，肃穆威严；夫人亓官氏长裙垂地，形象生动。孔子去世后第二年，鲁哀公设立祭祀孔子的庙堂，当初仅有"茅屋三间"。孔子夫妇楷木像雕成后就供奉在这里。

孔子的后人们，把子贡雕刻的孔子夫妇像，视为祖传家珍，敬谨收藏，香火供奉。到了孔子第四十八代嫡孙孔端友袭封衍圣公时，时局发生了重大变化。

靖康二年[1127]，靖康之难，北宋灭亡，宋高宗赵构在南方建立南宋政权。建炎二年[1128]十月，宋高宗在扬州举行郊祭，诏令孔端友南下陪祭。孔端友接旨后，遂率族人南下参加祭天大典。孔端友南渡时，一直带着孔子夫妇楷雕像这一传家珍宝。

南下后，山东、河南、陕西等地遭金兵大举进犯，曲阜一带落入金人之手，孔端友一行有家难归，于是上书宋高宗赵构，叙述孔氏家门旧典以及离祖丧家之苦，并请求赐家安居。高宗感念孔端友等人随驾南渡之情，遂颁旨赐孔氏族人居住衢州，并命令在衢州兴建庙宇，供奉孔子夫妇楷雕像。一切礼仪全部如旧制，仍封孔端友为世袭衍圣公。孔子夫妇雕像于是被安置于衢州孔庙思鲁阁中。明代末年，天下再乱，孔端友的子孙为避战乱而南下，但仍把孔子夫妇楷雕像随身携带，用心保护。直到世间太平，才将其请回衢州。

在孔子后裔安家衢州之后，与南宋政权对峙的金朝皇帝金熙宗封留守曲阜的孔端友的弟弟孔端操之子孔璠为衍圣公。自此，孔子世家形成了两个宗子、两个衍圣公的局面，世称"南宗"和"北宗"。

在抗战烽烟中，雕像受损

1935 年，国民政府宣布废除南北两宗孔子继承人衍圣公爵号，改称"大成至圣先师奉祀官"，月俸银洋 430 元。当时北宗奉祀官为孔子七十六世孙孔德成，南宗奉祀官为孔子七十四世长孙孔繁豪。

抗日战争爆发后，日寇两次攻陷衢州。入侵衢州的日寇军官听说衢州孔氏家庙珍藏着孔子夫妇楷木像，企图劫取这一稀世珍宝。雕像于是又经历了一次步步惊心的磨难。

在得知日寇企图劫取国宝的消息后，当时的国民政府致电浙江省政府，令南宗奉祀官恭护圣像移驻龙泉山区。1928 年 6 月 1 日，孔繁豪一行由 4 名士兵护送，抵达龙泉县城，经龙泉县政府建议，圣像被放在龙泉八都供奉。

孔繁豪租赁八都村民毛日新的房屋作暂时居所并供奉圣像，龙泉县政府令八都区署派警士保护。不久，警戒逐渐松懈，至 1929 年 2 月，门警亦不派出。9 月 7 日，孔繁豪有事进城，房东毛日新与其女毛紫梅到其住处索讨房租，与孔繁豪之妻发生争执，并有肢体冲突，致使圣像落地，圣像左须及朝笏折断，造成了难以挽回的损失。一直到现在，我们见到的孔子夫妇楷雕像，也是没有左须和朝笏的。孔繁豪为此呈报行政院及浙江省政府。10 月 8 日，浙江省政府训令龙泉县政府立即查明此事，并派警力保护。

由于日寇日益逼近，1941 年，孔繁豪又奉命护送圣像转移到庆元县，选择离城 5 华里的大济村设立奉祀官府。1941 年 8 月 27 日，庆元县在孔庙举行"孔子诞辰暨教师节纪念大会"。南孔奉祀官孔繁豪从大济护送圣像到县城东门外孔庙，供奉在大成殿上，让当时参加大会的人领略到了圣像的魅力。

1944 年 10 月中旬，孔繁豪患病，呕血暴亡。孔繁豪没有子嗣，遗命以胞弟繁英长子孔祥楷承嗣。供职于国民政府闽浙监察署的孔繁英，闻讯兼程赶来。因战乱未息，未能确定墓地，就租用村民一间灰房停厝亡兄灵柩，然后携带家人及圣像、文物离去。年仅 6 岁的孔祥楷随后被国民政府任命为南宗七十五代奉祀官。

八百多年后雕像重归曲阜故里

1959 年，在南宗孔氏家庙度过了八百多年的孔子夫妇楷雕像，终于回到了曲阜。关于孔子夫妇楷雕像是如何回归曲阜的，曲阜市档案局孔红晏、刘屹曾撰文介绍了两种说法。

一种是，1959 年国庆十周年大典时，为办孔府复原陈列展，曲阜市文物部门通过国家文物局，将雕像从浙江省博物馆借回曲阜陈列。1963 年，浙江省博物馆要求归还雕像，曲阜就制作了一对复制品归还。现存衢州孔氏家庙思鲁阁中的孔子夫妇楷雕像，就是当年北宗奉还的复制品。

还有一种说法是，刚建成的中国历史博物馆为迎接国庆十周年庆典，从全国各地征调珍贵文物展览，浙江省博物馆就将存放于衢州市文化馆的孔子夫妇楷雕像调往北京展览。展览结束后，由于工作人员疏忽，就将雕像打包还给了山东。到了济南，工作人员一看是关于孔子的文物，就交给了曲阜。于是，孔子夫妇楷雕像就这样鬼使神差地回到了故乡。浙江省博物馆后来得知这件文物被误还给了曲阜，就于 1963 年向曲阜索还雕像，曲阜于是将一对复制品归还给了浙江。一直到 1989 年，孔祥楷应邀到曲阜时还曾提起此事。

如今，当你注视着这珍贵的雕像，想象着凝聚其中的历史传奇和文化意蕴，也许就不会在意它究竟落脚在南宗还是北宗了。现代人对孔子，也许无法再像子贡那样深情，但却可以而且应该从孔子身上，找寻安身立命的思想根基。

孔府文物中的"反腐故事" ^{孔府}

千年礼乐归东鲁，万古衣冠拜素王。

作为"三孔"的一个重要组成部分，孔府记录了中国传统文化的深厚内涵，而在反腐倡廉的时代背景下，孔府里的文物也有着独特的价值，孔府甚至因此而成为全国廉政教育示范基地。孔府内最有名的"反腐文物"，便是照壁"和"阁老凳"。

孔府建筑群体现的公私分明思想

曲阜市文物管理委员会资料研究室副研究员刘岩认为，作为世界文化遗产和全国重点文物保护单位，孔府建筑本身就凝聚了深厚的文化内涵。

孔府本名"衍圣公府"，是孔子嫡长孙的衙署府第。我们现在见到的孔府始建于明洪武十年⁽¹³⁷⁷⁾，是中国古代衙宅合一建筑群的典型代表，

獭照壁（钱欢青摄）

不仅有高规格的九进院落，其布局、名称更是蕴含着丰富的儒家哲学思想和公私分明的基本理念。

孔子嫡孙一向以"礼门义路家规矩"相标榜，恪守诗礼传家、忠孝仁义的祖训。自明代修建初始，便以左中右三路布分，彰显出和谐均衡的"中庸"之美，留下儒家宗法制度与伦理观念的烙印。中路官衙设三堂、六厅，辖四衙门，分工细密，制度森严，守廉奉公，奖罚分明。官衙与内宅界限明确，表现出公私界分、内外有别的观念。刘岩说，孔府内宅管理严密，连佣人也不让随便进，所以我们现在到孔府内宅墙外，还能看到从墙里伸出来的一个石槽，好多人都不知道这是用来干吗的，其实是用来接水的。外边的人不能进内宅，所以需要把水倒到这个石槽中，内宅里的人再将水接到里面。

另外，孔府建筑物的名称、匾额、对联等也都打上了儒家忠孝廉洁思想的印记，烘托了孔氏族人严谨和乐的生活气氛。"重光门""一贯堂""忠恕堂""安怀堂"等既赞扬了儒家中庸、忠恕的道德思想及做人清廉、和事安乐的政治理想，又显示了孔子嫡孙努力廉政为官、报效国家的决心。

"獭照壁"：孔府的视觉化家训

在孔府内宅门里，有一个木制的照壁，上面画着一幅彩色壁画，称为《戒贪图》。《戒贪图》的"主角"，貌似吉祥的麒麟，但其实并不是，它是传说中的"獭"，这个照壁，因此也被称作"獭照壁"。

传说獭是天界中的神兽，虽然状似麒麟，但其本质却与麒麟有着天壤之别。麒麟是仁兽，造福人类，民间就有麒麟送子的传说。只要麒麟一出现，就是好兆头。而獭则是贪婪之兽，饕餮之兽，贪得无厌。在《戒贪图》中，四周的彩云中全是被它占有的宝物，包括"八仙过海"中八位神仙赖以漂洋过海的宝贝，应有尽有。但它仍不满足，仍然目不转睛地对着太阳张开血盆大口，妄图将太阳一口吞下，最后落了个葬身大海的可悲下场。

刘岩说，孔府内宅门内照壁上的《戒贪图》大约绘于明代，其用意就是借丑恶形象，告诫自己和子孙切不可贪得无厌。据说衍圣公请人在照壁上画上《戒贪图》的同时，还立下家规，每当衍圣公外出，路过照壁时，跟班的差人必须大喊一声："公爷过了。"从字面上讲，这句话是在向外通报公爷要出门了，而真正的用意则是提醒衍圣公到外面后，切不可贪婪，一定要保持俭朴的家风和清廉的形象。

阁老凳：明朝大贪官严嵩坐过的冷板凳

孔府里另一件"反腐文物"，是著名的阁老凳。所谓"阁老凳"，就是阁老坐过的凳子。阁老指的是明代著名的权臣严嵩。严嵩是武英殿大学士，入值文渊阁，人称"严阁老"。

在世人的印象中，严嵩是个大大的奸臣。严嵩极能阿谀奉承，所以深得明世宗朱厚熜的赏识。他在内阁一待就是二十年，专擅国事。史载严嵩入阁时已是63岁的老人，但他"精爽溢发，不异少壮。朝夕值西苑板房，未尝一日洗沐。帝尝赐嵩银，记文曰'忠勤敏达'"。世宗平时常阅经史，每到深夜，遇到不解的问题，就写在纸条上，命人传给内阁，立等回话。由于严嵩整天都在值班，所以往往能马上做出回奏，这当然就赢得了皇帝的好感。另外，皇帝梦寐以求长生不老，每天访道求仙，

阁老凳（钱欢青摄）

斋醮玄修，还经常让臣下撰写斋醮时的祭神告文。这种祭神告文一般都是用朱笔写在青藤纸上，所以也叫"青词"，写得好的立即就能得到提拔，以至于当时朝中不少重臣都是写青词的高手。严嵩当然也不例外，他有深厚的文学造诣，写的青词最合皇帝心意。所谓"青词宰相"的说法，就来源于这个故事。

刘岩说，严嵩之所以能权倾天下，不仅因为他能讨皇帝欢心，还在于他遍引私党，培植亲信。严嵩觉得孔府是"天下第一家"，孔子的后人不是一朝一代，而是历朝历代都受到皇帝重视，是世袭公爵，于是就将自己的孙女嫁给了孔子六十四代嫡孙、衍圣公孔尚贤，与孔府成了姻缘亲家。严嵩当权时也没少给孔府出力，他多次到孔府，只要衍圣公需要修孔庙，严嵩总是大力支持。

后来，严嵩日渐衰老，精力不济，与此同时，严嵩又因种种劣迹被御史邹应龙弹劾，皇帝于是下旨治罪，罢免了严嵩的官，他的儿子严世蕃也被发配边地。

严嵩老家在江西，在被发配回老家的路上，他转道来到了孔府，希望他的那个贵为衍圣公的孙女婿能替自己向皇上说个情，能让自己的罪过小一点儿。来到孔府，严嵩让差人通报求见衍圣公，完了就坐在孔府大堂与二堂相连的穿厅内的红漆靠背长凳上等消息。没想到进去通报的差人一直没有出来，严嵩在长凳上等了几个时辰也没等到衍圣公的召唤，最后只好悻悻地离开了。

刘岩分析，当时严嵩倒台，全国上下一片骂声，衍圣公孔尚贤即使想替他说情，肯定也说不下来，和严嵩见面或许只会难脱干系，而且孔府多年来一直遵纪守法、严于律己，孔府内宅门里还有《戒贪图》醒目矗立，衍圣公考虑到严嵩劣迹昭著，难挡众人之耳目，最终不予接见。后世为了表彰衍圣公憎恶奸佞的行为和为官清廉、不徇私情的精神，就将严嵩曾经坐过的凳子保留下来，以教育后人。

如今，人们来到孔府，见到阁老凳，很少有人会上去坐，历史的教训让人们害怕一旦坐过这冷板凳，自己就真的会不受人待见了。阁老凳也便穿越时空，在现代人心中起到了"反腐倡廉"的震慑作用。

刻在"北陛石"上的屈辱与荣耀

曲阜汉魏碑刻陈列馆

曲阜历代碑刻多达 6000 余块，是中国三大碑林之一。为了保护其中的精品，同时将原散落于孔庙、孔林等处的部分重要碑刻进行集中保存和展示，1998 年，曲阜汉魏碑刻陈列馆建成。

曲阜汉魏碑刻陈列馆汇集了曲阜碑刻的精华，现存碑刻 131 块，石雕 6 尊，历西汉、东汉至明、清、民国，贯穿整个中国碑刻史。其中有西汉碑刻 6 块，东汉碑刻 18 块，汉碑数量居全国之首。在这些碑刻中，五凤刻石是我国著名的西汉石刻之一，乙瑛碑、礼器碑、孔宙碑、史晨碑是汉代隶书的代表作，张猛龙碑则代表了魏体书法艺术的最高水平。这些举世罕见的石碑是研究历代政治、思想、文化、汉字书体演变的珍贵资料，也是中国书法艺术的瑰宝。

其中，尤为珍贵的是我国迄今发现的非常稀有的西汉早期刻石——北陛石。北陛石不仅是中国最早的石刻文字之一，全国罕见，它在抗战时期被日本人盗挖又被爱国人士截获的曲折故事，更是充满传奇。

屈辱现身——1942 年，被日本侵略者盗挖出土

曲阜市文物管理委员会委员、课题研究组组长孟继新告诉我，日本侵略者占领曲阜之后，知道曲阜历史悠久、文物丰富，在进行一番考察之后，关野雄等人组成的所谓"考古队"于 1942 年对曲阜城东周公庙的东侧高地进行"考古发掘"。当时发掘的这一区域便是西汉初年鲁国灵光殿的遗址。"当时日本人在灵光殿遗址开了探沟，正儿八经进行以掠夺为目的的考古发掘，结果就在灵光殿遗址中发现了北陛石"。

所谓北陛石，就是灵光殿北侧台阶的石头。孟继新说："日本人知道这是中国的珍贵文物，于是就想把它运回日本。他们想先将北陛石从兖州通过火车运到北京，然后再运往日本，结果这一消息被国内众多爱国人士和文化名流得知，他们联合起来，想尽办法，将北陛石给截了下来。后来，北陛石被收藏在北京大学图书馆，改革开放之后，才又重新回到了它的故乡

北陛石正面（曲阜市文物管理委员会提供）

曲阜。可惜的是，由于战乱，当年北陛石究竟是如何被爱国人士截获的，这一过程中又有哪些感人细节等问题现在都无法一一考证了。"

关野雄对灵光殿遗址的盗挖持续到 1943 年，而早在 1941 年，他就曾盗掘齐国临淄故城和滕州的滕国、薛国故城。

其实日本人盗掘中国文物由来已久，倪方六在其所著《民国盗墓史》一书中记述，从清末开始，日本人就有计划地在中国境内进行盗掘活动，成批有双重身份的日本考古专家、历史学者进入中国，在学术研究的旗号下，对中国境内，特别是东北境内的古墓、古遗址进行盗掘。倪方六这样写道：1937 年"卢沟桥事变"之后，中国所有被占领区都能见到日本盗墓贼的身影，中国成为日本盗墓贼的天堂，他们在行盗时，手段和名义很多：或以"探险"为名，如大谷中国探险队；或以"学术考察"为名，如鸟居龙藏在中国境内的活动；或以中日"联合考察"为名，如1927 年滨田耕作等人在中国旅顺大连地区的盗掘活动……其中，更多的是直接以"考古"的名义进行公开的盗掘活动。如 1935 年，南满医科大学教授黑田源次、竹岛卓一以日满文化学会的名义"调查"辽庆陵；1938 年，"奉天国立中央博物馆"馆长三宅悦宗、斋藤武一带领考古队盗掘抚顺辽金时代土城遗址……

地位重要——中国现存稀有的西汉早期刻石

在曲阜汉魏碑刻陈列馆，我看到了这块珍贵的北陛石的真容。北陛石长 95 厘米，宽 42 厘米，高 19.5 厘米，石灰石质。正面刻浅浮雕璧纹，侧刻几何纹。文刻于一端，写的是"鲁六年九月所造北陛"。

那么"鲁六年"究竟是哪一年呢？

西汉之初，曲阜一地曾两度置鲁国。《汉书》载，"惠帝七年初置鲁国"，"高后元年四月王张偃始"。高后元年^{（前187）}，太后吕雉临朝称制，封其长女鲁元公主之子张偃为鲁王，立鲁国，属徐州郡，辖鲁、卞、汶阳、蕃、驺、薛6县。后因张偃获罪废为侯，鲁国亦废除。

根据《曲阜县志·通编》记载，公元前154年，汉景帝刘启改封皇子、淮阳王刘余为鲁恭王，复置鲁国，仍然下辖鲁、卞、汶阳、蕃、驺、薛6县。

孟继新分析，"鲁北陛刻石"应是刘余封鲁时的遗物，而非张偃之时。因为张偃立国时尚年少，且立国较短，当时战乱初息，民穷财匮，似无力兴建宫殿。而刘余时则国力恢复，而且他喜欢建造宫殿，"好治宫室苑囿狗马"。因此，"鲁六年"，即刘余封鲁后的第六年，也就是汉景帝中元元年^{（前149）}。刘余在赴鲁就国后，在鲁南宫泮水以北、周鲁故宫废址上，陆续兴建了规模庞大、雄伟壮丽的鲁王宫建筑群。

著名的灵光殿，便是刘余王宫的主体建筑。刻石中的"北"，是指方位，"陛"是指宫殿的台阶，所以"鲁六年九月所造北陛"中的"北陛"指的就是灵光殿北面的台阶。

刘余不会想到，他或许根本未曾留意过的这块北陛石，会在两千多年后，以"曲阜最早的刻石""中国现存稀有的西汉早期刻石"的身份而备受瞩目。

价值很高——研究我国汉字书体变化的重要资料

众所周知，秦始皇统一中国后实行"书同文"，以小篆推行全国，与此同时产生了在小篆基础上化曲笔为直笔、更简易快捷的隶书。隶书在东汉之际定型，西汉初年的北陛石正好处在由篆变隶这一古今文字大转折中。北陛石上的刻字，虽有隶书，但仍带有篆字，这些石刻字，是秦篆过渡到汉篆、汉隶的重大发展，是研究我国汉字书体的

北陛石刻字（曲阜市文物管理委员会提供）

重要实物材料，其书法艺术成就也相当之高。

历代以来，曲阜的汉碑吸引了无数书法家前往曲阜临习，同时也受到了文人学者的极大重视，宋代著名文学家欧阳修、金石学家赵明诚等都曾亲临曲阜探访研究汉碑，并将这些汉碑收入自己的著作。

身世荣耀——西汉最著名的三大宫殿群之一

北陛石出自灵光殿，而灵光殿是西汉时期最著名的三大宫殿建筑群之一，规模庞大，气势恢宏，与当时国都长安的皇家宫苑未央、建章二宫齐名，享誉我国建筑史。

古文献中对于灵光殿的描述，以东汉王延寿《鲁灵光殿赋》的叙述最早也最为真实。作为东汉辞赋家的王延寿有一次游至曲阜，亲见灵光殿之壮丽，为其气势所感，发诗人之兴，而作赋记之。词句华丽，相当精彩："连阁承宫，驰道周环，阳榭外望，高楼飞观，长途升降，轩槛曼延。渐台临池，层曲九成，屹然特立，的尔殊形。高径华盖，仰看天庭，飞陛揭孽，缘云上征。中坐垂景，仰视流星，千门相似，万户如一，岩出洞出，逶迤诘屈，周行数里，仰不见日。"

从这些华丽的辞藻中，我们不难看出灵光殿内亭台楼阁、轩榭花池的华丽，也不难看出其建设规模的宏大。《鲁灵光殿赋》还记录了大殿里精美的壁画，壁画内容有太古时期的山神海灵、神话人物，华衣冠冕的黄帝、尧、舜及夏、商、周三代的兴亡，历史上的忠臣、孝子、烈士、贞女的事迹等等，这些壁画都色彩鲜明，形态生动。可以想象，灵光殿在这些精美绝伦的壁画衬托下，是多么富丽堂皇。

《鲁灵光殿赋》开篇写道："鲁灵光殿者，盖景帝程姬之子恭王余之所立也。初，恭王始都下国，好治宫室，遂因鲁僖基兆而营焉。"《论衡·正说》记载："至孝景帝时，鲁恭王坏孔子教授堂以为殿，得百篇《尚书》于墙壁中。"这些史料都是鲁恭王建造灵光殿起始时间的记述。东汉时的王延寿所看到的灵光殿，距始建已过300年左右，保存完好。王延寿赋中写道："遭汉中微，盗贼奔突，自西京未央、建章之殿皆见隳坏，而灵光岿然独存。"这说明至少到东汉中期，灵光殿仍完好无损，且规模宏大。

根据史料推测，灵光殿应被毁于魏晋时期，即220—317年，灵光殿存世时间应该在400年左右。

名闻天下的吴王夫差剑 邹城市博物馆

春秋时期，烽烟烈烈；诸侯争霸，连年不绝。

位于如今江南一带的吴越两国，更是经常爆发战争，吴王阖闾打越王允常，到下一代，吴王夫差依然和越王勾践打。后来越国兵败，勾践被俘，于是就有了《史记·越王勾践世家》的记载："越王勾践反国，乃苦身焦思，置胆于坐，坐卧即仰胆，饮食亦尝胆也。"

后来的故事大家都知道，勾践卧薪尝胆、奋发图强，还派出西施到夫差身边实施"美人计"，终于大败夫差。

在邹城市博物馆，陈列着一把春秋时期的青铜剑，穿越漫长岁月，剑锋依然寒光逼人，剑上铭文显示，这便是吴王夫差剑。吴国远在江南，吴王剑为何会出现在山东？这把剑又是如何被发现的呢？

取土取出一把宝剑

邹城市文物局副研究员郑建芳对这把吴王夫差剑喜爱有加，虽未亲历宝剑入藏博物馆，但他却了解整件事情的来龙去脉——

那是在 1991 年的 6 月，邹城市钢山街道朱山庄的一位农民，在自己家地里取土，发现了一把古旧的铜剑，看到剑身上好像还刻着字，觉得这应该是件文物，就把剑主动送到了文物部门。文物部门对其主动捐献文物的精神进行了表扬，还给予了一定的现金奖励。后来，经过专家认定，这把吴王夫差剑被定为国家一级文物。

既然发现了如此重要的文物，那么那块地里是否还会隐藏着其他"宝

吴王夫差剑（邹城市文物局提供）

贝"呢？文物部门立即赶往现场查看，但是结果却令人失望：因为常年取土，这里早已遭到破坏，从残存的痕迹判断，这应该是一个年代久远的土坑墓，但墓主人究竟是谁、墓内还曾有过什么陪葬品等等信息则早已无法考证。

虽然文物工作者扑了个空，但是至少可以推测，吴王夫差剑很可能就是这个古墓中的陪葬品。春秋时期，古墓所在之地属鲁国，这把赫赫有名的吴王夫差剑怎么会跑到鲁国，埋进鲁国墓中去呢？

答案还得从历史中去找。越王勾践被吴王夫差俘获释放后，卧薪尝胆，最后灭了吴国。此后越国曾强盛一时。为了称霸中原，越国和楚国又相互战争，结果越国被楚威王所灭。后来，鲁国和楚国征战，鲁国又被楚国所灭。据此，历史学家们推测，吴王夫差剑很可能先成了越王勾践的战利品到了越国，而后又成了楚王的战利品到了楚国，后又被楚王带到了鲁国。由此可见，吴王夫差剑在这一地区出土也绝非偶然。可以想见，这件沐浴过 2500 多年前社会大变革时期风风雨雨的名剑，一定有着一段非凡的身世和经历。但是，由于出土铜剑的古墓早已被破坏，这些故事，只能有待于今后进一步研究了。

"攻吴王夫差，自作其元用"

剑是我国古代的一种近战短兵器。除了用来打仗，春秋战国时期，人们还常把佩剑当成礼仪，剑也成为人们不可缺少的装饰品。春秋时期南方的吴、越是处于长江下游的小国，与中原各国交往甚少。由于水网纵横、林莽丛生，在中原大量使用战车时，吴越却大量发展了短兵器，许多著名的宝剑都出在这里。比如湖北江陵古墓出土的越王勾践剑，早已被认定为国宝文物。

吴国之剑，当然也不甘示弱。在争霸战争中，吴越两国迅速强大，吴国曾屡败楚军，打到楚郢都。公元前 495 年，吴王夫差继位后，吴国国力发展到顶峰。正是在这一时期，吴王夫差制造了"削铁如泥""吹毛自断"的稀世宝剑。

邹城市博物馆的这把吴王夫差剑再现了吴国精良兵器的风采。这把铜剑_{通长 59.5 厘米，茎长 9.5 厘米，宽 5.8 厘米，重 1 千克}剑首向外翻卷作圆箍形，剑茎为圆柱形，有双箍，镡作倒凹字形，较厚，有兽面纹饰，当为镶嵌绿松石之用。整个剑身瘦长，脊呈直线，前锷收狭，锋部尖锐犀利，寒光闪闪。剑从下部阴镌篆书铭文两行十字："攻吴王夫差，自作其元用。"字迹清楚，笔画纤细。该剑造型美观，铸造技艺精湛，为我们了解历史和研究古代冶金技术提供了宝贵的资料。

根据郑建芳的统计，吴王夫差剑目前国内大概有 10 把，最早著录吴王夫差剑的是清代学者阮元的《积古斋钟鼎彝器款识》，所著录夫差剑剑身拓本长约 44 厘米，此剑最初为钱塘著名金石学家黄小松所藏，后为日照杰出的金石学家、书法家许印林所有，最后归藏潍县著名收藏家陈介祺。郭沫若《两周金文辞大系图录考释》对此剑的铭文有考证。而后，吴王夫差剑陆续被人们发现和认识。1935 年安徽寿县西门内出土一把吴王夫差剑_{通长 58.9 厘米，宽 5.3 厘米}；1965 年，山东平度废品收购站发现一把吴王夫差剑_{通长 57.8 厘米，宽 5.8 厘米}；1976 年，河南辉县百泉文物保管所从废铜中发现一把吴王夫差剑，首部已残损_{残长 59.1 厘米，宽 5 厘米}；1991 年河南洛阳中州中路战国墓出土一把吴王夫差剑_{通长 48.8 厘米，宽 4.2 厘米}；1991 年，香港古董店拍卖一把精美无比的吴王夫差剑，后被台湾古越阁购藏，通长 58.3 厘米。这些剑的剑身均铸有铭文"攻吴王夫差，自作其元用"。

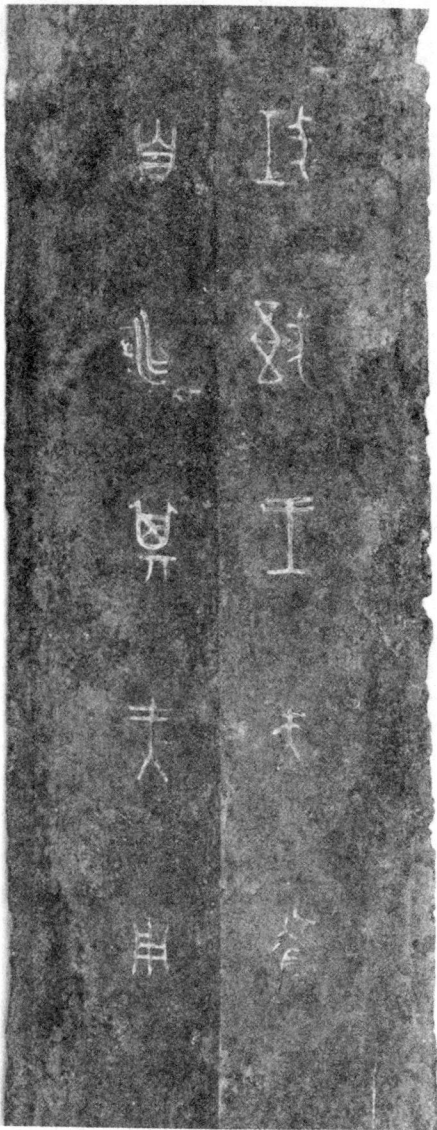

剑上铭文："攻吴王夫差，自作其元用。"

（邹城市文物局提供）

刀光剑影烽烟烈，吴越宝剑震天下

在说完吴王夫差剑和他的故事之后，我们再来看看夫差他爹——吴王阖闾的剑。

在上海博物馆，我曾见到一把精美的吴王光剑。吴王光即吴王阖闾，为吴王诸樊之子，故又称"公子光"，为"春秋五霸"之一。

公元前515年，因王位继承问题，公子光以庆贺吴王僚伐楚班师设宴招待，勇士专诸将剑藏在鱼腹中，趁上菜之机刺杀了吴王僚。这就是历史上著名的"专诸刺王僚"的故事。公子光夺得吴国王位，史称"吴王阖闾"。

阖闾上台后即开始实施强国富民计划。他广泛搜罗人才，任贤使能，召伍子胥为行人，以伯嚭为大夫，共谋国事。经伍子胥推荐，阖闾亲自召见军事家孙武，孙武献出了自己的军事著作兵法十三篇。当时正是吴国振兴霸业之际，阖闾读了很感兴趣，拜孙武为将军。他还命令伍子胥选择都城地址，建造国都"阖闾大城"。并在全国推行了一系列行之有效的政策，施恩行惠，大力发展农业生产，使吴国的综合国力迅速得到了增强。

公元前506年，吴王阖闾率师会蔡、唐之师伐楚，五战五捷，大败楚军，进入楚国国都郢_{今湖北江陵西北}。第二年，越王允常率师进攻吴国，阖闾亲自出征，大败越军。公元前504年，吴师再次伐楚，迫使楚国迁都。从此，吴国威名大振。公元前496年，吴王阖闾兴师伐越，两军在今嘉兴南交战，越大夫灵姑浮以戈击阖闾，斩落阖闾大趾。阖闾被迫还师，死于陉，后葬苏州虎丘山。

吴国的剑有名到什么程度呢？《史记·秦始皇本纪》说，秦始皇统一中国之后，为了防范人民的反抗，"收天下兵，聚之咸阳，销之为钟鐻，金人十二，各重千石，置廷宫中"。吴越出产利剑，一枝独秀，名闻天下，官方和民间所藏不知凡几，令雄才大略的秦始皇放心不下。相传，秦始皇南巡到苏州时，听说虎丘山之下的剑池就是吴王阖闾之墓，于是下令不惜一切代价挖掘，希望能挖出深藏墓中的吴越青铜利剑。不料直到坑中冒出水来，也未见剑的踪影，只好遗憾地离去。这也从一个侧面反映了吴越青铜剑早已名闻天下的事实。

刘宝将军爱围棋 邹城市博物馆

古人说一个人的才华和修养，常以此人"琴棋书画"如何论之，所谓"棋"，指的便是围棋。

以围棋下得好不好来论一个人的修养，以下围棋作为修身养性之必修课，可见围棋在古人心中，绝非一个简单的竞技游戏。作为人类历史上最悠久的一种棋戏，围棋将科学、艺术和竞技三者融为一体，有着发展智力、培养意志品质和机动灵活的战略战术思想的特点，还包含了诸如黑白、阴阳等中国智慧之精华。因而，千百年来，围棋在中国一直长盛不衰，并逐渐发展成一种国际性的文化竞技活动。

在邹城市博物馆，我有幸见到了一副西晋时期的石质围棋子，这是目前国内时代最早、保存最好的围棋子。232 枚黑白棋子，穿越 1700 多年岁月迷雾，讲述着有关中国传统文化的神秘故事和神奇魅力。

以黑白两种自然石子磨制而成

博物馆内的玻璃橱窗和橱窗内的小射灯，让这些 1700 多年前的围棋子显得晶莹透亮，围棋子分左右两堆摆放，中间是一个圆形的泥质陶盒。

从棋子的形态上可以清晰地看到，它们是用黑白两种自然石子磨制而成，有椭圆形、圆形和不规则形，造型古朴自然，其中黑子坚致细密，光滑漆亮，直径在 1—1.5 厘米之间；白子石质略为松软粗糙，少数已风化破损，直径为 1—1.2 厘米。

据考证，唐代以前棋局纵横各 17 道，合 289 格，黑

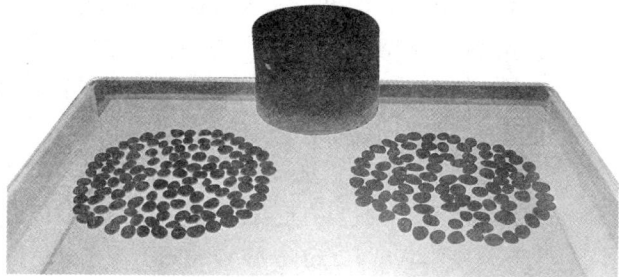

西晋围棋子（钱欢青摄）

白棋子各 150 枚,而这副围棋子比实际少了 68 枚,考虑到这副围棋子出土于一座西晋古墓内,所以邹城市文物局副研究员郑建芳认为,它们应是墓主人生前使用过的。

"以子围而相杀故谓之围棋"

要了解这些西晋围棋子的价值,就需要了解围棋的历史。

围棋历史悠久,传说其起源距今已有 4000 余年的历史。在古代,围棋称为"弈",东汉许慎《说文解字》就有"弈,围棋也"的说法。古文献中,较早可信的则见于《左传》襄公二十五年(前 548)的记载:"棋者所执之子,以子围而相杀,故谓之围棋。""弈者举棋不定,不胜其耦,而况置君而弗定乎?"用"举棋不定"这类围棋中的术语来比喻政治上的优柔寡断,说明围棋活动在当时社会上已经习以为常。战国时期,下围棋已发展成一种专门学问,《孟子·告子上》里说:"弈秋,通国之善弈者也,使弈秋诲二人弈。"可见,至迟在春秋战国时期,围棋在社会上已经广泛流行。

最初的围棋棋局、棋子的设定,与当时的思想文化、军事斗争有着密切的关系。东汉班固的《弈旨》中说:"局必方正,象地则也;道必正直,神明德也;棋有白黑,阴阳分也;骈罗列布,效天文也……"道出了围棋的阴阳天地之象,而"行之在人,盖王政也",则指明了围棋的最初功能。

到了汉代,围棋手开始分级,有上、中、下三个等级。魏晋南北朝是中国围棋史上的重要阶段,此时玄学兴起,文人学士崇尚清淡,弈风更盛,彼时称下棋为"手谈"。这时的棋局,已基本定型,所谓"棋局纵横十七道,合二百八十九道,白、黑棋子各一百五十枚"。

隋唐五代,围棋活动更为普及。武则天供养"棋博士",玄宗设"棋待诏",和"书待诏""画待诏"一起编入翰林院管辖,这样棋手就第一次成为国家官员,确立了围棋在古代文化中的地位。所谓"待诏"就是等待皇帝的召见,专门陪皇帝、妃子、王子、公主下棋的官。著名棋手王积薪是唐玄宗时棋待诏,他著有《围棋十诀》,对围棋理论的贡献很大。

围棋的用具有棋盘和棋子两部分。根据郑建芳的统计,近年来,国内相继出土了一批具有重要价值的围棋盘,主要有:1952 年河北望都一号东汉壁画墓出土的正方形 17 道石质围棋盘;1959 年河南安阳隋开皇十五年[595]张盛墓出土的正方形 17 道瓷质围棋盘;1971 年湖南湘阴唐墓出土的正方形 15 道围棋盘；1973 年新疆吐鲁番阿斯塔那唐墓出土的正方形 19 道木质围棋盘等。然而保留至今的围棋子却极为罕见，作为目前国内时代最早、保存最好的实物例证，邹城市博物馆的围棋子，为研究山东境内围棋概况和我国围棋发展史提供了极其宝贵的资料。

这个将军爱下围棋

那么，这副珍贵的围棋子又是如何被发现的呢？

这要从 1974 年的一次考古发掘说起。那年的 2 月，邹城市文物工作者在邹城市郭里镇独山庄清理发掘了一座西晋大型砖室墓。该墓十分了得：砖室券顶，方砖铺地，有完备的甬道、东西耳室、前室和后室。更难得的是，经过文物工作者的仔细清理，墓内出土了 150 余件文物，其中就包括围棋子。死后还以围棋子陪葬，可见墓主人生前一定十分喜欢下围棋。

令人惊喜的是，考古人员还在古墓前室的东南角发现一方墓志，从而揭开了墓主人的身世之谜。

这方碑形墓志碑额篆书"晋故"二字，志文中可以看清的字包括："侍中、使持节、安北大将军、领护乌丸校尉、都督幽并州诸军事、关内侯、高平刘公之铭表。公讳宝，字道真，永康二年正月廿九日。"

根据志文记载，可见墓主人刘宝是在西晋永康二年^{（301）}去世的，他是山阳郡高平 _{今山东邹城西南一带} 人。而根据《世说新语》《前汉书》等文献中的零星记载，可知刘宝此人出身贫寒，自幼聪颖好学，精于武功，先后任侍中、使持节、安北大将军、领护乌丸校尉、都督幽并州诸军事等职，还曾侍皇太子讲《汉书》，后因戍守边境有功，被赐爵关内侯。

刘宝的官儿到底有多大呢？"都督幽并州诸军事"当为掌管幽、并二州的首席军事长官。领护乌丸校尉，西汉武帝时霍去病打败匈奴后始设该职于塞外，东汉、魏晋沿置。可见刘宝既是西晋王朝皇帝左右的侍臣，又曾任手握军权的边疆高级将领。

郑建芳说，刘宝墓志是山东地区发现极少的西晋纪年墓志，为我国北方地区特别是山东境内的西晋考古提供了十分可靠的断代依据。志文的字体是典型隶书，结体严谨，笔势古朴。"我国书体在魏晋、南北朝是重要转折时期，经历隶书向楷书过渡的变革，刘宝墓志的发现对研究魏晋时期墓志形制及书法的演变具有重要的意义"。

两件青瓷珍品堪称北方青瓷代表作

刘宝将军不仅因为爱下围棋给后人留下了珍贵的围棋子，还留下了两件堪称北方青瓷代表作的珍贵西晋青瓷。

在邹城市博物馆，我也见到了这两件青瓷。其中一件是青瓷虎子，根据专家的说法，虎子这种器物既可当便溺之用的亵器，也可当盥洗之用的清水器。目前，多数学者认为是男性溺器。这件虎子^{全长24厘米}，昂首张口，耳、鼻、目都惟妙惟肖，四足前屈作蹲伏状，背上有绞索纹弧形提梁，尾似蚯蚓状，盘旋蜷曲，腹侧阴刻羽翼纹图案。造型富硕优美，釉层光亮凝厚，胎体敦厚坚硬，胎壁厚薄均匀，堪称精品。

另一件是青瓷辟邪，状似狮形，项背分披鬃毛，自然下垂至腹部，腹部两侧刻画有羽翼，脊背上塑有一供插烛用的柱形圆管，与腹部相通。

狮子的造型采用夸张的手法，双目圆睁，张口露齿，矫健神俊。郑建芳说，这件辟邪釉色晶莹温润，釉层肥厚滋润，胎质坚固细密，纹饰线条镂刻精细，流畅自然，圆转深秀，代表了西晋青瓷的典型风格和时代特点，是一件艺术性和实用性相结合、工艺技巧很高的作品。

郑建芳表示，目前山东境内考古发现最早的青瓷窑遗址是北齐时期的淄博寨里窑遗址。西晋青瓷在山东境内发现极为罕见，它们在造型艺术、制作技术和烧造工艺上均有独到之处，是西晋青瓷的代表作，是不可多得的艺术珍品。

青釉虎子（钱欢青摄）

鲁绣珍品藏古墓 _{邹城市博物馆}

中国古代服饰，可谓大羽华裳。而刺绣，无疑是服饰在审美意义上的"点睛之笔"。

中国刺绣，历史悠久。《尚书》载，4000多年前的章服制度，就规定"衣画而裳绣"。至周代，则有"绣缋共职"的记载，这一时期，山东地区就出现了享誉天下的织染绣品"鲁缟"和"齐纨"。到了春秋战国，齐鲁的织绣最为发达，齐国妇女高超的刺绣技艺已闻名全国，产品行销各地。汉代学者王充曾在《论衡》一书中感叹："齐郡世刺绣，恒女无不能。"说明刺绣已相当普及。《汉书》则记载："齐三服官作工各数千人，一岁费数巨万。"可见当时官方的"服装厂"规模有多大。此后，"鲁绣"之称开始被一直沿袭。

在邹城市博物馆，我见到了两组元代鲁绣的稀世珍品———双素绸鲁绣女鞋和两条鲁绣女裙带。穿越600多年的时光，高超的刺绣工艺和卓然的鲁绣风格，依然让人惊艳。

扩建火车站，发现元代古墓

这两组鲁绣珍品，出自一座元代古墓，而古墓的发现，则缘于火车站的扩建工程。

1975年3月，在邹县火车站的扩建工程中，工人发现了一座元代墓葬。事实上，当地老百姓早就知道此处有古墓，因为过去这一带有好几个封土堆，还有两块石碑，由于常年的雨水冲刷和耕作取土，封土堆渐渐消失了，两块石碑也遭到了破坏。幸运的是，这两块石碑在当地史志中都有记载，其中一块《李裕庵墓碑》，1962年版的《邹县新志》如此记载："元裕庵李先生墓碑铭，西门外车站东。"另外一块李之英墓碑，清康熙《邹县志》如此记载："李之英墓在城西北三里，有碑，元锦州同知。"

1975年火车站扩建工程中发现元代墓后，当时的邹县文物保管所工作人员立即对墓葬进行了发掘，考古人员在封土中发现了几块破碎的碑石，其中一块上写有"儒学……府君之墓"，又在附近苗圃中发现半块碑首，刻有篆书大字"裕庵李……"，而墓中石椁盖上的刻字，则完整揭开了墓主人的面纱："元裕庵李先生府君之墓，至正十年二月五日葬。"至此，考古人员确定该墓为元代李裕庵墓。

中药防腐，幸存 50 余件元代衣物

李裕庵究竟何人？

《邹县元代李裕庵墓清理简报》显示，从收集到的残碑文字来看，李裕庵，字俨，是元代邹县儒学教谕，而书写在木棺上的文字显示，他还有儒学博士的称号。

邹县是儒家学派重要人物孟子故乡，所以早在北宋景祐年间就建有孟子祠宇，金、元各代又重修扩建。根据孟氏《三迁志》记载，这位号称儒学博士的李裕庵，从泰定四年（1327）到至正五年（1345）间，曾先后五次倡议修孟庙主殿及邾国公祠堂。另外，他还和孟子五十二代孙孟惟恭等人一起，促成邹县城南六公里外野店村的三千亩民田成为孟氏祭田。

有意思的是，这位儒学博士下葬后，尸体的防腐措施做得非常好。墓葬结构坚实，封闭严密，葬式特殊。木棺石椁，石椁外用石灰、米汁拌和花岗岩石子、黄砂浇灌，坚固异常。不仅如此，由于木棺内具有绝氧、恒温、湿润及中药防

鲁绣女鞋（邹城市文物局提供）

腐条件，李裕庵尸体及随葬衣物保存完好。开棺之后，考古人员发现棺内右侧放置一具迁葬的女性骨架，推断应该是李裕庵夫人遗骨。棺内出土各类衣物50余件，女鞋和女裙带便是其中两组。

一双鲁绣女鞋：山东首例，国内罕见

如今陈列在邹城市博物馆内的这双素绸鲁绣女鞋，通长22厘米，底长20厘米，高5厘米，整体上略呈三角形，质地坚实厚墩，底较为松软，头稍尖微上翘，鞋头绣有含苞欲放的鲜花。

邹城市文物局副研究员郑建芳对这双女鞋的刺绣手法进行过仔细研究，他告诉我，鞋头上绣的鲜花，花瓣采用辫绣套针法和加贴绸料的缀绣法，花芯采用打籽针绣法绣成凸起的花蕊，使花芯具有强烈的立体效果。鞋头接口处采用网绣针法，正中缀以丝线绒缨，设计巧妙，独具匠心。鞋面绣有牡丹纹和缠枝花纹，色彩华丽，构图精美，绣制精细，鞋底采用辫绣的套针法和齐平针绣法绣一组荷花和水草纹，刺绣纹样风格清新，配色文静素雅，色泽层次丰富。

郑建芳表示，从刺绣技法和装饰纹饰上看，这双女鞋主要承袭了唐宋时期鲁绣的特征，并出现了明显的变化。针法除采用山东地区传统的双线拈线不劈破的衣线绣法外，并根据不同内容和要求，采用了平针、接针、网针、钉线针、打籽针等灵活多样的绣针法。纹饰内容以牡丹、缠枝花草为主，枝叶婉转流畅，盘绕着牡丹、荷花纹，再加以灵巧的枝藤、叶芽，形成了独具匠心的装饰风格。郑建芳说："这双女鞋是保存下来的极为珍贵的元代刺绣珍品。目前，传世和出土的元代完整刺绣衣物在国内比较罕见，这双元代鲁绣女鞋的发现在山东尚属首例。"

两条女裙带：鲁绣明珠，风华绝代

与女鞋一样，同样藏于邹城市博物馆的两条鲁绣女裙带，也具有典型的鲁绣特点，两条裙带都是长155厘米、宽5厘米。

其中一条裙带，绣的是山水人物。图案分别绣在中部和两端，中部绣的是园林景色，以花鸟为主，辅以假山、流水、树木、小草，水中鱼游，天际云行，一老人扶杖立于假山旁，旁边还有一个幼童。两条小鱼在水中并用一条线以接针法绣出水波，自然而和谐。两端图案相同，内

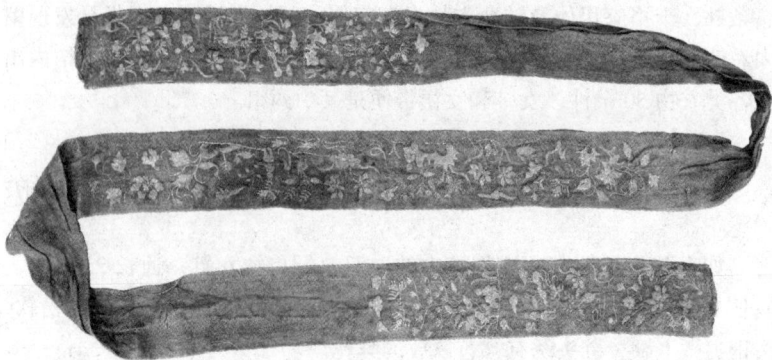

鲁绣山水女裙带（邹城市文物局提供）

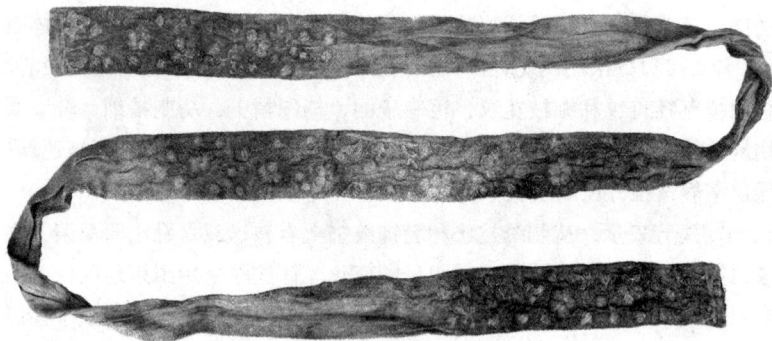

鲁绣梅花女裙带（邹城市文物局提供）

容包括祥云、山石、鹤鹿以及老翁等。裙带全用山东地区传统的衣线绣，图案花纹苍劲雄健，质地坚实牢固，并根据图案中不同的内容和要求，掺杂了多种灵活的针法，针线细密，整齐匀称，疏密有致。比较特别的绣法是在仅有一厘米左右的人物上，附加一根短细丝线，表现人物面部的眉眼、口鼻和袍服上的束带等细微部分，"这种绣法，反映出当时绣工的熟练技巧，为研究古代鲁绣提供了很有价值的实物资料"。

　　另一条裙带，绣的主要是梅花。图案也绣在中部和两端。中部有三组图案，全是相连的梅花，劲秀挺拔，绣工精细，有的含苞待放，有的露花初开，有的满蕊花开。在花的根部以辫绣套针法绣出一座假山，并用接针法绣出花梗，可谓设计精巧，构思巧妙，清新雅洁。叶和花瓣则采用加贴绸料的缀绣法，使绣完的花朵具有强烈的立体感。在花芯中还用了打籽的针法，绣成凸起的花蕊。其针法的特点是针引绣线成圈挽扣，如环状的粒粒结子，绣纹兀立，光彩夺目，显现出强烈的丝纹质感。整个花朵色泽层次丰富，生动逼真，颇具写实意味。

郑建芳表示，鲁绣山水人物女裙带和鲁绣梅花女裙带的刺绣针法采用山东传统的双线拈线不劈破的衣线绣法，具有典型的鲁绣特点。"两条女裙带是鲁绣技艺发展史中精美妙绝的珍稀精品，反映出元代鲁绣的时代特点和杰出成就，对于研究鲁绣发展史以及元代的刺绣工艺具有重要的价值"。

鲁绣好，还因为绣线也别具风骚

鲁绣又称衣线绣，是用双丝捻线，合成一股绣制。捻过的线增加了韧性，而且不怕水洗，会使绣面更加结实耐用，而且线条游动，更为耐看。

鲁绣好，还因为绣线也别具风骚，鲁绣的用线是柞蚕丝线。柞蚕丝又被称作㯿丝，特点是坚韧，比一般的家蚕丝坚牢耐磨。《花木考》有这样的记载："茧生山桑，不浴不饲，居民取之制绸，久而不敝。"以㯿丝织成的丝绸在3000年以前就成为贵品了。

因为绣线好，技艺发达，所以鲁绣一直引领风骚，到隋唐时期，鲁绣技艺进一步提高，已采用齐针、平针、套针和网针等多种绣法，并能综合运用于绣品上。宋元时期，鲁绣工艺得到了全面发展，出现了网针法和打籽针法等具有地方特色的绣针法，并形成了以青州府为中心的官营丝织品制造地。正是因为鲁绣的发达，所以元代一个小小的儒学教谕，能有如此精美的鲁绣珍品，也就不足为奇了。

碑刻"连环画"讲述孟子人生故事 _{孟庙}

"我善养吾浩然之气"。

2000多年来，孟子的浩然之气一直流淌在中华民族的血脉中。著名学者李泽厚认为，孟子之所以被誉为"亚圣"，正是因为其能在孔子仁学的基础上，彰显人内心之浩然之气。

自明代以来，人们为了表达对孟子的崇敬，为了让后人了解孟子的生平，绘制了一幅幅精美的连环画圣迹图。这些图画栩栩如生，再现了孟子一生的主要活动，许多耳熟能详的故事，圣迹图中都做了非常生动的展示。

在孟庙东路启圣殿廊下东侧，有一块立于明洪武六年^{（1373）}的《孟氏宗传祖图》碑。这块现存最早的孟子圣迹图，就像连环画，描绘出一幅幅珍贵的历史画卷。

"文革"时，"圣迹图"幸免于难

漫步孟庙，古风荡漾，每一处建筑和碑刻都凝聚了历史的沧桑，值得细细品读。

在孟庙内，有一处启圣殿，供奉的是孟子的父亲孟孙激的塑像。元延祐三年^{（1316）}，元仁宗追封孟孙激为"邾国公"。启圣殿始建于元泰定四年^{（1327）}，明弘治九年^{（1496）}重修。《孟氏宗传祖图》碑便立在启圣殿廊下东侧，从明洪武六年立此碑到现在，640多年时光倏忽而逝，石碑依然屹立不倒。邹城市文物局副研究员郑建芳说，作为历代祭祀孟子之所在，孟庙也历经多次修葺，仅孟庙的核心建筑亚圣殿就经过数十次大修。而在漫长的历史中，孟庙也曾有较大破坏，"比如在'文革'时，红卫兵对孟庙进行了破坏，在启圣殿和启圣门之间的院子里，砸了不少东西，但万幸的是，这块《孟氏宗传祖图》碑得以保全，幸免于难"。

12 幅"连环画"，最早的孟子圣迹图

《孟氏宗传祖图》碑 _{碑高2.13米，宽0.84米，厚0.25米，基座高0.4米} 系《孟氏祖庭》一书的刻石。碑上所刻，既有《孟氏家传祖图始末之记》，又有邹县城郭图、宋南门外庙制图、大元重修庙制图、马鞍山林墓图等。而最有意思的是《孟子圣迹图》十二幅。"圣迹图"每组相并两幅_{每幅高26厘米，宽16.5厘米}，内容包括：断机，梁惠王问利国，齐宣王问治国，传食于诸侯门人公孙丑问浩然等等。

碑上刻字显示，洪武六年，孟氏族人商量着立了这个碑，其中"主祀"为孟子五十四代嫡孙孟思谅。

郑建芳认为，《孟子圣迹图》记录了孟子一生的主要事迹及历代对孟子的封谥、孟子的师承关系等，是研究孟子生平事迹及古代县制、庙制变迁的珍贵图像资料。这一连环画把孟子一生一个个精彩的瞬间以图画的形式形象生动地再现出来。整幢碑刻构图生动概括、章法别致，图像简洁旷达，刀笔古拙遒劲，不仅是现存最早的孟子圣迹图，而且是一组比较罕见的有情节又有人物故事的连环画，使后人能够明确地看到孟子地位日益提高的事实，对于研究孟氏家族，考证孟子宗传世系具有很高的历史和艺术价值。

那么，这些"连环画"，究竟讲述着怎样生动有趣的故事？

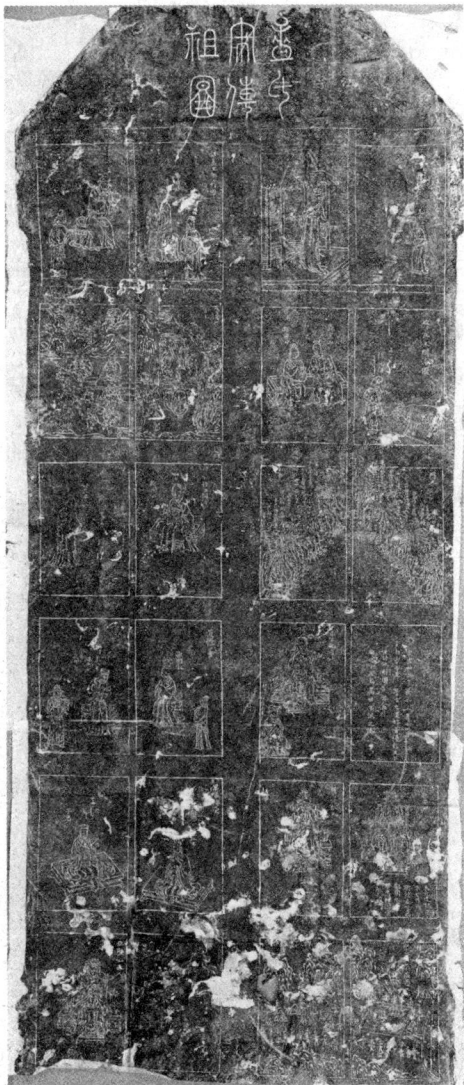

《孟氏宗传祖图》碑拓片（邹城市文物局提供）

孟母断机教子，教出天下名儒

孟母三迁的故事早已家喻户晓，说的是孟子的母亲为了让孟子有一个良好的学习环境，不厌其烦三次搬家。而孟子真正发奋读书，终成"天下名儒"，则来自于一个"孟母断机"的故事。《列女传·母仪传》记载："孟子之少也，既学而归。孟母方绩，问曰：'学何所至矣？'孟子曰：'自若也。'孟母以刀断其织。孟子惧而问其故。孟母曰：'子之废学，若吾断斯织也。夫君子学以立名，问则广知。是以居则安宁，动则远害。今而废之，是不免于斯役，而无以离于祸患也。何以异于织绩而食，中道废而不为，宁能衣其夫子而长不乏粮食哉？女则废其所食，男则堕于修德，不为盗窃则为虏役矣。'孟子惧，旦夕勤学不息。师事子思，遂成天下之名儒。君子谓：孟母知为人母之道矣。"

这个孟母断机的故事对后世影响极大，所以自元代元贞元年^{（1295）}起，邹县尹司居敬为崇儒重教和启迪后人，依据人心所向在邹县城南旧县城南门外兴建了断机堂，明万历三十七年^{（1609）}，邹县知县胡继先易断机堂为孟母祠，后经多次重修。

《孟氏宗传祖图》碑上所刻的断机图，讲述的就是这个故事。画面

《断机》图（邹城市文物局提供）

上，左图刻着一间房屋，室内檐下有一架织机，孟母立于机前，面向左方，右手持刀割织，左手指向左前方(孟子)，像是在一面割织，一面教训儿子。右图上方刻有"孟氏祖庭图纪卷第一""断机"字样，下方为年幼的孟子，面向右，躬身，拱手，作聆听状。画面生动表现了孟母教子的情境和母子二人的情感交流。

孟子夫人：袒胸露乳，差点被休

孟子天下名儒，人所共知，但很多人不知道，孟子夫人却曾差点被孟子"休"了。

"连环画"中还有一幅"亚圣公夫人图"，让我们得以一睹孟子夫人的容颜。画面中，左图绘孟子夫人田氏，身着锦绣，头戴凤冠，端坐于玲珑雕花宝座之上，俨然富贵之态。右图刻弯曲的松树与山石，意为孟子夫人居于庭院之中，安享天年。田氏是鲁国人，孟子约在19岁时娶其为妻，她的生平事迹,古籍很少记载。古代妇以夫贵,元明宗至顺元年⁽¹³³⁰⁾,孟子被封为"邹国亚圣公"后，田氏亦被追封为"亚圣公夫人"。

"孟子去妻"的历史故事见于西汉韩婴的《韩诗外传》和刘向《列女传·母仪篇》。有一年夏季，天气异常炎热，田氏劳累了一天，便回到自己的屋里，脱光上衣袒胸露乳蹲在地上休息。这时，孟子正巧从外地游说归来，先上堂屋向母亲请安，然后准备回到屋里休息，当他走到窗下时，看到了蹲在地上的田氏。他十分生气，马上去见母亲，跟母亲说："古时人们坐有坐相，站有站姿，一个人独自在家里也要按礼法行事，一个女人袒胸露乳蹲在地上，太不合礼法了，应该把她休掉，赶回娘家去。"孟母看到孟子这么激动，赶忙问道："你如何知道她那样在地上蹲着？""我亲眼从窗子里看到的！"孟母听到他的回答后，顿时大怒，训斥孟子道："不是你妻子无礼，而是你自己无礼。古代礼制规定，进门时，要问谁在屋里；上堂时，要发出声音；进到屋里，目光要向下，这样是为了尊重别人的隐私。而你没有按照礼制的规定去做，进妻子的房间，应先敲一下门，喊一声。你要求别人守礼，首先要对别人尊重，违礼的应该是你，这怎么能责怪你妻子呢？"孟母语重心长的一番话，说得孟子口服心服，他只好向母亲认了错，又向妻子道了歉。从此，夫妻二人和好如初，互敬互爱白头偕老。

《齐宣王问治国》图（邹城市文物局提供）

浩然之气，长存人间

除了母亲和妻子，"连环画"中最重要的内容是体现孟子思想的一些历史故事，画面和文献往往能相互呼应，使得画面本身更有历史内涵。比如"梁惠王问利国图"，刻的就是梁惠王兴致勃勃地向孟子求教具体的利国方案。该图记载的显然就是《孟子·梁惠王上》第一章孟子与梁惠王的问答，孟子提出了著名的"仁义"观。

在近 20 年的游说生涯中，孟子崇尚信义，鄙薄利禄，藐视权贵，抨击暴政，同情民苦，力谏国君诸侯以仁政统一天下。由于当时"天下方务于合纵连横，以攻伐为贤"，因而其主张不见用，便回到邹国从事讲学和著述，"退而与万章之徒序《诗》《书》，述仲尼之意，作《孟子》七篇"。

虽然自己的主张"不见用"，但孟子的"浩然之气"却影响巨大，"连环画"中有一幅"公孙丑问浩然图"，刻的是公孙丑聆听孟子教诲的图案。按照孟子的解释，浩然之气，是充满在天地之间，一种十分浩大、十分刚强的气。这种气，是从内心产生的凝聚了正义和道德的气。有此浩然之气，才能"富贵不能淫，贫贱不能移，威武不能屈"。

明代亲王第一陵的国宝传奇 _{邹城鲁荒王陵}

到邹城，第一个"目标"是孟林、孟府、孟庙，第二个"目标"，便是鲁荒王陵。

鲁荒王陵早已名气在外，作为明太祖朱元璋的第十个儿子，鲁荒王朱檀是明代众多亲王中第一个薨逝的，其陵寝也是第一个营建的，陵寝的建制和礼制也因此为其他王陵所用。而在众多王陵中，鲁荒王陵的占地面积最大，地宫距地表最深，出土文物最完整、价值最高。因此，也被誉为明代亲王第一陵。"文革"期间的考古发掘，使得1300余件文物重见天日，其中仅国宝级文物就多达近百件。这些冠服、仪仗、家具、文房四宝和明器，完整反映了鲁荒王在世时的生活，从一定意义上来讲，鲁荒王陵及其出土文物甚至是一个时代政治、经济、文化的缩影，一段璀璨的历史文化的结晶。

王子一生颇"荒唐"

根据史书记载，朱檀之所以叫"荒王"，还有一段传奇故事。

朱檀是朱元璋和郭宁妃的儿子。郭宁妃是濠州郭山甫之女，据说郭山甫"善相人"，朱元璋刚起兵时，郭山甫一见面就认定他"贵不可言"，于是将女儿送给他当妾。自此以后，一家人开始追随朱元璋。后来的事实证明郭山甫极有"投资眼光"，他发现了朱元璋这只"潜力股"。"潜力股"暴发为皇帝之后，郭山甫的儿子们皆封为侯，郭宁妃也备受宠爱，在马皇后、李淑妃之后，任"摄六宫事"。洪武三年^{（1370）}，郭宁妃生下朱檀，虽已是自己的第十个儿

仪仗俑（钱欢青摄）

子，但朱元璋依然非常宠爱他。

《明史》记载，朱檀"生两月而封，十八年就藩兖州"，说的是朱檀刚出生两个月就被封为鲁王。由于年纪幼小，洪武十八年，朱檀15岁时才到兖州就藩。身为王子，按理说，朱檀即使做不出什么惊天伟业，也会过一辈子锦衣玉食的奢华生活，但命运却跟他开起了玩笑。《明史》载，朱檀一开始"好文礼士，善诗歌"，但没过几年，"饵金石药，毒发伤目"，以至于"帝恶之，二十二年薨，谥曰荒"。也就是说，朱檀本来礼贤下士、博学多识，在诗歌方面很有天赋，深受朱元璋的喜爱。但他就藩后，误入邪教，后因服用仙丹，导致双目失明，仅活了19岁。朱元璋闻讯之后，非常愤怒，认为他的行径非常荒唐，所以就赠给了他这样一个极具贬义的谥号——荒。

九龙山下访王陵

鲁荒王陵位于邹城市东北12公里处的九龙山南麓，是全国重点文物保护单位，也是邹城市一处重要的文物景点，但路却不好走，没有公交，只能打车。幸运的是，我在鲁荒王陵管理所找到了副研究员朱磊。朱磊大学学的是理科，却对文史极感兴趣，对鲁荒王陵及其背后的历史故事更是纯熟于心。

朱磊说，鲁荒王陵初建于洪武二十三年[（1390）]，建成于洪武二十六年。王陵的建造可谓煞费苦心，仅在选址上，就有很多通晓风水星相的术士，踏遍了鲁国的山川，相地形，看风水，最后选定了背依九龙山、南临白马河的这块"风水宝地"。

为了保护陵寝的安全，当时还设置了守陵的军队。如今朱檀墓东有一个村庄名为"老营"，就是当年驻扎军队的地方。据说陵寝一旦确定，就不许再动那里的土壤，否则，就会伤了"风水"。因此，修

镶宝石金带饰（钱欢青摄）

建王陵的工程用土都是从别的地方运来的。朱檀墓西二里的地方，就是当年开工取土之处，因其用土量大，地被挖陷，后积水成湖，称为"溪湖"。陵寝的西侧，有两个村子名为"大元、小元"，它们就是当年守陵部队的"大菜园、小菜园"。

陵园分为内外两城，外城部分建有外城墙，南至外御桥北约二十米处，

九旒冕（找欢青摄）

北至九龙山第一个山头后，现有石墙遗址一道，俗称"龙锁子"。

内城 南北长206米，东西宽80米，占地面积为4万多平方米 建有内御桥、陵门、祾恩门、祾恩殿、明楼、地宫等。如今，除了祾恩门外的其他建筑都在，唯祾恩门于明末清初被毁，如今只有柱础等建筑遗迹。令人印象深刻的是明楼和地宫，明楼是当年守陵士兵巡逻之处，高大巍峨；地宫是鲁荒王真正的墓穴，凿峭壁而下，阴冷深邃。

省博展厅品国宝

鲁荒王墓共出土文物1300余件，仅国宝文物的出土就多达近百件。因为出土文物数量多、级别高，所以在如今的山东博物馆，专门设立了一个"明代鲁王展"展厅。

展厅展出的这些文物大致可分为：冠服、仪仗、家具、文房四宝和明器。其中，出土于前室的397个仪仗俑规模庞大，极有气势。俑为松木雕刻，雕工精细，比例相称，刀法简练，神态各异，形象逼真。前有拱手而立的文官俑；中部有手持金瓜、钺斧、朝天蹬、刀枪剑戟的武士俑，有手持各种乐器的乐俑；车辂附近有身材魁梧的侍卫俑。尤为生动的是马俑，昂首而立，体形肥硕，装饰精美，栩栩如生。这些仪仗俑是当时亲王"甲兵卫士之盛"的真实写照。

另一件极其重要的文物是九旒冕 通高18厘米，长49.4厘米，宽30厘米 ，出土于王陵后室，

由藤篾编制而成，镶以金圈金边，两侧饰梅花穿，贯一金簪。冕服是礼制的产物，冕冠中的每个饰件，都蕴含着传统的宇宙观、道德观和传统文化的理念。据悉，目前作为文物藏品的垂旒冕全国只有两件，另一件收藏于中国历史博物馆，是袁世凯复辟登基戴的一套仿古冕服中的冕冠，这件 600 多年的明初亲王冕冠是目前唯——件古代冕服的实物，具有极高的文物价值和历史价值。

昼夜施工挖王陵

　　根据朱磊的介绍，鲁荒王陵的发掘，还是在"文革"期间。1970 年春，山东博物馆、邹县文管所和驻邹部队联合对荒王陵进行发掘。当时的背景有两个：一是在"文革"初期掀起的"讨孔运动"中，曲阜、邹县一带的汉鲁王墓和明鲁王墓先后遭盗掘。为落实周恩来总理关于保护"三孔"文物的批示，趁整理"三孔"文物的机会，对荒王陵进行发掘。二是当时正值中苏珍宝岛事件不久，战备紧张，按照"深挖洞，广积粮"的精神，地下的古墓发掘后可作战备工程。

　　考古发掘困难重重。考古人员先是开挖了一条 20 多米的深沟，由于塌方，又改为开方挖掘，在墓上方挖出一个 25 平方米的大坑。因封土坚硬，封门墙砖全部用灰浆灌注，加上坑底积水，工程进度很慢。于是又动员和征调了近 200 名民工和所谓的"地、富、反、坏分子"，昼夜施工。至 8 月初，已挖了 25 米深，正当打开墓门之时，下雨发生塌方，向下埋了 10 余米深，发掘工作被迫停止。当年 10 月份继续发掘，12 月初打开墓门，由于墓内常年积水，地上是一层厚厚的淤泥，很多木俑粘贴在券顶上部，棺、椁分离，墓室内器物比较凌乱，但没有发现任何盗扰迹象，各类文物保存完好。至 1977 年 1 月下旬，墓室清理工作基本结束，文物装运至省博物馆保存，然后封闭了墓门，直到 1988 年才重新对外开放。

戈妃墓中藏国宝 _{邹城鲁荒王陵}

"文革"期间发掘的鲁荒王陵，成果丰硕，考古人员在地宫内发现了1300余件文物，其中仅国宝级文物就多达近百件。但是，朱檀墓西侧的戈妃墓却没有这么幸运。

和鲁荒王朱檀毗邻而葬的戈妃，是个什么样的女人？她的墓葬又遭遇了怎样的破坏？仅存下来的随葬品中，又有哪些是国家一级文物？通过对位于邹城市东北12公里九龙山南麓戈妃墓的实地探访，我希望能解开这些谜团。

惨遭破坏：800多件随葬品现仅存30多件

戈妃墓地宫，和鲁荒王陵内朱檀墓的地宫并排而列，在朱檀墓地宫西侧不远。

从朱檀墓地宫出来后，循着指示牌的导引，我来到西边的戈妃墓。戈妃墓也是坐北朝南，复建的地宫入口门楼上写着"戈妃墓"3个大字。戈妃墓的地宫要比朱檀墓的地宫浅不少 _{墓室距地表8米，为砖砌券顶，分前、后两室，通长15.2米，宽4.2米，高4.13米}，前后室两侧及后壁各有一个龛室，是放置随葬品的地方。

从墓室壁上挂的介绍牌中可以得知，墓室内原有800多件随葬品。"1968年，农民耕地发现此墓，遭到破坏，现仅存有青花云纹罐、福寿双耳瓶、双凤镜、铜灶、剪刀、鎏金仪仗等30多件随葬品在邹城市博物馆内保存。1993年，戈妃墓重新对外开放。"

恭良谨让：荒唐鲁王贤良妃

虽然墓被盗掘，但幸运的是，戈妃墓中出土的圹志清晰记载了这位鲁荒王妃死亡和下葬的年月："妃戈氏，正统五年十月初九日以疾薨，享年七十二岁，以薨之次年四月十九日葬于九龙山之阳。"《明史》记载，朱檀"生两月而封，十八年就藩兖州"。其中的"十八年"指的是洪武十八年，也就是 1385 年，这一年，15 岁的朱檀到兖州就藩。也就是在这一年，比朱檀大一岁的女孩戈氏，"以良家入侍鲁府"。《明史》载，朱檀一开始"好文礼士，善诗歌"，但没过几年，"饵金石药，毒发伤目"，以至于"帝恶之，二十二年薨，谥曰荒"。和朱檀不同，戈氏却非常贤惠得体，史书上对她的评价为"恭、良、谨、让"。这符合了封建社会女子的美德。当然，戈氏也因为端庄、大方的性格而深受朱檀的宠爱。最重要的是，戈氏还在朱檀去世前给他生了唯一的儿子朱肇辉^(1388—1466)。这让 19 岁就离开人世的朱檀有了后，也使得鲁王的王位得以后继有人，共传承十三王，跨越 200 多年，这在明代亲王中是不多见的。母以子贵，她本人也在洪武二十三年⁽¹³⁹⁰⁾被封为王妃。

瓷中宠儿：价值连城元青花

按照地宫中对戈妃墓的文字介绍，按图索骥，我来到邹城市博物馆寻找戈妃墓出土的 30 多件文物。对这些文物，邹城市文物局副研究员郑建芳都有过仔细研究。对戈妃墓中出土的一件元青花云龙纹罐，郑建芳情有独钟，他将这件元青花称为"瓷中宠儿，国之瑰宝"。

这件青花云龙纹罐^{通高 33 厘米，口径 14 厘米，底径 13.5 厘米}罐口略向内敛，鼓圆腹，较硕大，腹下内收，肩部饰双兽首耳，兽的耳、鼻、目、嘴、胡须都刻画得很清晰。整件元青花的纹饰由三部分组成：肩部是青花缠枝莲花纹，以六朵盛开的莲花纹为中心，枝叶缠绕其间，婉转多姿，繁缛秀丽。肩腹之间以弦纹相间隔，腹部主题纹饰为青花云龙图案，流云飘拂中，双龙绕器腹一周。龙昂首，额头饱满，双眼怒瞪，龙发自然蓬松后飘，龙须稀疏，龙嘴开口张利齿，鼻端丰肥，龙身肥壮有鳞，腿脚粗壮有力，鹰形四爪肆张。画面一气呵成，既使纹饰的布局从属于造型，又突出了主题双龙的雄伟气势，从而使器形与纹饰达到了完美统一。瓷罐的腹与下腹之间则以卷枝纹相间隔，下腹部则为仰莲瓣纹。整个瓷罐构图主题明确，风格独具，尤其上面的云龙，性格猛烈，艺术的夸张表现力跃然而出。

元青花以其独特的创造力和艺术性在人类文明史上享有盛誉。元青花罐存世量不多，而绘有云龙纹的青花罐则更为难得。郑建芳认为，戈妃墓中出土的这件元青花云龙纹罐，"色泽浓艳，彩料晕散自然，胎质细腻坚硬，釉色温润晶莹，造型古朴浑厚，纹饰精美繁密，线条流畅活泼。从总体造型风格、青花色调、釉色胎质、纹饰内容等分析，是典型元代

元青花云龙纹罐（邹城市文物局提供）

景德镇窑的产品，它反映了景德镇制瓷工艺已进入了日臻成熟和完善的时期，印证了元青花不受拘束的艺术创造力，确属中国瓷器史上的珍宝"。

形圆如月：精美绝伦大铜镜

戈妃墓出土的 30 多件文物中，还有一件明洪武双凤大铜镜也被国内专家评定为国家一级文物。

这面大铜镜 直径27.7厘米，厚0.8 厘米，重2.7千克 镜背中心有一莲花纹钮座，钮座上下为竖刻铭文带，上为篆书"洪武七年八月日造"8字，字体婉转圆润，刚劲秀雅；下为楷书"美字贰拾陆号"6字，字体凝重沉厚，严谨工整。铭文两侧为右旋双凤相互追逐图案，双凤伸颈展翅，翩跹欲飞，似雌雄相对，体态虽同，但颈部及尾部形式各异。凤凰身上的鳞片及尾部羽毛上的花翎都刻画得非常细腻。双凤之间，又用阳线勾勒出白云纹。铜镜的

明洪武双凤大铜镜（邹城市文物局提供）

镜面略微呈弧形，至今光洁明亮，青辉依然。而双凤纹的纹饰，使得大铜镜体现了一种圆满祥和的气氛。

明代政局比较稳定，经济发展较快。铜的产量有很大的提高，朝廷也十分重视铜器的制作，为铜镜业的发展创造了条件。明代废除了元代实行的"匠户制"，工匠成了半自由的手工业者，提高了生产积极性，家庭手工业蓬勃发展，从而出现了"官民竞市"的繁荣景象，因此铸镜行业较宋、金、元时期要兴旺发达。戈妃墓出土的这面明洪武双凤大铜镜，铜镜敦厚体重，纹饰富硕，线条优美，做工精湛，实为同时期铜镜中的罕见珍品，充分显示了明代制镜工匠们精湛的技艺和创造才能，对研究明代铜镜铸造工艺和装饰艺术具有重要的实物价值。

两尊石人，见证李杜"日月相逢" ^{兖州市博物馆}

"我们该当……发三通擂鼓，然后饱蘸了金墨大书而特书。因为我们四千年的历史里，除了孔子见老子（假如他们是见过面的），没有比这两个人的会面更重大、更神圣、更可纪念的。我们再逼紧我们的想象，譬如说，晴天里太阳和月亮走碰了头，那么尘世里不知要焚起多少香案，不知有多少人要望天遥拜，说是皇天的祥瑞。如今，李白和杜甫，诗中的两曜，劈面走来。我们看去，不比那天空异瑞一样的神奇，一样的有重大意义吗！"

这是闻一多在《唐诗杂论》中对李白和杜甫"日月相逢"的描述，"诗仙"和"诗圣"的相会也成为中国文学史上被津津乐道的画面。不过，你可知道，李白杜甫"双曜相会"的大部分故事，都发生在山东兖州，而兖州市博物馆内的两尊石像——北魏守桥石人和汉代跪石人，则见证了两位伟大诗人的相逢。

"醉眠秋共被，携手日同行"

兖州市博物馆原副馆长樊英民，曾在其所著《兖州史话》一书中，对李白杜甫的相会有过详细的考证和描述。

话说杜甫的父亲杜闲曾任兖州司马。唐开元二十年⁽⁷³²⁾的春天，杜甫从故乡到兖州探亲。裘马轻狂、逸兴遄飞的青年诗人登上了兖州城的南城门楼。他极目远眺，早春的大平原浮云缥缈，一片苍茫。兖州这个古老的地方，背依泰岱，东临大海，接壤青徐二州；东南方向的峄山上，有当年秦始皇东巡时立的纪功碑；东边不远的曲阜，著名的鲁灵光殿遗址记录着多少历史的沧桑……他不禁感慨万千，文思涌动，援笔写了下一首诗："东郡趋庭日，南楼纵目初。浮云连海岱，平野入青徐。孤嶂秦碑在，荒城鲁殿馀。从来多古意，临眺独踌躇。"诗的中间两联寥寥20个字，却涵盖了眼前千里风光和上下千年岁月，意境开阔，气象豪迈。那时杜甫才刚20岁，却已经显示出未来"诗圣"的不同凡响。

杜甫登楼赋诗后两年，也就是开元二十二年，李白也来到了兖州，此时杜甫仍居留于此。于是，在一个春夏之交的日子里，李白和杜甫，这两颗未来文坛最闪耀的"明星"相聚了。

据李白研究专家王伯奇先生考证，两人相会之后大约两年，也就是开元二十四年，李白就举家迁到了兖州。而杜甫这次在兖州也"历时八九年之久"，兖州是杜甫的寓家之地，同时也是他漫游齐赵及梁宋的中心。李白比杜甫大11岁，他绝世的才华和仙人般的风度令杜甫不胜倾倒，在此后的交往中，两人结下了诚挚深厚的友谊。在一首《与李十二白同寻范十隐居》中，杜甫曾写下"醉眠秋共被，携手日同行"的诗句，可见两人亲如弟兄的情谊。

在兖州期间，李白和杜甫经常在一起，或泛舟于泗河，或访隐于东蒙，或游猎于孟诸……还共同到齐州拜访著名学者、北海太守李邕，畅快人生，让人至今想来依然不禁心驰神往。

两条烟换来北魏守桥石人

北魏守桥石人（找欢青摄）

在樊英民生动讲述一千多年前李杜相会的美好场景之时，兖州市文物局原局长武秀的讲述则充满"江湖传奇"——

事情发生在1993年。侯陶珠，时为兖州文化馆工作人员，爱好写诗歌小说，同时也爱好古玩。一日闲着没事，他到泗河河滩转悠，发现有人挖出来一尊石人，上头还刻着字，他知道这东西一定有价值，于是立即买了两条烟，跟人换回了石人。

侯陶珠把石人弄到了兖州西关大哥家院子里，用玉米秸秆盖了起来。有一天侯陶珠到济宁和诗友李亚群聊天，酒过三巡，忍不住说出了自己"搞到了件好东西"。

巧合的是，候陶朱和李亚群喝酒之后，武秀也到济宁来找李亚群，两人一喝酒，侯陶珠从泗河河滩得到一个石人的消息就进了武秀的耳朵。"这还了得！"武秀一听就急了，一回兖州就立即让时为兖州剧团编剧的张丰瑞去查访，张丰瑞家在西关，他到侯陶珠哥哥家院子里一看，那石人果然在玉米秸秆下埋着，而且不止一件，还有好多其他石刻！

探明情况之后，武秀等文物工作者就联合公安局的人设了一"计"：他们先把侯陶珠堵在文化馆，旁敲侧击"审问"他弄文物的事儿。另外，早已偷偷派出一拨人去侯陶珠哥哥家运石刻。双管齐下，最后，侯陶珠不得不承认自己从金口坝南侧弄来了石人，文物工作者则运走了28件文物，其中就有这件后来被评定为国家二级文物的北魏守桥石人。

武秀介绍，这尊北魏守桥石人头部已失，背面有铭文，铭文分别刻在背上及臀部，记载了北魏延昌三年⁽⁵¹⁴⁾兖州刺史元匡主持疏浚洙川 ^{即泗河} 和修筑泗津桥堰之事。从铭文中记载的时间看，元匡在疏河修桥功成之后，雕刻了四个石人置于桥的两侧作为守桥堰者。铭文中"起石门人于泗津之下""书于四石人背"等字清晰可见。由此可知，石人原本应该有四尊。武秀说，"石门"就是金口坝，金口坝是横贯东西古驿道上的行人大坝，驿

汉代跪石人（钱欢青摄）

道跨过金口坝西达长安，东往琅琊，泗洙汇流南去，也是通往京口瓜洲的水上交通码头。正是因为"坝上行人，坝口流水"，所以李白在《鲁郡尧祠送窦明府薄华还西京》中写"石门喷作金沙潭"，在送杜甫诗中有"何时石门路，重有金樽开"之句。

尧祠前，曾立汉代跪石人

与金口坝北魏守桥石人一样，原在金口坝旁尧祠前的汉代跪石人入藏兖州市博物馆的经历也十分曲折。

武秀回忆，那是在1994年的一天，时任兖州市文体委办公室主任

的史建强在古玩市场听到一个戴帽子的人在问别人要不要石人。这一消息引起了兖州文物部门的重视。多方打听后得知，叫卖石人那人在兖州的建设工地干小工，而家在曲阜市陵城镇。在查到石人所在位置，并且和曲阜陵城镇派出所交涉之后，汉代跪石人也终于入藏兖州市博物馆。

汉代跪石人 高 1.35 米，宽 0.47 米 ，是尧祠前的石雕。武秀介绍，尧祠是祭祀唐尧的神庙，建于汉熹平四年[175]，是唐代时宴游胜地，金元以后不复存在。

尧祠的具体位置就在金口坝以北泗河西岸。尧祠对于李白研究非常重要。李白在尧祠的送客诗达 18 首，其中有"门前长跪双石人，有女如花日歌舞"的句子。武秀认为，1994 年入藏兖州市博物馆的汉代跪石人，应该就是李白诗句"门前长跪双石人"中的石人，理由为：一是从石人的艺术风格上看是汉代的作品，线条简洁，雕刻粗犷，造型古朴，颇具汉代气象，与尧祠的建造时间吻合；二是石人呈跪姿，与李白描写的跪石人相吻合；三是从石人的造型大小看应该是石门前的饰物；四是从出土地点看，该石人出土于金口坝以北泗河中，正是距尧祠不远处。

"何时石门路，重有金樽开？"

如此，我们可以遥想唐代石门和尧祠的场景：泗河上的石门是著名的游览胜地，一条石坝横锁在泗河之上，岸边绿杨扫地，红亭映水；水面白鸥历乱，碧流涟漪。坝西端有建于汉代的尧祠，古柏参天，红墙灰瓦，不仅景色绝佳，而且"有女如花日歌舞"。

天宝四载[745]，杜甫准备离开兖州西上长安，李白也打算重游江东，两人就是在这里把酒话别的。李白即席赋《鲁郡东石门送杜二甫》："醉别复几日，登临遍池台。何时石门路，重有金樽开？秋波落泗水，海色明徂徕。飞蓬各自远，且尽手中杯。"

遗憾的是，石门路上的金樽再也未能重开。这次分别，是永久的分别，此后两人再也没有见面。幸运的是，如今依然在兖州市博物馆展出的北魏守桥石人和汉代跪石人，虽历经风雨沧桑，却见证了李白和杜甫的相会。对于文物的价值而言，它们早已溢出历史本身，具有了穿越时光的浪漫色彩。

沙丘城碑，力证李白曾住兖州二十年

兖州市博物馆

"天子呼来不上船，自称臣是酒中仙"。

这是杜甫写"诗仙"李白的诗句，"天子呼来不上船"也许不是事实，但却非常好地体现了李白放纵不羁的思想和才华。纵横捭阖、雄放不羁，李白用江河奔腾般的诗句卓然屹立于我国浪漫主义诗歌之巅峰，成为家喻户晓的诗人。

李白和山东渊源颇深。史载李白"酒隐安陆，蹉跎十年"之后，从唐开元二十四年^{（736）}到天宝十五年^{（756）}20年间定居"东鲁"，具体地点，便是如今的山东兖州。因此可以说，兖州是李白的第二故乡。

李白曾定居兖州的"铁证"，是一块近1500年前的"沙丘城碑"。"沙丘城碑"何以能成铁证？从出土到入藏博物馆，这块石碑又经历了怎样的曲折过程？

看见"沙丘城"三个字，眼里就放光

兖州如今虽只是一个县级市，但在上古时期却是"九州"之一，且为"九省通衢，齐鲁咽喉"。漫长的岁月积淀，不仅使得此地历史丰厚，而且涌现出一批醉心于本地文物、历史研究的"高人"。兖州市文物局原局长武秀便是其中之一。说起"沙丘城碑"的故事，武秀至今依然激情昂扬。

沙丘城碑的意义，起于李白"居家东鲁"20年究竟住在什么地方这一"千古之谜"。李白诗中写到："我来竟何事，高卧沙丘城。""我家寄在沙丘旁，三年不归空断肠。"但这"沙丘城"究竟在哪里，文献中却并没有记载。

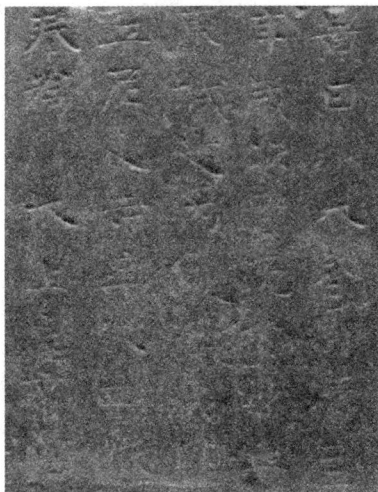

沙丘城碑局部（钱欢青摄）

令人激动的事情出现在 1992 年冬天，有人给时为兖州市电影公司职工的徐叶翎一张石碑的局部拓片，想让他看看是否有书法价值。徐叶翎是著名书画家朱复戡弟子，学养深厚，他一看拓片中有"沙丘城"3个字，就知道这块石碑对研究李白居家东鲁问题极其重要，于是立即找到时任兖州市文体委主任的武秀。武秀一看到"沙丘城"3个字，顿时两眼放光，立即问这石碑在何处。但因是别人辗转托人找来，所以对于石碑的来源，徐叶翎也毫不知情。

没过多久，以做鸡饲料、兽药生意为主业，以研究李白为"副业"的兖州本地人王伯奇也拿着一张拓片找到武秀，武秀一看，就是徐叶翎曾拿来的那张。"我于是逼问王伯奇东西是哪儿来的，还开玩笑说你要是不说就让公安局抓你。但他觉得不能出卖朋友，'打死也不说'。"事情于是只好暂时搁置。

逼问不出拓片的来源，武秀决定"主动出击"，去寻找石碑的下落。他和时任兖州市文体委市场管理科科长李秀武一起，开始四处寻访一块写有"沙丘城"几个字的石碑。

经过多方走访打听，石碑终于露出一点线索。"有人说此碑在兖州城外天仙庙村一个姓李的小青年手里，我们就直奔天仙庙村。当时天气寒冷，雪化未久，路面泥泞。我们来到天仙庙村，多方打听，知道离村挺远的一个泗河边的院子里有不少石头，敲开门，被两条大狼狗吓了一大跳。结果却扑了空，院子主人说根本没有这样一块石头"。

调查陷入僵局，武秀等人焦灼不安。

河滩偶得，差点儿被高价买走

踏破铁鞋无觅处，得来全不费工夫。正在武秀等人一筹莫展之际，事情却有了"突破性进展"。

听说武秀等人在寻找石碑，时任兖州市文体委办公室副主任的贾双喜兴冲冲跑来告诉他："石碑有下落了。"

原来，贾双喜老家就在天仙庙村，一次回家看望母亲，闲聊之间说起石碑的事儿来，母亲一听就说，邻居李永军家院子里堆着很多石头，石碑说不定在他家里。贾双喜一听，立即来到邻居家，当时李永军不在家，根据他家属的指引，贾双喜果然在李永军家东屋床底下，找到了那块写有"沙丘城"字样的石碑。

沙丘城碑（钱欢青摄）

武秀听说此事，喜出望外，立即让李秀武和公安局的人一起，开车直奔李永军家。车到天仙庙村，李永军没在家，他媳妇一看这阵势，心里非常害怕，就让公安局把石碑统统拉走，结果，文物工作者和公安局的人在李永军家里搜出了总共46块石头，全部拉回了博物馆。

石碑成功收归博物馆贾双喜功不可没但他却很忧虑是他给李永军"告了密"，但母亲和李永军家住邻居，这事儿一出，"以后两家还怎么处"？

基于贾双喜的这一顾虑，武秀决定把强行征集来的石碑算作是李永军捐献的，并在事后到李永军家进行了文物法的宣传工作，给李永军发了文物捐献证明，并奖给他500元钱，允许他"一辈子可以免费参观兖州市博物馆"。

事情结束后，为了把石碑出土的整个过程全部弄清楚，武秀等人还请李永军指认发现石碑的地点和过程，并进行了详细记录——原来，1992年刚过完春节，李永军到泗河沙滩上寻找石头，在泗河大桥以西150米处，发现了一块石碑。石碑大部分埋在沙滩下，只露出来一角。李永军发现上面有字，知道应该有价值，于是把露出的一角重新埋了起来，回家后找来复写纸，简单拓下来几个字，辗转托朋友请有文化的人看看有没有价值，这才有了本文开头所写徐叶翎和王伯奇看到拓片，武秀看到后"两眼放光"那一幕。在得到该石碑很有价值的消息反馈后，李永军就把它弄到家里藏了起来，幸运的是，其间有人出高价向他购买，但他没卖。

对研究书法史、佛教史也具有重要意义

入藏兖州市博物馆之后，经过相关专家鉴定，"沙丘城碑"已被定为国家二级文物。1994年，"李白在山东"国际学术研讨会在兖州召开，

"沙丘城碑"力证李白曾在兖州住了 20 年的说法也得到了与会专家的一致赞同。

如今，"沙丘城碑" _{高 38 厘米，长 141 厘米，厚 22 厘米。上镌文字 26 行，每行 8 字，字大约 3 厘米见方} 依然在兖州市博物馆展出，供人细细观看。此碑碑文前无标题，后端已残缺。现有文字基本保持完整，清晰可读。

从石碑的内容来看，这其实是块佛教碑刻。碑文的内容是赞美佛教的教义，描述庙宇的情形。武秀表示，石碑内容也说明了它对研究兖州佛教历史的价值，证明兖州当地佛教的繁盛。而碑文中出现的"大齐河清三年 (564) 岁次实沉于沙丘东城之内"等句，则填补了文献记录之空白，说明早在北齐，兖州就有沙丘城之称，从而揭开了沙丘城的具体地点之谜，证明了李白诗中的沙丘城正是如今的兖州，成为李白曾在兖州住了 20 年的"铁证"。

此外，武秀表示，"沙丘城碑"还具有非常重要的书法价值，"笔锋犀利秀美，字体工整严谨，透出迷人的书法艺术神韵，是中国书法从隶书向楷书转变的代表证物。石碑拓片因此也被视为书法珍藏，曾被上海《书法》杂志全文发表。当年启功先生看到此碑拓片后也非常喜欢，认为应该专门为其出版字帖。可见其书法价值之高"。

地宫国宝生死传奇 _{兖州市博物馆}

在兖州市博物馆，有一个被隆重布置的单独展厅，展厅里的宋代石函、银鎏金舍利棺、舍利金瓶，以及安葬舍利记事碑，均为国家一级文物。其中，银鎏金舍利棺为国内迄今所见体量最大者，重达62克的舍利金瓶也是国内首次发现。这些文物的亮相，曾震惊文物界。

亲眼见到如此珍贵的文物，无疑非常幸运，而数年前这些国宝级文物所经历的离奇事件，以及文物本身所勾连的风云历史，更是两段令人唏嘘的生死传奇。

挖地道，盗国宝

兖州市博物馆院内的兴隆塔是兖州的地标性建筑，据说天气晴朗之时，站在塔上凭栏远眺，可以看到曲阜大成殿的雄姿。自北朝起，历隋、唐、宋、明、清诸朝，此地皆为佛教兴盛之地。

因此，当1995、1996年之际，要在兴隆塔北围墙外建农贸市场的消息传出，当时在兖州文物部门任职的李秀武等人便极力反对。多年过去，当我问起此事，李秀武依然比较激动："理由很简单，兴隆塔所在之地乃佛门圣地，旁边岂可杀鸡宰羊，弄个农贸市场？"为此，时任兖州市博物馆副馆长的樊英民还写了一个文件，表述了"文物保护单位旁边不能建农贸市场"的意见。但最后，农贸市场依然建了起来。

事情往往是在巧合中发生。农贸市场盖起来大约十年之后，2007年，天津蓟县白塔被盗事件轰动全国，河北大城县一个叫崔峰的人从电视上看到了这一新闻，深受"启发"，认为既然蓟县白塔有文物，那么其他重要佛塔下也应该藏着"宝贝"。在网上对国内重要佛塔进行一番"搜索"之后，他把"目标"放到了兖州兴隆塔。

决定偷盗兴隆塔文物之后，崔峰找到了在烟台经营饭店和游戏厅生意、有一定资金实力的姜某来"投资"这次"行动"，姜某又找来徐某、曲某和韩某，一个盗掘兴隆塔地宫文物的犯罪团伙于是组建了起来。

银鎏金舍利棺（钱欢青摄）

2007年10月，崔峰在农贸市场靠近兴隆塔的那一侧租下一个门头房，把门头房隔成两间，白天借助外面嘈杂的声音，利用指南针挖掘通往兴隆塔地宫的地道，并用编织袋装土，用三轮车悄悄把土运出市场。三个月之后，四个租用门头房的人消失了。后来的审问记录显示，他们在进入兴隆塔地宫之后，带走了银鎏金舍利棺、舍利金瓶等能"拿得动"的珍贵文物。

2008年7月，兖州市公安局接到一个电话，称兴隆塔地宫被盗文物正在进行交易。公安干警迅速展开调查，经过昼夜奋战，8月5日，在获悉犯罪嫌疑人崔峰在河北大城县出现，另外有人在烟台进行文物交易企图将其销往海外后，警方兵分两路，进行了紧急抓捕行动。8月7日，警方在烟台抓获姜某、韩某，同一天，在大城县抓获崔峰，并在其情妇美容店的按摩床上缴获了所有被盗文物。至此，历经20多天侦破工作，兴隆塔地宫文物被盗一案成功破获，所有文物全部被缴回。

2008年8月，由山东博物馆、山东省文物考古研究所、济宁市文化局和兖州市博物馆组成联合考古队，开始对兴隆塔地宫进行抢救性考古发掘。让人没有想到的是，缴回的文物和考古发掘的成果，呈现出了1000多年前一个更为传奇的历史故事。

来自于阗国的法藏和尚

这个发生在 1000 多年前的传奇故事，凝结在地宫出土的四件国家一级文物身上。

在兖州市博物馆，我很荣幸地见到了这些珍贵文物：首先是一个宋代石函 ^{高0.31米，长0.845}_{米，宽0.47米} 。石函表面线刻众多护法神，线条精美完整，在现有的宋代同类文物中绝无仅有。其次是银鎏金舍利棺 ^{整体长0.45米，宽}_{0.25米，高0.28米}，这是迄今为止发现的同类器物中的体量最大者。此外，还有一个高 0.13 米的纯金舍利金瓶，重达 62 克。这件金瓶是国内首次发现，金瓶里还盛放着世尊金顶骨真身舍利 47 颗。

银鎏金舍利棺表面四周都刻有精美而丰富的图案，两面的主要图案，雕刻的是佛祖即将涅槃，十大弟子环绕而立，悲痛欲绝的场景。在这一常见的佛祖涅槃图中，专家发现了两个奇特的形象：一个是牵着狮子的胡人，一个是有着三头六臂、戴着骷髅项圈的阿修罗王形象。阿修罗王是密教里的神，而密教当时已被宋朝政府明令禁止，兴隆塔地宫里发现的舍利棺，为何会出现阿修罗王？

这些谜底，都在考古人员于地宫中发现的安葬舍利记事碑上得到了答案。

根据碑文落款，安葬舍利的行动发生在北宋嘉祐八年^{（1063）}，而碑文的记载，则揭开了一个发生在北宋开宝三年^{（970）}的传奇故事。

这个故事和北宋时的西域小国于阗国有关，于阗国就在如今的新疆和田地区，此地盛产美玉，佛教盛行。但是到了宋太祖建隆元年^{（960）}，伊斯兰教一跃成为喀喇汗王朝的国教，随后汗王苏图克开始在新疆地区以武力推行伊斯兰教。开宝三年，

银鎏金舍利棺局部（钱欢青摄）

兴隆塔（钱欢青摄）

于阗国刚刚经历一次防守反击战的胜利，却在其后与喀喇汗王朝的战争中，屡遭失利困扰。于阗国国王李从德于是决定派使臣出使中原，寻求帮助，这一次国王送上了有史以来最贵重的厚礼：390 斤美玉和比美玉还要珍奇的宝物 —— 舍利金瓶。

李从德派出的使臣是一个法号法藏的和尚，见到宋朝皇帝、献上礼物之后，法藏当场就被封为"正光大师"，并且受到最高规格的赏赐 —— 一件紫色袈裟。此外，宋朝皇帝还答应了法藏带着舍利金瓶到内地进行"云游""巡礼"。

在此期间，于阗国内发生了变故，在与强大的喀喇汗王朝的常年战争中，于阗国国亡佛教灭，法藏再也无法回到自己的祖国。在云游期间，法藏发现兖州民风淳朴，于是就住了下来。

1063 年，也就是碑文上写的"嘉祐八年"，用来安葬舍利的兴隆塔终于建了起来。

碑文里记载的故事，也揭开了银鎏金舍利棺上的两个谜团，根据专家的推测，舍利棺上胡人形象的狮子奴，应该就是于阗国国王李从德本人，而之所以会有阿修罗王的形象，则因为于阗国信奉的佛教里，本身就融合了密教的内容。

神奇兴隆塔，创建筑史奇迹

兴隆塔地宫内的文物极为珍贵，而兴隆塔本身也颇具传奇色彩。1000多年来，兴隆塔历经地震、水患，但却顽强地保存了下来。如今，巍峨的兴隆塔依然矗立在兖州市博物馆院内。

兴隆塔为砖木结构^{高54米}，是一座八角十三层楼阁式空心塔。兴隆塔的独特之处在于塔身，塔身分为上下两截，下七层粗大浑厚，上六层则骤然细小，上下叠加呈子母相托状。远观兴隆塔就像一座小塔置于大塔之上，形成了"塔上塔"的独特风格，这种形制，在中国古塔建筑中绝无仅有，可谓是建筑史上的奇迹。

1936年7月，著名建筑学家梁思成和林徽因夫妇来到兴隆塔进行考察测绘。在兴隆塔周围，他们测量绘图，为大塔拍照。他们爬上兴隆塔，眺望泗河滚滚流水，诗情勃发。林徽因少女般地蜷坐在大塔第7层的南门洞中，面向西，神情专注地绘图，同行的刘敦桢先生为她摄下了这一时刻。兴隆塔的全景照片，已由梁思成选入了他主编的《中国建筑史》，而林徽因的工作照也选入了《林徽因传》。

2013年在兖州采访期间，我在兴隆塔旁边看到，投资巨大的兴隆文化园的建设正在紧张进行中。不久，一座金碧辉煌、美轮美奂的兴隆寺就会展现在世人的面前，它将和充满沧桑的兴隆塔相互辉映，昭示这片土地上曾经有过的传奇往事。

河底挖沙，挖出"天下第一剑" 兖州市博物馆

在兖州市博物馆二层，有一个单独的展厅，展厅门口，"天下第一剑"几个字赫然在目。

什么剑当得起"天下第一剑"的名号？当带着这样的疑惑进入展厅，你会立即被眼前的一幕所震撼：一把巨大的铁剑横卧展厅内，占据了展厅的大部分空间。铁剑卧于 4 个巨大的石桩之上，气势雄壮。

如果把它竖起来，大约能有三层楼那么高！这把无与伦比的铁剑，早已被权威部门定为国家一级文物，成为兖州市博物馆的镇馆之宝。

河底挖沙，挖出"好长一把宝剑"

兖州市博物馆副馆长魏东告诉我，事情发生在 1988 年。

这一年春天，兖州城南的泗河正处于枯水期。城南大桥村的村民像往年一样，在泗河大桥东侧的河里挖沙。挖着挖着，不知道谁的铁锹，突然碰到了一个很硬的东西。大家觉得很奇怪，因为一般而言，河底只会有软泥沙，哪来硬的东西？难道是沉入水底的大石头？带着疑惑，大伙儿扒开沙层，沙层底下居然露出来一块铁疙瘩！

着急的人们继续扒开沙层，发现铁疙瘩居然很长。沿着铁疙瘩把所有沙层都扒开，顿时，一件长 7 米多的庞然大物出现在人们面前。这个巨大的铁疙瘩虽然已经锈迹斑斑，但还是有人认出了它的形状——"是

兖州市博物馆陈列的"天下第一剑"（钱欢青摄）

"天下第一剑"上所铸铭文（钱欢青摄）

把宝剑！""好长一把宝剑！"人们奔走相告。消息传到文物工作者耳中，他们立即急匆匆赶到现场，一边维持秩序，一边小心翼翼地用大卡车把大铁剑运到了博物馆。

运到博物馆后，工作人员对铁剑进行了详细测量，发现其由生铁铸成长7.5米，重达1539.8公斤，在我国现今出土的剑类文物中无剑能及，因此被誉为"天下第一剑"。

如此一个庞然大物，是由谁铸造的，又是用来干吗的呢？

兖州知府，铸铁剑镇泗水

仔细观察铁剑，会发现大铁剑的剑身截面呈菱形。而在剑柄和剑身的中间，有一个突出的部分，是剑格。剑格部铸的是睚眦图。睚眦，相传是龙的儿子。民间有龙生九子的传说，当时龙生九子不成龙，各有各的性情，睚眦便是龙的第二个儿子。因它嗜杀，口能吞剑，所以一般把它刻在兵器上。

令人惊喜的是，剑柄处铸有一行清晰的铭文，内容为："康熙丁酉二月知兖州府事山阴金一凤置。"康熙丁酉是 1717 年，也就是说，这把大铁剑是在 1717 年由兖州府知府金一凤铸造的。

这个金一凤是谁？他为什么要铸造这么长一把铁剑呢？

据查，金一凤原名金以成，山阴 今浙江绍兴 人，时任兖州知府。金一凤在兖州做官期间，修桥、建城门楼、疏通河渠，并主持编修《兖州府志》等，为老百姓办了很多实事。

泗河是一条古老的河流，它发源于泗水县东 60 里的陪尾山，因为四泉并发汇流成河，所以被称为泗河。泗河流经兖州的城东和城南，既养育了沿岸世代百姓，也给他们带来了许多灾害。历代百姓都为了治理

"天下第一剑"上所铸图案（钱欢青摄）

河患付出了惨重的代价。

据《滋阳县志》记载，在兖州城南的泗河上，有一座建于明代万历年间的大桥，古称"鲁国石虹"，也就是南大桥 <small>长约 300 余米，桥身上有 15 个桥孔</small>，是通往鲁南的咽喉之地，但屡被洪水冲毁，多次重修。

清康熙五十一年[1712]，泗河洪水暴涨，来势汹汹，竟冲坏了中间的三个桥孔。当时的兖州知府正是金一凤，鉴于大桥的重要性，不得不修，但当地群众正遭水灾，连饭都吃不上，哪来的钱修桥？身为兖州父母官的金一凤体恤民情，自己慷慨解囊先捐资建桥。

几年后，大桥修成，为了预防水患，镇住常常兴风作浪的"水怪"，金一凤又出钱铸造了一把大铁剑，立在南大桥中洞旁边，以求大桥不再为洪水冲毁，祈用此剑来镇泗河洪水。

不过，洪水无情，不知道什么时候，崔嵬耸立的大铁剑还是被肆虐的洪水冲倒了，掩埋河底泥沙之中，直到 1988 年才重见天日。

镇水大铁剑能测水位

肖贵田先生在《天下第一剑》一书中表示，大铁剑确实为镇水而铸造，铁剑身上也确实倾注了人们迷信的心理，不过，在迷信心理的背后，还隐藏着一些科学的因素。

按照当时的记载，大铁剑竖立在南大桥中洞的旁侧，以 7.5 米的高度立于河中，如果除去没入河底泥沙的剑锋长度，铁剑至少还有四五米露在外面，这样一来，剑柄顶端的高度可能与桥面差不多高了。因此，一般情况下，剑身是不会全部没入水面的，人们很容易就能看到大铁剑。

由此可以推测，大铁剑很可能还有测水位的功能。人们可以在大铁剑上以尺为单位刻画短线，从水面淹没短线的位置就可以观察到河水的流量和水位。这样一来，根据水量的大小，人们就能及早做好抗洪或抗旱的准备。

生铁铸剑力证古人高超技艺

历史学家普遍认为，铁器的较多使用，标志着新一代社会生产力的形成，而早在春秋战国之交，中国已进入铁器时代。隋唐之后，中国已有能力铸造大型钢铁器物，其技术和设备，就是以现代的眼光看也已经相当先进。河北沧州至今还保存着一座高5.3米，重10万斤的大铁狮子，以至于英国专家在研究中国的冶金史时，也忍不住用"伟大"一词来赞美中国人的智慧和能力。

经过仔细观察和研究，专家们发现，沧州大铁狮子是用分铸的方法制成的：把数百块30厘米见方的铁块拼铸起来。兖州的大铁剑则长而纤细，因此一次铸成的可能性很大。如果是分铸的话，技术要求会稍微低一点，但是还得拼铸或焊接，势必会有接痕，对剑的外观会造成影响。当然，这么长的剑，要一次铸成，还是有一定技术难度的，高温下的铁水如何才能在形成固体前通过7米多长的铸剑模具呢？专家推测，有一种可行的方法是，在铸剑模具上开出两个或多个浇铸口，可以同时浇铸。无论如何，如此巨大的铁剑，本身就足以证明中国古人高超的智慧和技艺了。

揭秘春秋时期小邾国贵妇奢华生活

枣庄市博物馆

2012 年 12 月 27 日，枣庄大雪纷飞。在这样的天气寻访 2000 多年前一个小国的传奇故事，别有一番意味。

枣庄市博物馆免费对外开放，只有一楼东、西两个展厅。东侧展厅是"枣庄历史文物陈列"，展示自北辛文化至明清时期反映枣庄历史各阶段有代表性的文物；西侧展厅是"小邾国贵族墓葬出土文物"专题展览，这也是我这次寻找"文物传奇"的目标。

在枣庄市博物馆保管部主任石敬东的介绍下，一件件精美的文物仿佛有了生命，开始向人生动诉说春秋时期那个小邾国的传奇故事。

异常漂亮的化妆箱、玉耳勺、时尚包

小邾国贵族墓葬出土文物主要包括青铜器、陶器、玉器等等，其中不少铜鼎铜壶上都有铭文，非常珍贵。其中最有意思的，是三件非常少见的贵妇所用的奢侈品。

虎钮方奁（钱欢青摄）

说它们比现在有钱人喜欢用的LV（路易威登）、爱马仕等名牌还漂亮，一点也不过分。以青铜器化妆箱为例，这个被命名为"虎钮方奁"的梳妆器 _{长 14 厘米、宽 11 厘米、通高 7 厘米、重 0.8 千克。} 它的四面正中各向上伏一兽。箱子上面有两个盖，盖上有虎钮。下面四个脚上镂空雕饰方形半裸人圈足。箱子的上盖和四面都雕刻有夔纹。整个化妆箱看起来很小，但是造型十分奇特，纹饰异常华美，非常少见。

玉耳勺（枣庄市博物馆提供）

第二件是玉耳勺 _{长 4.3 厘米，柄宽 0.8 厘米}。出土的时候就装在那个提链罐中，这个青玉做成的耳勺和现在的挖耳勺极为相似，非常精致。石敬东说，当考古人员发现这件完整的玉耳勺时，非常惊讶，如此精致的物件，在国内也非常罕见。

第三件是时尚包 _{通高 8 厘米、口径 8 厘米、底径 8 厘米、腹深 5.5 厘米、重 1.2 千克，平顶盖、子母扣，环形双耳系提链，鼓腹、圈足，腹饰交龙纹，小巧而精美}。这个小包也是由青铜铸成，由于包上有个铁链，所以被命名为"提链罐"。虽然对这个提链罐的确切用途学术界还没有定论，但据石敬东推测，这件小巧精致的器物应该就是当时贵妇人用的手提小包，和现在时尚女人用的手包类似。

铭文揭示小邾国历史"悬案"

关于小邾国的历史，《左传》《公羊传》《春秋谱》《路史》《文献通考》等史籍中有零星记载。小邾和邾同出一个祖先。据王献唐先生《春秋邾分三国考》一书载，邾国自周宣王以后，陆续分为三个国家，一是邾国，二是小邾，再就是夷父颜之弟叔术所建立的滥国。邾国故城在今山东邹城市峄山之阳，滥国故城在今滕州市羊庄镇，已被考古证实。而对小邾国的历史研究，因文献记载简略，且此前出土文物如凤毛麟角，难以定论。小邾国的历史"悬案"最终被揭开，缘自一次偶然的考古发掘。

2002年5月3日，枣庄市文物管理委员会办公室接到一个举报电话："你们快来！山亭区东江村村民挖土时发现了古墓，墓里的文物已经被盗墓的偷走了！"打电话的是当时的山亭区西集镇文化站站长甘志友。得知这个消息后，文管会立刻指示枣庄市博物馆的专家赶赴现场。

提链罐（钱欢青摄）

专家发现，现场三座古墓已被盗空，一座古墓亦遭到严重破坏，另有两座古墓则保存完整，但同样面临被盗的危险。在紧急上报上级主管部门同意后，枣庄市文物部门于当年5月5—8日发掘清理了那座已经被严重破坏的残墓。6月5日—7月17日，又发掘了另外两座保存完好的古墓。

由6座春秋古墓组成的墓葬群，留给考古人员发掘的，只有"两座半"。幸运的是，这次考古发掘出土的各类器物多达233件，其中青铜器203件，24件还带有铭文，为研究小邾国的政治、经济、文化及其地理位置、丧葬制度等提供了第一手资料。著名古国研究专家、山东博物馆研究员王恩田在仔细查看了小邾国出土的文物后认为，这批文物形制丰富，特别是鼎、鬲、壶、簋、盘、舟、棱、剑、镞等各种青铜器，铸造工艺精湛，令人惊叹。其中"邾君庆壶"器形高大厚重，是西周晚期至春秋早期典型器物。

考古人员眼中的被盗掘过的那"半座墓"，出土的文物也非常重要，其中有4件几乎一模一样的"邾友父鬲"，鬲的腹部一周饰有三组两两相随的S形长鼻曲体龙纹。鬲上有十六字铭文："邾友父媵其子祚曹宝鬲，其眉寿，永宝用。"根据专家的推测，这个邾友父很可能是小邾国的第一代国君。

同样出土于这座墓的金父瓶，器盖和器身合成一体，呈竖立的鸟卵形，器盖和器身上分别有相同的 21 字铭："霝父君金父作其金瓶，眉寿无疆，子子孙孙永宝用之。"石敬东说，这一鸟卵形青铜器国内发现很少，在铭文中自称"瓶"的青铜器也是首次发现。

而在两座未被盗掘的完整墓葬中，出土的文物则非常丰厚，其中一座就出土了化妆箱、时尚包和玉耳勺等"奢侈品"；而另一座墓葬中出土的青铜器也多达 49 件，其中最有代表性的是两件"邾君庆圆壶"，这两件青铜壶上刻的铭文是"邾君庆作秦妊礼壶，其万年眉寿，永宝用"。考古人员发现它们的时候，两个壶内还存有液体，很有可能是当时酿造的酒。根据考古人员的推测，"邾君庆"执政时期应该是小邾国发展的鼎盛时期，而"秦妊"应该是那些女性奢侈品的女主人，而这两座墓挨着，可能就是夫妻墓地。

2004 年 10 月，"小邾国文化学术研讨会"在枣庄举行，来自国内外的 40 余位专家学者就小邾国的族属、年代、疆域、都城、对外关系、墓葬形制、墓主身份等诸多方面进行了深入探讨。专家们认为，由于特殊的地理位置，小邾国生存在齐、鲁、宋、邾、楚等诸侯大国的夹缝之中，由于长期沦为鲁国的附庸，它必须首先考虑与鲁国的关系。随着国力的逐步增强，小邾国在相当长的一段时间里多次以主权国家身份参与

金父瓶（钱兴青摄）

诸侯会盟。小邾国始封于周宣王末年，在战国晚期被楚国所灭，存续时间长达 500 年之久。在如此恶劣的生存环境下，作为东方的一个小国，一定有它合理的内外政策，使小邾国在相当长的时间里国泰民安，经济基础较为殷实，足以抵挡外来入侵。小邾国贵族墓地中出土的众多青铜器，也证明了小邾国当时的国力。

鲁豫皖警方通力合作侦破古墓被盗案

枣庄市博物馆副馆长尹秀娇告诉我，就在文物部门紧张发掘清理小邾国贵族墓葬的同时，警方也开始对三座半古墓的被盗案件展开了侦破工作。"打击盗掘小邾国贵族墓专案组"随即成立。

警方侦查发现，早在 2002 年年初，全国各地的文物贩子们就已经盯上了东江，为了谋求一夜暴富，他们铤而走险，勾结当地不法分子，大肆盗掘小邾国贵族墓葬，已有部分被盗文物被贩卖到英国、加拿大、日本和中国港、澳、台地区。警方认定，这是一个组织严密、分工明确、产 盗掘古墓、供 文物贩运、销 文物走私 一条龙的、庞大的跨境犯罪团伙所为。在破案过程中，警方在三个月时间里纵横鲁豫皖等 5 省 19 市，行程 3 万余公里，彻底查清了这一团伙的犯罪事实，并一举抓获了所有涉案人员。

案情显示，犯罪团伙是借助盛夏的农作物为掩护，昼伏夜出，在短短的几天里盗挖出小邾国墓葬中的鼎、壶、簠等青铜器 19 件，先后到枣庄、滕州两地分别将文物以高价出手，得赃款数十万元。这批文物在文物贩子手中曾以 600 万元的天价转卖。不过令人庆幸的是，在鲁豫皖三省警方的通力合作下，众多被盗文物被追回，其中大部分收藏于安徽省博物馆，令人感到惋惜的是，已有数件小邾国文物被高价卖到了海外。

滕侯鼎盗窃案：步步惊心 ^{滕州市博物馆}

滕侯鼎，西周早期青铜器，国家一级文物，滕州市博物馆镇馆之宝。该鼎形制特别、纹饰精美、品相极佳，为中国商周青铜器中的精品，曾多次作为中国青铜文化的代表，巡展于世界各国。

滕侯鼎身上刻有"滕侯作宝尊彝"六字铭文，这件青铜器之所以重要，乃是因为它的主人是第二代滕国国君，距今已有3000多年的历史，它的身上，蕴藏着极为丰富而重要的文物和历史信息。

然而，就是这样一件国宝级文物，不仅出土过程十分偶然，在出土后8年，围绕着它，还发生了一个步步惊心的历险故事。2012年1月5日，我来到滕州市博物馆，围绕滕侯鼎的传奇故事，进行了采访。

凌晨3点40分，博物馆响起警报声

1990年7月29日凌晨，夜色深重、万籁俱寂，蒙蒙小雨如一张深沉的大网，将滕州市博物馆笼罩起来。

墙上的时针指向3点40分时，一声短促的报警声突然划破夜空。正在值班的滕州市博物馆警卫班长姬忠杰和警卫鲁奇顿时一个激灵。多年的警卫工作经验，加上当时滕州周边发生了多起博物馆被盗案，让他们敏锐地意识到：大事不好！

短暂的紧张之后，姬忠杰和鲁奇立即恢复了理性，他们迅速赶往博物馆展厅进行查看，对所有门窗和锁进行检查，但是没有发现丝毫异样，警犬也安静地待着，没有一点动静。

虽然满肚子怀疑，但两人也只好回到了值班室。没过几分钟，警报声再次尖利地响起，姬忠杰和鲁奇于是再次跑到展厅查看，依然没有动静。这是怎么回事儿？

姬忠杰知道，博物馆内的青铜器展厅里有着众多重要文物，其中就有国家一级文物滕侯鼎。为了确证青铜器展厅里是否有人，姬忠杰在门外站了一会儿，果然，没过一会儿，展厅内就隐隐约约发出了动静。这

滕侯鼎（枣庄市博物馆提供）

让姬忠杰认定展厅里有人。门窗紧锁，说明窃贼很可能是从房顶或者后院打洞进入的。他觉得必须将这一情况报告给离博物馆最近的南关派出所，但不巧的是，当天零点开始，滕州市的电话号码升级，姬忠杰没有得到通知，所以电话没能打出去，随后他又多次拨打 110 报警电话，依然没有打通。

经过查看，姬忠杰发现，博物馆院子的后门已经被窃贼反锁，西侧门外也有人影晃动，意识到自己处在敌强我弱的危急境地，姬忠杰安排鲁奇监视现场，自己冒着危险冲出南门，奔向距博物馆200米外的治安岗亭报告。返回后又让鲁奇由南门绕道越墙进入博物馆东院向住在那里的保卫科长陈启洋报告。

实施盗窃前，8万元的交易价格已经谈妥

十多分钟之后，时任滕州市南关派出所所长的龙敦虎率领7名公安人员赶到现场。陈启洋、鲁奇以及居住在博物馆后院的另一名博物馆工作人员陈庆峰手拿木棍迅速向后院包抄。把持着后院的两名窃贼听到警车声后逃脱。当陈启洋等人发现博物馆展厅北坡屋顶的盗洞时，立即在周围严密监视。当时博物馆设在王家祠堂，王家祠堂是一处有名的古建筑，夜色中，古建筑上的屋檐高高翘起，龙敦虎所长误以为那是晃动的人影，于是便鸣枪示警。

此时，时任滕州市公安局副局长的朱荣耀也带着刑警队赶到现场。众人一起来到青铜展厅门前，当卷帘门开启后，多枚强光手电筒直射进展厅，但由于陈列文物的橱柜排列曲折，强光又遭遇玻璃反射，一时难以发现盗贼。这个时候，姬忠杰在公安人员掩护下一个箭步冲进展厅，打开了照明灯，公安人员随即冲入展厅，终于在靠近门边的夹墙内将潜入展厅的窃贼擒获。而就在陈列着滕侯鼎的橱柜前，公安人员发现了用来攀登的绳索以及匕首、梅花扳手等作案工具。幸运的是，橱柜完好无损，里面的滕侯鼎等文物也安然无恙。从现场情形来判断，盗贼从屋顶潜入展厅之后，已经做好了盗窃准备，但还没来得及撬开橱柜，就被抓获了。

经过公安机关的审讯，现场被抓的窃贼是邹县人，此人和逃脱的另外两人组成一个文物盗窃团伙流窜作案。他们早已盯上了滕侯鼎等青铜器，并进行过多次踩点。在实施盗窃以前，他们就已和文物贩子提前谈好了8万元的交易价格。

事后，滕州市文化局专门召开表彰大会，分别奖励了警卫班长姬忠杰和警卫人员鲁奇100元，奖励陈启洋80元，对积极主动参加截获文物盗窃犯斗争的陈庆峰给予表扬。一场步步惊心的"斗争"终于落下帷幕。

姬忠杰此后获得了滕州市"劳动模范""先进文化工作者"称号，还获了"振兴枣庄"立功奖章。

标新立异，是中国商周青铜器中的精品

　　滕侯鼎^{通高 27 厘米，口径宽 11.5 厘米、长}平面呈圆角长方形，子母口加盖，
^{16 厘米，腹深 15 厘米、重 5.03 公斤}
盖上面有四个精美的卷龙状小钮，鼎两侧有耳。鼎的腹部外鼓，四足就
像四根柱子一样将鼎稳稳撑住。鼎的整体形象庄重大方，颇有气势。鼎
盖和鼎身内侧底部铸有相同的两行六字铭文——"滕侯作宝尊彝"。

　　滕州市博物馆原馆长李鲁滕告诉我，铭文明确了该器的国别和作器
者的身份，"滕侯鼎的主人是第二代滕国国君，在传世及出土的'滕侯'
器中，该滕侯是最早的一个。另外，铭文中作为国族名称的'滕'字，
也是古文字材料中最早的例证之一。滕侯鼎为西周早期器，对应王世应
为西周康王早、中期。'夏商周断代工程'将周康王在位时间定为公元
前 1020 年至公元前 996 年，因此，滕侯鼎的时代应该是公元前 1000 年
左右，距今已有 3000 多年历史"。

　　李鲁滕表示，方鼎是商周时期较为特殊的一种器类，通常仅出现在
身份特别尊贵者的墓中，"常见的方鼎通常棱角分明，而滕侯方鼎却作
圆角方形；常见的方鼎通常无盖，而滕侯方鼎却配以与器身统一风格的
顶盖。匠心独运的设计，给人以标新立异之感。滕侯鼎制作精美，是中
国商周青铜器中的精品"。

饕餮纹饰，展现青铜器"狞厉之美"

　　仔细观察，滕侯鼎的盖和口沿下饰有一圈夔龙纹、鸟纹。鼎的腹部
四面均饰有一组饕餮纹，四足则分别饰有蝉纹及卷云纹。

　　著名学者李泽厚曾经对青铜器上的饕餮纹饰有过专门的研究，他认
为，饕餮在纹饰上很像牛头纹，但不是现代意义上的牛，而是当时巫术
宗教仪典中的圣牛。"它实际是原始祭祀礼仪的符号标记。这符号在幻
想中含有巨大的原始能量，从而是神秘、恐怖、威吓的象征。各式各样
的饕餮纹样以及以它为主体的整个青铜器其他纹饰和造型，特征都在突
出这种指向一种无限深渊的原始力量，突出在这种神秘威吓面前的畏怖、
恐惧、残酷和凶狠。它一方面是恐怖的化身，另一方面又是保护的神祇，
它对异氏族、部落是畏惧恐吓的符号；对本氏族、部落则又具有保护的
神力。正是这种超人的历史力量才构成了青铜艺术的狞厉之美的本质。

超人的历史力量与原始宗教神秘观念的结合，也使青铜艺术散发着一种严重的命运气氛，加重了它的神秘狞厉风格"。

滕侯鼎虽然体量不大，但是仔细凝望，你仍然会从它身上强烈地体会到李泽厚所谓的这种带着强大历史力量的"狞厉之美"。

偶然出土，滕侯鼎勾连起古滕国历史烟云

李鲁滕告诉我，滕侯鼎的出土过程非常偶然。"1982 年 3 月，滕县姜屯公社庄里西村社员在取土时，在距地表 4 米处发现了一座古墓，古墓中出土鼎、簋、鬲、壶等 6 件重要文物，滕侯鼎便是其中之一。当 3000 多年前的滕国青铜器出现在我面前，着实令人兴奋了好一阵子"。

滕侯鼎既是西周早期滕国之器，自然能勾连起人们对古滕国历史的无限联想。

"滕"作为"国"见于史籍，大约在距今四千年前。《史记·陈杞世家》称，"滕、薛、骓、夏、殷、周之间封也。"另据索引，"殷之世，有滕伯名文者，为滕君，世系无考"。可见在殷商之世，"滕"已经成为方国。西周初年，武王克商之后，封其异母弟叔绣于滕，爵为"侯"，立为滕国。

滕国在周朝时期是个有名的小国，据《左传》称，它的疆域"绝长补短五十里"，疆域虽小但因为它是周王姬姓的后裔，在诸侯国之间的交往上，很受人瞩目。

滕国国君中知名度最高的是战国时期的滕文公。滕文公曾多次"礼聘"孟子到滕国。《孟子·滕文公上》中曾经记载，滕文公向孟子请教如何治国，孟子曰："民事不可缓也。……民之为道也，有恒产者有恒心，无恒产者无恒心。苟无恒心，放辟邪侈，无不为已。及陷乎罪，然后从而刑之，是罔民也。焉有仁人在位，罔民而可为也？是故贤君必恭俭礼下，取于民有制。阳虎曰：'为富不仁矣，为仁不富矣。'"孟子认为，治国化民的第一步就是要让民"有恒产"，让人民的日常生活有保障。一直到现在，孟子的这些思想都有着重要的价值。

在如今的滕州市市区西南约 7 公里处，就是滕国故城遗址。出土滕侯鼎的庄里西村，便位于滕国故城的西北角，除了滕侯鼎，这一区域还出土了多件滕国青铜器，不仅证明了古代滕国的确切位置，还为研究滕国的政治、经济、军事、文化等诸方面情况，提供了宝贵的实物资料。

千里出击，追回"日月同辉" 滕州汉画像石馆

　　汉画像石是汉代人雕刻在墓室、祠堂四壁的石刻壁画，既是装饰，又是实用的建筑材料。它在内容上包括神话传说、典章制度、风土人情、天文图像、珍禽异兽等各个方面；在艺术形式上上承战国绘画古朴之风，下开魏晋风度艺术之先河，奠定了中国画的基本法则和规范。汉画像石同商周的青铜器、南北朝的石窟艺术、唐诗、宋词一样，各领风骚数百年，成为我国文化艺术中的杰出代表，具有很高的艺术欣赏和研究价值。

　　山东是我国现存汉画像石最多的地区之一，而滕州是山东汉画像石的代表，其存量和质量均位列全国前列。作为全国三大汉画像石馆之一，滕州汉画像石馆荟萃了 500 多块精品汉画像石。其中一块"日月同辉"汉画像石尤其引人瞩目。这不仅因为它的艺术和文物价值，还因为在它背后，有着一个曲折的故事。

凌晨两三点，古墓贼影

　　1993 年 4 月 15 日凌晨两三点，原京沪铁路官桥车站联防队队长孙井刚正在按照往常的路线巡逻，走到那几天正在进行的铁路扩建工程现场，忽然发现有几个人影在晃动。孙井刚心下一惊：此地前几日刚刚因为铁路扩建而发现了一个古墓，会不会是盗墓分子要偷文物？孙井刚于是大声喝道："你们要干什么？"随后，孙井刚立即向上级报告，可能有人要偷文物！

　　孙井刚的担心并不是没有道理，距滕州市区约 17 公里的官桥镇是个远近闻名的文物大镇，历史文化底蕴非常深厚。这里有 70 余处文物古迹保护单位，其中国家级重点文物保护单位两处，省级两处。前掌大遗址因为出土了 3000 年前的酒和精美的青铜器，还被评为当年的全国十大考古新发现之一。北辛遗址出土的石磨盘、盖鼎等文物也在国内引起重大反响。而不久前在车站村铁路扩建工地发现的古墓，离著名的毛遂墓和薛国故城都不远。孙井刚知道，工人们在前几天的施工中发现了一个大型古墓，里面有几块刻着图案的大"石板"，工人们不知道这是

什么物件，就把他们搁在工地上了，而这些"石板"很可能已经引起了文物窃贼的兴趣。

孙井刚的担心最终变成了现实。接到汇报之后，时任官桥镇文化站站长的孙井泉立即前往现场查看，发现古墓已经一片狼藉，南边壁断了，没有被运走，但是其他的三面和盖顶石都被偷走了。从南边断裂的那块汉画像石来分析，这座汉墓的汉画像石绝对是精品。

汉画像石形象再现了汉代的高度文明，历来被考古学家称为汉代社会的缩影，具有极高的文物价值，而官桥是滕州汉画像石最为集中的地区，在滕州汉画像石馆中，官桥出土的汉画像石数量最多而且许多都是精品。如今精品被盗，立即引起了当地警方的高度关注，时任滕州市公安局副局长的朱荣耀挂帅，迅速成立了"4·15专案组"，一场抓捕文物盗犯的行动火速展开。

千里奔袭，追回被盗文物

时任官桥镇派出所副所长的王树华是"4·15专案组"成员之一。根据他的回忆，警方了解到四块从官桥偷运出去的汉画像石已被运往杭州之后，立即奔赴杭州的文物古玩市场进行地毯式走访。在走访中，专案组果然获得了重要信息：这批汉画像石的确是四块，已经被运往余姚方向。

余姚是浙江东部的一个沿海城市，该地历来有收购金银古玩的历史，很受港澳台等地古玩商的关注，特别是沿海的部分村庄，文物走私异常活跃。在余姚市公安局的大力配合下，专案组对余姚的16个村庄进行了摸底排查，最终锁定了3个村庄。在排查过程中，专案组又接到"内线"消息，说山东来的几个人，已经到上海和港商洽谈去了。专案组于是兵分两路，一路到上海市公安局和当地警方联系，另一路由孙井泉带队在余姚的3个村庄重点排查。最后，在离海边不远的一个村庄里，发现了盖在草毡子底下的汉画像石。

孙井泉说，专案组前后出动两次，每次出动7人，千里奔袭，在两周时间内就找回了被盗的汉画像石，并在上海一家宾馆抓获了已经完成交易密谋的5个犯罪嫌疑人。"其中3个是官桥镇羊庄的，1个是上海的，1个是浙江的，都被判了刑。根据盗犯的交代，他们在上海已经和港商谈好了价钱：4块汉画像石10万港元，并且已经制订好了将汉画像石混在装大理石的轮船里偷运出海的计划。如果我们晚到几天，后果将不堪设想！"

日月同辉，汉代人仰望天空的期待

这4块汉画像石中，最精美的是刻有日月同辉图案的那一块。这块日月同辉汉画像石的画面非常精美。画面一端，刻着一只巨大的金乌，金乌背负日轮，里面还有三足乌和天狗；另一端则刻着月亮，里面还有玉兔捣药和蟾蜍的形象。日月两侧有群星、伏羲、女娲、祥鸟和云气。

根据杨爱国先生《不为观赏的画作——汉画像石和画像砖》一书所述，"汉代，我国的天文学有了很大的发展，我国古代对天象观测和记录的传统在汉代得到了很好的发扬，不仅天文学家重视天象，民间艺人也十分关注天象。他们在墓室壁画上绘出星象图，在画像石上也刻画了星象图，还有大量单独刻出的太阳和月亮图，以及和神话相连的阳乌载日、伏羲举日、女娲举月等图像"。滕州汉画像石馆书记李慧告诉我，汉代人认为太阳和月亮同时出现在天空是一个好兆头。"所以在墓室顶部和祠堂上部雕刻日月星象是一种吉祥的象征，是汉代人天文观念在画面中的反映，表现的是日出月落、朔望更替、昼夜轮回的自然现象。古人墓葬讲求'事死如事生'，日月同辉表达了墓主人仰望天空的渴望。"

李慧说，日月同辉这样的天文图像只是汉画像石众多题材中的一个部分。"滕州汉画像石馆所藏的500多块汉画像石，内容包罗万象，既有反映社会生活的题材，也有神话故事、珍禽异兽、历史人物故事等各个方面的题材。早在19世纪初，滕州出土的冶铁图、牛耕图、纺织图就蜚声海内外。之后，相继发现的讲经图、羽化升仙图、日月天象图、礼俗图、宴饮图、乐舞杂技图，以及

日月同辉汉画像石拓片（滕州汉画像石馆提供）

较为少见的纪年画像石,构成了滕州汉画像石的独特风格。中国历史博物馆、上海博物馆等都藏有滕州出土的汉画像石"。

气魄宏大，汉画像石里的大汉雄魂

汉画像石体现的丰富内容，很好地保留了 2000 年前中国人的现实生活和流行故事，对研究汉代历史和社会具有极其重要的价值。因此，著名史学家翦伯赞认为，假如能把汉画像石有系统地搜集起来，"几乎可以成为一部绣像的汉代史"。

不仅仅是考古价值和历史价值，汉画像石的审美价值也早已得到重视。在河南南阳汉画像石刚刚公之于世之时，鲁迅先生立刻就认识到了它的重要性。他认为，从这些画像石上，一是可以窥见秦汉典章文物及生活状态；二是如果参酌汉代的石刻画像，明清的书籍插图，并且留心民间所赏玩的所谓"年画"，和欧洲的新法融合起来，也许能够创出一种更好的版画，"或可另辟一境界"。

汉画像石一般是由画师在经过加工的石板上画出图形，再由工匠雕刻，刻完后敷彩，由于年代久远，彩色多已脱落，所以如今看到的只能是无彩的石刻画像。汉画像石的雕刻技法也非常高超，包括细腻传神的阴线刻、简洁大方的凹面线刻、凝重醒目的减地平面线刻、富丽优美的浅浮雕，以及奇伟瑰丽的高浮雕和透雕。多种多样的雕刻手法往往汇聚在一座墓或祠堂中，展现出不凡的艺术水平。

徜徉在汉画像石之中，看那些刻画在坚硬的石块上的形形色色的图案，你会感受到一股粗犷、古朴、升腾的气息扑面而来，在宏大的气魄中恍然能感受到 2000 年前的大汉雄魂。在《美的历程》一书中，李泽厚这样写道："这里统统没有细节，没有修饰，没有个性表达，也没有主观抒情。相反，突出的是高度夸张的形体姿态，是手舞足蹈的大动作，是异常单纯简洁的整体形象。这是一种粗线条粗轮廓的图象形象，然而，整个汉代艺术的生命也就在这里。就在这不事细节修饰的夸张姿态和大型动作中，就在这种粗轮廓的整体形象的飞扬流动中，表现出力量、运动以及由之而形成的'气势'的美。……'气势'与'古拙'在这里是浑然一体的。汉代艺术那种蓬勃旺盛的生命，那种整体性的力量和气势，是后代艺术所难以企及的。"

蛋壳陶杯传奇 临沂市博物馆

带盖的蛋壳陶杯（钱欢青摄）

说起龙山文化，人们首先会想起章丘市龙山镇的城子崖遗址，因为那里是龙山文化的命名地。1930 年和 1931 年，中国第一代考古学家对城子崖遗址进行了考古发掘，4000 多年前的龙山文化浮出水面。经过 80 多年，龙山文化研究取得了丰硕的成果。目前在山东地区已经发现的龙山文化遗址有 1500 余处，经过发掘的也有 60 余处。

龙山文化遗址出土的代表性器物是蛋壳陶杯。这些"黑如漆、亮如镜、薄如壳、硬如瓷、掂之飘忽若无、敲击铮铮有声"的神奇杯子，被史学界称为"4000 年前地球文明的最佳制作"。蛋壳陶的产生，标志着我国原始制陶工艺达到了炉火纯青的地步，这是中国古陶的瑰宝，也是世界制陶史上的奇迹。

很多人也许不知道，在临沂市博物馆，馆藏超过 50 件龙山文化蛋壳陶杯，无论数量还是珍贵程度都位列全国之冠。这些凝聚了文明之光的蛋壳陶杯是如何被发现的？它们又体现了怎样高超的制陶技艺？

三处遗址、墓葬汇聚 50 多件蛋壳陶杯

临沂市博物馆馆长王培晓告诉我,临沂市博物馆馆藏的 50 多件蛋壳陶杯,来自临沂河东区相公街道办事处大范庄、罗庄区罗庄街道办事处湖台、兰山区义堂镇朱保村这三处墓葬、遗址,其中又以大范庄出土的为最多。

时间回到 40 多年前。

1973 年的春天,农业学大寨风起云涌,临沂相公公社大范庄村的社员们在平整土地时发现了一处墓葬,仔细一看,他们还发现土层中有不少壁很薄的器物。社员们于是立即将这一消息上报。经地、县革委会同意,当时的临沂文物组及时赶往大范庄进行了发掘。

由于清理墓葬周围的土方和现场保护任务繁重,考古人员只好从大范庄临时抽调了十几名村民负责清理和保护工作。当时的发掘条件很差,根本就没有钱搭建帐篷供考古人员野外住宿。于是,大家都是每天早上骑着自行车从临沂赶到发掘现场。墓葬中的遗物发掘以后都是用地排车拉着运回城内,每天往返约 40 公里。

令考古人员惊喜的是,这次历时 21 天的发掘,共清理出了 26 座墓葬。这些墓葬排列整齐,应该属于氏族墓地。更令人惊喜的是,考古人员还发现了众多器物,其中陶器中以背壶为最多,黑陶壶次之。从博物馆后来复原的大范庄墓葬场景可知,陶鬶和蛋壳陶杯多放置在一起。陶盆、陶罐一般放在尸骨脚部,其他随葬品则堆放在头部周围或排列在身体的一侧。在这 26 座墓葬中,19 座出土有龙山文化时期蛋壳陶杯,总量多达

1973 年大范庄墓葬发掘现场（李斌摄）

30 余件。

1977 年 11 月，山东省博物馆张江凯、济南市博物馆刘再生会同临沂考古人员对大范庄遗址进行第二次发掘工作，这次发掘清理了 15 座墓葬，6 处灰坑，出土了 130 余件随葬器物，并且又发现了 5 件蛋壳陶杯。

1980 年 4 月，考古人员在罗庄湖台遗址发现一处龙山文化遗址，清理出土 10 余件蛋壳陶杯。同一时期，在兰山区义堂镇朱保村也发现了龙山文化遗存，出土部分蛋壳陶杯。

吉光片羽，凝聚龙山文化之魂

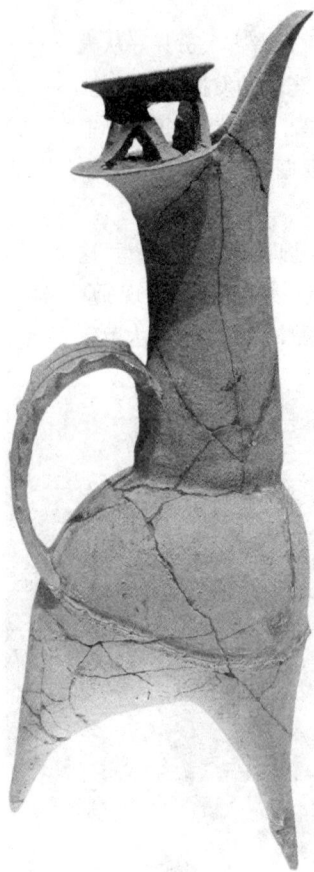

大范庄出土的陶鬶（钱欢青摄）

龙山文化的黑陶处于史前艺术的最繁荣时期，达到了人类手工制陶技术的顶峰。据传，以舜为领袖的东夷先民是一个崇尚黑色的氏族，所以他们烧制的陶器在选色方面以黑为主，并在色彩和光泽的运用技巧上进行了积极的探求。因此，他们烧制的陶器在造型上、色泽上都做到了实用和形式的完美统一。

王培晓介绍，蛋壳陶杯均为细泥陶，陶土应为河湖沉积的细泥，经过淘洗，不含任何杂质，胎薄而且均匀，颜色单一纯正，以黑色和黑灰色最为普遍。制作上普遍采用轮制，通过器物口、底足均能看出类似同心圆的痕迹，部分器壁隐约可见快轮旋转时形成的细密细弦纹。器身和柄分别轮制再粘合而成。这些杯子高度不一，器壁极薄，最薄处仅厚 0.3 毫米，这就是被命名为"蛋壳陶杯"的原因。

蛋壳陶杯的纹饰则以凹弦纹、凸棱纹和圆形、楔形、长条形等几何镂孔为最常见，制作精准，器物表面孔与孔之间的纵横间隔井然有序，而且孔径大小均匀、疏密有致。另外在 0.3—0.5 毫米薄的半干的器胎上进行研光处理，在当时的社会生产力条件下是令今人难以想象的工艺过程。吉光片羽，凝聚了龙山文化之魂。

从这些工艺看，龙山文化时期的先民们掌握了先进的封窑技术，窑温达到一定程度后做封窑处理，让弥漫在窑里的浓烟通过高温渗碳，将烟中的碳粒渗入灼热坯体而呈表里如一的黑色。掂之若无的蛋壳陶因拉坯划纹、镂空、砑光、烧制的过程中的损坏率今天已无从考证，加上当时土坑葬的墓葬形式，现在有幸见到的完整器物非常稀少，但出土所见之器，都高妙绝伦。

呈现先民对文明社会秩序建立的追索和探求

王培晓认为，蛋壳陶杯很可能是一种陶制礼器。礼器是中国古代贵族在举行祭祀、宴飨、征伐以及丧葬等礼仪活动中使用的器物，用来表

蛋壳陶杯（李斌摄）

明使用者的身份、等级与权力。

《周易·系辞上》载："形而上者谓之道，形而下者谓之器。"礼作为抽象的原则，它体现了形而上的道的内容，而礼器则属于形而下的层面。在礼的具象世界中，人们总是要按照自己的希望来赋予器具以特定的性质，比如孔子曰："夫昔者，君子比德于玉。"就是把德与君子联系起来并追溯至远古。玉就代表德，德就物化为玉，有品德的人都随身佩带玉，所谓"君子无故玉不离身"，君子需要时时以玉的品德来约束自己，继而后来人们就继承和发扬了"君子如玉"这个说法。当人们赋予了器以象征意义之后，器就获得了自身的意义，并反过来支配人们对待器的态度，礼器也就变成了某种社会制度性的符号。

"道，用也；器，体也。体立而用行，器存而道不亡"。器是本体、根据，道是作用、表现。道依器而存，器存道不亡。从人自身到人类社会治国平天下的原则和仁义智信、忠孝友恭的伦理道德规范，都是依附于具体的器而存在的。

因此，藏礼于器，在文明曙光初照的龙山文化时期，不仅仅标志着社会生产力的发展、审美需求的表现，更表征了龙山文化时期的先民们对文明社会秩序建立的追索和探求。

挖土烧砖，发现金缕玉衣 _{临沂市博物馆}

在临沂市博物馆的展厅，有一组异常珍贵的文物——金缕玉衣，其独特之处在于，它是迄今为止发现的唯一一套只有脚套、手套和头套而没有四肢和上身覆盖物的玉衣。

临沂市博物馆专门给这件文物设置了一个相对独立的空间——国宝厅。玉衣穿在一个人体模型上，平躺在一个玻璃柜内。脚套、手套和头套完整地包在模型的脚、手和头上。而在模型的头部右侧，还放着一颗玛瑙印章，上面刻着"刘疵"二字。专家因此认为，这套金缕玉衣的主人应该就是刘疵，可惜的是，由于史书对此人并未有记载，所以迄今为止，专家们依然无法确切考证这个刘疵究竟是谁。而有关小村土墩下埋藏 2000 多年前神奇国宝的故事，却早已成为一个令人津津乐道的传奇。

小村土墩下，埋藏大宝贝

故事要从临沂兰山区南坊街道洪家店村说起。

在这个普通小村庄的西北，曾经有一个 20 多米高的土墩，土墩旁边，还有一个池塘。根据村民的回忆，以前，土墩旁边还有一些老坟，老坟前还有 5 块大石碑，每一块都有 2 米多高，这些老坟的主人都姓刘。可惜的是，在"文革"时，这些石碑都被砸碎了。

到了上世纪 70 年代，村里在这个土墩的旁边

金缕玉衣发掘现场（临沂市博物馆提供）

建起了一个砖厂，砖厂要挖土烧砖，土墩就成了天然的取土场。1978 年 5 月的某一天，取土工人挖着挖着，发现了一座古墓。

古墓现身后，村里立即与相关文物部门取得联系，当时的临沂市文物组考古人员立即赶赴现场，对古墓进行了发掘。在地下埋藏了 2000 多年的金缕玉衣于是重见天日。

临沂市博物馆馆长王培晓告诉我，玉衣出土之后，就被运到了临沂市博物馆，这套玉衣制作精巧玲珑，艺术造诣惊人，属稀世珍品。其型制为国内仅见，曾多次出国展出。

神奇金缕玉衣，全国最为独特

玉衣也称"玉匣""玉押"，是汉代皇帝和高级贵族死后穿用的殓服，外观与人体形状相同。汉代人认为玉是"山岳精英"，将玉放置于人体上，可以使人的精气不致外泄，这样就能保持肉身不腐，期待来世再生，所以玉衣在汉代玉器中占有重要的地位。玉衣是穿戴者身份等级的象征，皇帝及部分近臣的玉衣以金线缕结，称为"金缕玉衣"。其他贵族则使用银线、铜线编造，称为"银缕玉衣""铜缕玉衣"。

刘疵墓出土的金缕玉衣，用玉 1140 片，玉片以长方形为主，磨制得很薄，质地晶莹细腻，每片玉片的各角和边缘都钻有为穿系而制作的小孔，玉套用金丝以十字交叉式连缀而成。目前，国内共发现玉衣 20 余套，其中以临沂刘疵墓出土的"金缕玉衣"最为奇特，这套玉衣由面罩、手套和脚套各两组成，其用意似乎在于以点代面，即用身体最末端的几个点来代替全身，起到象征性的作用。

金缕玉衣出土时状况（临沂市博物馆提供）

临沂市博物馆展厅内的金缕玉衣（钱欢青摄）

玉衣不完整，和玉料缺乏有直接关系

汉代的人们普遍相信人死后灵魂尚存，还要像活人一样吃喝玩乐。基于这种观念，汉代人死后往往不惜巨资，挖墓穴、做棺椁、着玉衣，随葬丰厚的物品供死者的灵魂享用；还要在地面之上高筑坟丘、陵园、祠庙等，设专人负责维修，按时供奉。西汉时期厚葬之风甚盛，从考古发掘的墓葬资料中可以得到具体、形象的反映，用玉衣作葬服、用九窍器塞其九窍 两眼、两鼻、两耳、嘴、生殖器和肛门 。出土的玉衣经常搭配有用玉做成的眼盖、鼻塞等，其中最讲究的是用玉蝉作口琀。古人认为人死后，其灵魂离开尸体，正如蝉从壳中蜕变出来时一样，能够复活和再生。

汉代玉衣也不是一开始就很完备，也有一个从不完备到完备的演变过程。西汉早期的玉衣，能够复原的只有山东临沂刘疵墓出土的一套。据地质矿物学家的研究，汉代玉料多数是来自今新疆境内的和田玉，其次还有今辽宁境内的岫岩玉。西汉早期，和田偏居西域，岫岩又远在东北，刚刚建立起来的新政权在这两个地区可能尚不能行使强有力的统治，这不能不影响到玉料的大量开采及向内地输入。因此可以说，西汉早期玉衣呈不完整的局部形象，可能与玉料的缺乏有直接的关系。刘疵身着不完整的玉衣，有的玉片还是用其他残玉器改制的，这从一个侧面也说明当时用于制作玉衣的玉料是不充足的。

汉武帝时期，著名的外交军事家张骞奉命出使西域，最后终于建立起了与西域各国的友好关系，并在此地区逐步实施了有效的统治。这样，大量和田玉得以开采并通过贯通中西的著名的丝绸之路源源不断地运往内地。从武帝开始，西汉中期的玉衣形制已很完备。完整的玉衣外观和人体形状相似，形如铠甲，包括头罩、上身、袖子、手套、裤筒及脚套等部分，并把玉片按照人体不同的部位设计成不同的大小和形状。

耗时、费钱，却难保尸骨不朽

在 2000 多年前的西汉，制作一套金缕玉衣十分不易。玉衣的制作繁琐而精细，要经过设计、选料、开片、钻孔、抛光、拔丝、编缀等多道工序。汉代制作一件玉衣，需一名玉工费十余年的工夫。为此，汉代的统治者甚至还设立了专门从事玉衣制作的"东园"作坊。这里的工匠把从遥远的地方运来的玉料，通过一道道工序把它加工成数以千计的、有一定的大小和形状的小玉片，每块玉片都需要磨光和钻孔，大小和形状必须经过严密的设计和细致的加工。据测定，玉片上有些锯缝仅 0.3 毫米，钻孔直径仅 1 毫米。金丝编结玉片的方法也很复杂，编结、外表打结，甚至还有卷边等工续，都须精工细作，有点类似于现代时装的剪裁。制作金缕玉衣的工艺繁难与精密程度之高令人惊讶。

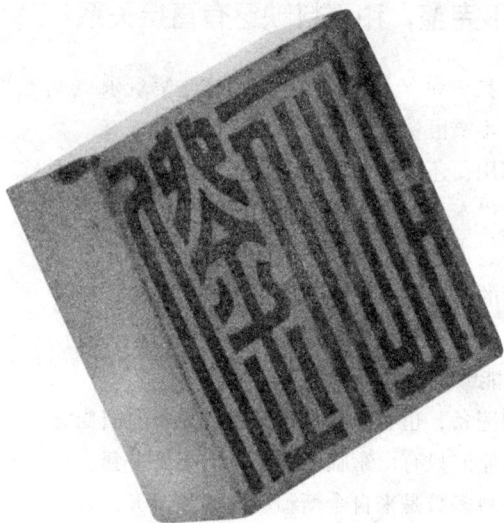

与金缕玉衣同时出土的玛瑙印章，上刻刘疵二字（钱欢青摄）

制作一件中等型号的玉衣所需的费用几乎相当于当时 100 户中等人家的家产总和。虽然成本如此之高，但用金缕玉衣作葬服不仅没有实现王侯贵族们保持尸骨不坏的心愿，反而招来盗墓毁尸的厄运，许多汉王陵往往因此而多次被盗。到三国时期，魏文帝曹丕下令禁止使用玉衣，从此玉衣在中国历史上消失了。

刘疵或为奚涓之母

汉代统治者相信玉衣可保护尸骨不朽。这种观念现在看来是毫无科学根据的，中山靖王刘胜及其妻窦绾的玉衣内，除残留几颗牙齿外，尸骨早已化为泥土。

刘疵墓中的情况也是如此，考古人员打开棺木后，发现棺中尸骨早已无存，只在石板下发现一套包括头、双手、双足五个部位的金缕玉衣。头罩北向，从头罩到脚罩，距离1.8米。胸部有残破玉佩两件，右手执一玉佩；腰部靠近右手套处有玛瑙质印章一枚，上刻阴文篆书"刘疵"二字。

整个墓葬为石椁、木棺、单葬形式。石椁是用不规则的块石垒成，因为年久淤积，木漆器等随葬品均已腐朽，仅有残漆片、奁、盘、耳杯等器物尚可辨认。棺盖北端放置玉璧一块，已被盖石压毁。

由于刘疵在史书中无记载，多数学者从同时出土的钱币以及3把铁剑、2件铜弩机推断，墓主人刘疵是西汉早期的一位列侯。有学者猜测，墓主人可能是奚涓之母"疵"：根据《史记·高祖功臣侯者年表》和《汉书·高惠高后文功臣表》记载，奚涓为汉高祖刘邦舍人，随刘邦起兵于沛，入咸阳后，官拜郎中。刘邦封汉王后，奚涓为将军，汉高帝六年[前201]，以军功封鲁侯，食邑4800户，功比舞阳侯樊哙。奚涓死后，因无子，封其母疵为侯。疵在位10年，吕后五年[前183]薨，封除。

对于墓主人的身份，当地还流传着另一个版本的说法，祖辈相传的说法是，刘疵是汉代的一位大官，在洪家店打仗的时候战死了，就葬在这里。因为他是有功之臣，所以汉代宗室把他厚葬，给他穿上金缕玉衣。

无论是学者的猜测还是当地村民的传说，穿着金缕玉衣的这位刘疵究竟是谁，又有着怎样的人生故事，也许将成为一个永远的谜团。

建办公大楼发现惊世兵法竹简 银雀山汉墓竹简博物馆

　　银雀山汉墓竹简博物馆不是在临沂市区主干道上，所以门前车辆很少，加上又是寒冷的冬天，游客也很少。

　　1981 年始建，1989 年 10 月正式对外开放，这座博物馆早已名扬海内外——它是我国第一座遗址型汉墓竹简专题博物馆。1972 年 4 月，考古人员在这里发现了《孙子兵法》与失传近 2000 年的《孙膑兵法》竹简，从而使得自唐宋以来关于孙武其人其书真伪的争论得以解决，轰动海内外。

位居世间最小名山，馆藏天下第一兵书

　　山不在高，有仙则名。对银雀山而言，山不在高，有"墓"则名。

　　如今的银雀山汉墓竹简博物馆就修建在当年的考古发掘之处，说是山，其实并不高，更像丘陵。博物馆围墙外路边，竖着一块石碑，上写"银雀山、金雀山墓群，省级文物保护单位，山东省革命委员会一九七七年十二月二十三日公布，临沂县革命委员会立"。离石碑不远，便是博物馆大门，大门两侧挂一副对联，联曰：位居世间最小名山，馆藏天下第一兵书。

　　进门正对，是一块立于 1992 年 4 月的巨型石碑，碑文记述了博物馆建设缘由。南边回廊上，挂着由著名艺术家张仃设计的博物馆馆徽。

　　博物馆主体建筑有两幢：银雀山汉墓厅和竹简陈列厅。前者的大厅中央是发现

银雀山汉墓出土的说唱俑（臧欢青摄）

《孙子兵法》《孙膑兵法》等竹简的银雀山 1 号墓和 2 号墓。两座墓并排而列，深约 3 米，直观呈现了当初发掘它们时的情况。四周墙上，则挂满了当年发掘这两座墓时的照片和文字介绍。

竹简陈列厅则分上下两层，陈列着《孙子兵法》和《孙膑兵法》等重要竹简和文物。除了竹简，当年的考古发掘还发现了陶车马、乐舞俑，以及箭簇、剑、戈等兵器，其中一件作表演状的说唱俑，神态极其生动。博物馆工作人员说，当年相声大师马季到馆参观，见到这件说唱俑后高兴不已，还笑称自己"找到了祖师爷"。

在两座主体建筑之外，更大的新楼也基本建成。银雀山竹简博物馆宣教部彭梅告诉我，这是规划中的"兵学博物馆"的主体建筑^{面积达4827}，分地下一层和地上三层，规模宏大。另外，4D 影院建筑则将用高科技手段再现桂陵之战、马陵之战等壮观场面。

建办公大楼发现惊世兵法竹简

如今的银雀山汉墓竹简博物馆已经在市区范围之内，但以前，这里是郊外。旧时临沂城南约一公里处，有两座隆起的小山岗，东西对峙，好像两个哨兵守卫着临沂城，东岗名曰金雀山，西岗名曰银雀山。

很多重大的考古发掘往往事出偶然，银雀山汉墓竹简的发现，也是如此。

1972 年 4 月 10 日，临沂地区卫生局准备在银雀山建一座办公大楼，人们在清理地基时意外发现了古墓葬。临沂县城关建筑管理站老工人，也是文物爱好者孟季华意识到事情的重要，于是急匆匆跑到"临沂文物组"报告。当文物组的刘心健、张鸣雪、杨殿旭等人赶去后，发现古墓周围乱石很多，无法开展工作，于是与工地负责人朱家庵商定，请他们帮忙先清理现场，约定三天后再来。

4 月 14 日，张鸣雪、杨殿旭、孟季华、刘心健等开进工地，由张鸣雪看管出土器物，刘心健、杨殿旭带领 4 个工人下墓坑进行发掘，孟季华负责维持现场秩序。当天下午大约 4 点，杨殿旭在 1 号墓边厢发现竹片，递给发掘现场的王文启、孟季华等人。经仔细清洗辨认，是"齐桓公问管子"等字样。一开始以为只是座普通汉墓，但当写着字的竹简出现，考古人员立即认识到了这处墓的价值。

随后，临沂军分区得知发现竹简的消息后，立即派一个班前来协助，昼夜值班，保护现场。期间，适逢山东博物馆的吴九龙、毕宝启到各地了解出土文物保护情况，也一起参与了这次发掘。一号墓出土竹简众多，内容包括《孙子兵法》《孙膑兵法》《六韬》《尉缭子》《晏子》《墨子》等。4月18日，吴九龙、毕宝启、刘心健在清理1号墓时，发现了2号墓。2号墓出土的竹简数量虽然并不很多，但发现了《汉武帝元光元年历谱》简和其他随葬品。到4月20日下午，两墓的发掘工作全部结束。

整理竹简内容，名家云集

竹简出土时，由于在墓中浸蚀千年，质地已经腐朽，竹简上的文字是用毛笔蘸墨书写的，整理时稍有不慎不仅墨迹会被抹掉，简片也会变成一堆烂泥，所以，考古专家用毛笔蘸着清水一点一滴地耐心冲洗，才洗去了水锈，显出字迹。

由于长期浸泡在泥水中，又受其他随葬器物的挤压，竹简已经散乱，表面呈深褐色。不过令人欣喜的是，用墨书写的字迹，除个别文字漫漶难辨外，绝大部分很清晰。每简的字数多少不等，整简每枚多达40余字。编缀竹简的绳索早已腐朽，在有的竹简上还可以看到一点痕迹。

当时，因条件所限，山东省革命委员会政治部文化组经过慎重研究，决定将"汉竹简立即送北京处理"。1974年，银雀山汉墓竹简整理组成立。首先进行《孙子兵法》《孙膑兵法》二书的整理，参加这两部书初稿本编辑工作的有中华书局的杨伯峻、魏连科等，中国历史博物馆的史树青，中山大学的商承祚、曾宪通，故宫博物院的罗福颐、顾铁符，北京大学的朱德熙、孙贯文、裘锡圭，山东博物馆的吴九龙，

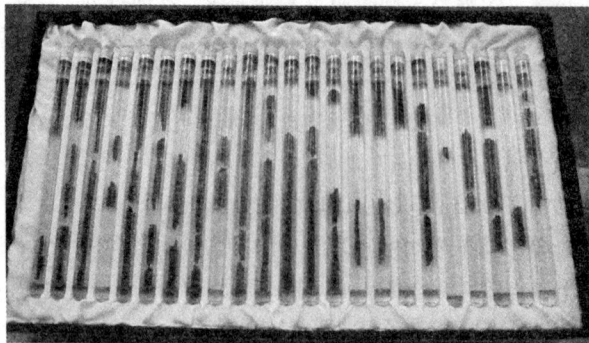

《孙子兵法》竹简（复制品）（钱欢青摄）

湖北省沙市文化馆的李家浩等人。整理组将全部竹简整理编成《银雀山汉墓竹简》一书，分三辑出版。同时对竹简进行科学保护：先进行药液脱色处理，使字迹更加清晰，然后拍照、编号，经无菌处

理后放入玻璃管中密封保存。

　　经过专家整理分析，《孙子兵法》十三篇都有文字保存，《孙膑兵法》共得 6000 字以上。其中，有关历史记载和《史记》有不同之处，如关于马陵之战的叙述，《史记》说庞涓战败后"自刭"而死，竹简则有"禽（擒）庞涓"一篇，与《战国策》所载"禽庞涓"语同。关于战术方面的论述，在"适（敌）富吾贫""适（敌）众吾少，适（敌）强吾弱"的情况下，也有可能打胜仗的道理和认识，包含了若干朴素的辩证法思想。

解决前人争论，意义重大

　　《孙膑兵法》原书失传已久，这次出土的竹简虽不完整，全书面貌已不可能见到，但因为字数保存较多，仍然能看出该书的大概轮廓和作者的基本观点。

　　现存《孙子兵法》的作者究竟是谁？这是有争论的，司马迁在《史记》卷六五《孙武吴起列传》上说："孙子武者，齐人也，以兵法见于吴王阖庐。阖庐曰：'子之十三篇，吾尽观之矣。'""孙武既死，后百余岁有孙膑。膑生阿鄄〔即今山东东阿、阳谷、鄄城一带〕之间，膑亦孙武之后世之子孙也。……世传其兵法。"司马迁讲得很清楚，孙武和孙膑都确有其人，孙武生在春秋末期，孙膑生于战国，两人先后相去 100 多年，都各有兵法传世。

　　班固在《汉书·艺文志》上也有《吴孙子》和《齐孙子》的记载，但《隋书·经籍志》却不见著录。后来有人因此提出了异议，认为《孙子兵法》并不是孙武的著作，而是后人的伪托。有人更认为不仅《孙子兵法》是后人伪托，就是对孙武这个人在历史上是否存在，也持否定的态度。《孙子兵法》和《孙膑兵法》同时被发现，对于解决长期以来存在着的关于这两部书的一些悬而未决的问题，提供了关键性的材料。

　　根据临沂市博物馆胡后彬整理的杨鸣雪 1972 年工作日记，杨鸣雪认为，银雀山大批竹书的出土，不仅内容丰富，涉及到当时的历史资料、天文历法和医学等方面的科学成就；其数量之多，和全国各地出土情况相比较亦属少见。另外，秦汉正是我国文字由篆书转变为隶书的过渡时期，出土的简文虽是隶书，但仍保留了一些篆书的风格。毫无疑问，这批竹简对研究我国文字发展与书法艺术也有一定的资料价值。

古墓里面藏神灯 _{日照市博物馆}

一只体态轻盈的凤鸟，头顶一个圆形灯盏，踩在一只昂首爬行的乌龟背上，凤鸟展翅欲飞，神龟跃跃欲试，整体造型优美舒展，充满动感与活力。

这便是汉代龟座凤形灯。

现藏于日照市博物馆的这盏龟座凤形灯,2002 年出土于日照海曲汉墓，历经两千多年岁月沧桑，依然"风姿卓绝"，甚至被国家文物局编写的《2002 年中国重要考古发现》一书采用为封面图片，可见其绝高的艺术价值和文物价值。而在海曲汉墓所在的村落，当地百姓则将其称为"神灯"。

"神灯"是如何被发现的？它精妙绝伦的造型背后，又隐藏着怎样的文化意蕴和传奇故事？

西十里堡村的"王坟"和"娘娘坟"

在日照市西郊，有一个名不见经传的小村庄——西十里堡。村西南约一公里,是一片低矮的丘陵地，其间分布着几个大封土堆,这几个封土堆，被当地人口口相传，称为"王坟"和"娘娘坟" _{中间的大封土被称为"王坟"，东西两侧的封土分别是"娘娘坟"。}。传得更神乎其神的是，在两坟之间，还有砖筑暗道相通，许多当地老人都曾亲眼所见。后来经发掘证实，所谓的暗道只是被破坏的砖室墓的墓壁而已。

日照市博物馆副研究员王仕安记得，早在上世纪 70 年代"农业学大寨"时，村民就平整了封土堆，在上面种庄稼。1995 年，文物部门对两坟所在之处进行了专业勘探，认为这里应该是一处汉墓群，因此在 1997 年，文物部门就将其定为县级文物保护单位。所以，当年修日东高速公路的时候，为了不破坏这片古墓群，高速公路专门拐了个弯。

到了 2002 年修同三高速公路时，同样的问题又出现了：同三高速和日东高速要修一座立交桥，如果绕开汉墓群，则需要将两个村庄整体搬迁。考虑到村庄整体搬迁难度很大，从 2002 年 3 月开始，山东省文物考古研究所组成考古队，对汉墓群进行了抢救性考古发掘。

这处汉墓群之所以很早就引起文物部门的重视，是因为在它北面一公里，就是海曲县故城旧址，它也因此被命名为海曲汉墓。

汉袭秦制，在此地设琅琊郡海曲县。根据史书记载和文物工作者的实地考察，海曲故城位于东港区日照街道办事处烟墩岭村南 300 米处，面积近 12 万平方米，故城东西两侧城垣至今犹存。以故城为中心，方圆 2 平方公里内存在多处古墓，并发现多处汉代砖瓦、釉陶、铁器等遗物。

龟座凤形灯（日照市博物馆提供）

根据文献记载，汉代豪门望族死后，"厚资多葬，器用如生人"。在汉代，"死即永生"的观念已被演绎至顶峰，汉代的厚葬制度因此也为历代所惊讶，"棺椁必重，葬埋必厚，衣衾必多，文绣必繁，丘垄必巨"，人们皆"虚地上以实地下"。正因如此，文物工作者在进行抢救性发掘前，也对海曲汉墓出土文物，抱着极大的期望。

成果惊人，入选 2002 全国十大考古新发现

考古人员的期望果然没有落空。

海曲汉墓的考古发掘工作从 2002 年 3 月一直持续到当年的 6 月，这次考古发掘共清理了 90 座墓葬，其中 17 座砖室墓大部分被破坏，其余属于木椁墓，基本保存完整。木椁墓除个别被盗掘一空外，绝大部分出土文物十分丰富。共出土陶器、铜器、玉器、漆器、木器、铁器、铜器等 1200 余件。如此规模的墓葬群和陪葬品，呈现了一种整体性的汉代葬俗。一件件精美的器物以及保存完好的棺椁，再现了汉代日照的发达与辉煌。

2003 年 4 月中旬，海曲汉墓的发掘入选"2002 年中国十大考古新发现"。当年 4 月 30 日在济南举办的海曲汉墓考古发掘新闻发布会上，时任山东省文物考古研究所副所长的郑同修表示，"大封土、小墓葬"是日照海曲汉墓的最大特点，即一个大的封土下有好多个中小墓葬。郑同修说，山东虽然已经发掘出数千座汉墓，但是过去发现的大封土堆下，往往只有一个或者两个墓，但海曲汉墓却是在一个大封土内发现了几十

日照市博物馆展厅展示的海曲汉墓 106 号墓棺椁。该墓曾出土双层五子奁、长方形盒等漆木器，还出土了竹简、玉璧、铜印章、玛瑙等随葬品（钱欢青摄）

座小墓葬，这种"大封土、小墓葬"的埋葬方式十分独特。在考古人员清理的90座墓葬中，其中84座分别埋在三座高大的封土之中。当然，每座封土中的墓葬，并不是同时埋入的，而是层层叠压，有早有晚，历时达400多年之久。

海曲汉墓的另一个重要收获是出土了大量保存完好的漆木器。总数达500件左右的漆木器，色彩艳丽、花纹繁缛、镶金嵌银，是山东地区目前发现数量最多、也是保存最好的一批。其中尤以双层五子奁、七子盒、嵌金梳盒、耳杯、盘等最为精美。

出人意料的是，海曲汉墓还出土了目前山东发现的保存最好的汉代丝织品。郑同修介绍，在发掘现场，其中一块丝织品被覆盖在死者最上面，估计是被子的其他部分腐烂以后剩下的。丝织品不仅盖住了尸体的正面，两侧还被掖入尸体身下，因此取出来相当困难。所以当时考古人员立即从北京请来了考古专家，合力将这块丝织品小心翼翼取了出来。这块丝织品_{宽0.96米}^{长2.6米，}保存完好，是山东省乃至华北地区保存最完好的一块丝织品，它有精美的云气和花草图纹，制作相当精美。此外，从海曲汉墓发掘出来的不足1米长的丝织品还有五六十块。

"神灯"出土，精妙绝伦

海曲汉墓发掘，除漆木器和丝织品之外，还发现了一批比较重要的青铜器，不过大部分保存情况不理想。洗、鼎、钫、壶等容器大多残破，只有灯、炉、带钩、铜镜保存比较好。其中一件龟座凤形灯，也就是被当地村民誉为"神灯"的器物，造型非常优美，是一件不可多得的精品。

为何龟座凤形灯一出土，就被村民说成是"神灯"？

据说上世纪二三十年代，附近村里曾有人在汉墓群附近得到一件"神灯"，以至于当考古人员发掘出土了一件龟座凤形灯，就被人们传为"又出了神灯"，一时争睹为快。

龟座凤形灯出土于海曲汉墓107号墓。铜灯^{通高18厘米，灯盘口径}_{10.6厘米，重1085克}由三部分组成，顶部为浅圆盘形灯盏，中间为一展翅凤鸟灯柱，下部以神龟为底座。凤鸟昂首翘尾，全身细刻羽毛，颈长伸而向后弯转，凤首顶一喇叭形灯盘，凤足稳踏龟背之上。神龟双目圆睁，也作仰首形，龟背刻纹清晰可见。从铜灯的造型来看，设计者为了确保灯体的平衡，将各部分的比例制作得非常协调，使灯既优美生动又厚重平稳。整个器物制作精巧，看上去给人以优美舒展之感，具有较高的艺术研究价值，是海曲汉文化的典型代表作。其造型之奇特，设计之巧妙，充分显示出我国两千多年前工匠们的精巧手艺和高度智慧，是我国古代灯具中罕见的珍品。

小小"神灯"蕴含四灵和阴阳五行哲学思想

王仕安说，龟座凤形灯刻意制作成龟形座、凤鸟头顶灯盏的式样，绝非偶然，而是包含了浓厚的哲学思想：青龙、白虎、朱雀、玄武，被古人誉为天之"四灵"，而金、木、水、火、土被古人称之为"五行"。龟座凤形灯的设计正好暗合了中国古代阴阳五行思想和四灵的观念。

有一种说法，凤鸟就是我们通常所说的朱雀，亦即传说中的凤凰。在古代，朱雀为南方赤色的代表，是南方之神，别名赤鸟。古人视凤凰为神鸟，它是百鸟之王，凤鸟具有能歌善舞的灵性，又可给人间带来吉祥，汉代贵族因此把凤鸟作为祥瑞的象征。神龟即玄武，是一种黑色的大龟，是北方之神。玄武是龟蛇合体的神兽，因蛇形如龙，故古人敬蛇并祈祷如龟寿般生命不息。

作为此盏铜灯而言，凤鸟是南方之神，南方为火，所以凤鸟象征火，以其做灯柱，头顶着燃烧火焰的灯盏，自然具有帮助灯火长明之意，取意"火长明不息"。神龟是北方之神，北方为水，所以龟象征着水。对于人类来说，火既给人类带来了光明和温暖，又容易给人类带来火灾。因此，以龟做底座，应该具有以水灭火，防止火灾发生的理念。以朱雀和神龟作为灯具的造型，寄托了汉代人们对生活的美好愿望。

"光灯吐辉，华幔长舒"，作为人类掌握火以后的一项重要发明，这一汉代龟座凤形灯，也为研究中国灯具发展史，提供了重要的实物资料。

暴雨冲出国宝"大口尊" 莒州博物馆

《淮南子·本经训》里说："仓颉作书，而天雨粟，鬼夜哭。"可见文字的诞生是一件多么重大的事情，事实上，文字的产生和使用，正是文明社会的重要标志。

所谓仓颉造字，更多的当然只是一种传说。作为中国最早的文字，3500 年前的甲骨文早已为世人所知，而作为记录和传达语言的工具，文字最早的形式是在新石器时代陶器器壁上较为原始的刻画符号。在众多的史前考古资料中，发现于莒县陵阳河大汶口文化遗址的陶器刻纹尤其受到研究者的重视。国内学术界越来越趋同于认为其为文字，可以说，它们是最早的中国文字的雏形。在几乎任何一本讲述中国文字史和美术史的著作中，我们都能看到那刻有"日月山"图案的著名的"陶文大口尊"。

如今，在莒州博物馆，最令人震撼的便是这"陶文大口尊"展厅。多个刻有符号文字的大型陶器分列玻璃柜中，外形像极了大型"炮弹"。在原莒县博物馆馆长苏兆庆眼里，这一个个大"炮弹"，也是文明意义上的大"炮弹"，因为它们让中国的文字史和文明史，从 3500 年提前到了 5000 年，是名副其实的国之珍宝。

苏兆庆，正是这"陶文大口尊"发现和研究过程中自始至终唯一的亲历者。2014 年，在接受我的采访时，79 岁的苏兆庆打开了记忆的闸门，讲述了大口尊背后那些鲜为人知的故事。

暴雨冲出"大炮弹"

1957 年 7 月，暴雨频繁，莒县月降水量达到 929 毫米，沭河东关段决堤，沭河各支流漫溢。大雨过后，当时还是莒县文化馆工作人员的苏兆庆奉命到陵阳河遗址调查。到了现场一看，众多石器和陶片被大水冲了出来。这让第一次见到这种场面的苏兆庆无比兴奋。他捡了一些完整的陶器和石器带到当时的莒县文化馆，向时任馆长毛石生做了汇报。这次任务就算完成了，这也是苏兆庆生平第一次做文物工作。

大口尊（莒州博物馆提供）

时间到了 1960 年，这一年春天，莒县大旱，连续 46 天无雨。到了夏季，却又普降暴雨，导致山洪暴发，陵阳河遗址局部再次遭受冲刷。正当苏兆庆惦记着凌阳河遗址的时候，当时的陵阳乡文书赵明禄给他打来了电话："河崖里冲出三个大陶器，看起来像三个大炮弹！"苏兆庆一听，赶紧赶到现场，一看，冲出来的陶器成筒形 _{高 52 厘米，口径 30 厘米，壁厚 3 厘米}，下部一个尖，还真像炮弹！洗刷干净后，才发现每件器物上腹部都刻有图画。那时候，苏兆庆还不明白它们的意思，便以器物形状和其上刻画的图画，称这三件文物为：刻"锛"、刻"斧"和刻"日月山"的"大炮弹"。

当时苏兆庆是骑着自行车去的。大雨之后，土路泥泞，无法直接将"大炮弹"带回，于是就先让赵明禄带回家中保存，过了一阵，土路不再泥泞，苏兆庆就把它们拉回了莒县文化馆。

像逃荒一样，把三个"大炮弹"背到了北京

"大炮弹"一开始并没有引起苏兆庆的重视，他也不明白陶器上的刻纹是啥意思。到了 1969 年，"文革"正在进行，在破旧立新的口号下，各地文物遭到不同程度的破坏。当时国外有媒体报道"中国人没有文化，不要文化"，周恩来总理于是指示"搞一个文化大革命出土文物展"，省里于是确定要把莒县发现的三个"大炮弹"送到北京展览。

说起"大炮弹"进京的经历，苏兆庆至今印象深刻。"我就像个逃荒人一样，将重约 200 斤的三个大陶缸装箱，其中两个用绳一栓，背在我右肩上，胸前一个、背上一个，左手提着一个，右手还拿着车票，上下汽车和火车。那种形象，可以想象'回头率'有多高，后来学界谈及此事都为当时的情景感到后怕"。

苏兆庆之所以敢这样干，是因为他还不知道这三件文物的重要价值。三件文物在北京展览期间，首先引起了古文字学界的关注。吉林大学教

授,著名古文字学家于省吾先生在《文物》1973 年第 3 期上发表《关于古文字研究的若干问题》一文,将刻有"日月山"的图画解释为"旦"字。1977 年 7 月 14 日,故宫博物院副院长、著名古文字学家唐兰先生又在《光明日报》发表题为《从大汶口文化的陶器文字看我国最早文化的年代》一文,文中解释刻有"斧"的图画当为"钺"字,刻有"锛"的图画当为"斤"字。随后,中国社科院考古专家邵望平先生也在《文物》1978 年第 9 期上发

大口尊上所刻的"日月山"图案(莒州博物馆提供)

表题为《远古文明的火花——陶尊上的文字》。从这之后,乱叫了近 20 年的"炮弹""陶缸""盔形器"等名称的国宝有了正式命名——"大口尊",并在国内外广为流传。人们一说到"陶文大口尊"这个响亮的名字都肃然起敬,因为它是中华 5000 年文明史的物证。

随着"陶文大口尊"在国内外的展览,它就像当年发现的"甲骨文"一样,为考古、历史、古文字、天文学界所瞩目。海内外学者纷纷撰文,由此掀起了讨论中国文明的热潮。

考古发掘,确定大口尊 5000 年历史

进京展览的三件"陶文大口尊",是大水冲出来的,没有地层关系,所以有的学者认为是龙山文化时期遗物,而不是更早的大汶口文化时期遗物。为确认"大口尊"的地层关系,就必须进行正式发掘,找到共存物。

从 1979 年 4 月 3 日开始,山东博物馆和莒县文物管理所联合对以陵阳河遗址为中心的大朱家村、小朱家村等遗址进行发掘。工作分春秋两期进行,计时近一年。苏兆庆当时是莒县方面的领队。考古发掘进行到 4 月 30 日,已清理了墓葬五座。

苏兆庆记得，由于墓葬全压在河沙下面，探查极为困难。但非常幸运的是，经过艰辛努力，考古人员还是发现了拥有大口尊等众多陪葬品的 6 号墓。6 号墓的发现，打消了考古队员怀疑是否还有墓葬的想法，使发掘工作得以顺利展开。考古人员于是沿 6 号墓清沙扩方，又相继发掘了 17 号墓、19 号墓等大批墓葬，从而使"陶文大口尊"的地层关系得到了确认，确认大口尊是大汶口文化中晚期的文化遗存，距今约 5000 年左右。

中华五千年文明史的实物佐证

对于刻有"日月山"陶纹的大口尊，苏兆庆有着自己的解释。在莒县凌阳河、大朱家村遗址正东方，分别耸立着寺崮山、屋楼崮两座山峰。每年春分、秋分时节，早晨红日从峰顶冉冉升起，依稀呈现出"日月山"形图像。这是莒地先民"日出而作，日落而息"长期观察太阳发现的春秋二分的天文奥妙。因此，"日月山"陶文是东海之滨的莒人为祭祀太阳神，因形见义、随体诘诎的杰作。随着汉字的发展，这个符号将逐渐演化成一个单字，古文字学家于省吾先生将其解释为"旦"字，其中最上面的部分像太阳，中间像云气，下部像山峰，正是早晨山上云气承托着初升的太阳的旦明景象。这个研究结果认为，该符号具备了汉字音、形、义的因素，并正向臻于成熟的汉字发展。它与甲骨文极为相似，但远远早于甲骨文 1500 多年，是汉字的祖形，是中国最早的文字，是中华民族 5000 年前由蒙昧进入文明的重要标志。

大口尊上的陶文，继 1960 年出土后，屡有发现。迄今为止，仅以莒县陵阳河遗址为中心的大朱家村、杭头、仕阳等遗址，就有 8 种类型 20 个单字。诸城前寨、胶州里岔、东港尧王城和安徽省蒙城市尉迟寺等地也有零星发现。

苏兆庆认为，在南北相距一千多里的地方，出土相同的陶文，证明它不是偶然的巧合。"从莒县墓葬中随葬的大口尊看，它是死者生前身份、地位的象征。所刻之陶文，应是他生前从事各种事业主管祭祀之礼器的祭文，每个陶文都是当时人们在现实生活中对自然景观的描述，或是反映一个故事"。

文字的发明和使用是人类告别野蛮社会、进入文明时代的重要标志。莒州博物馆所藏之"陶文大口尊"是国家的珍宝，是中华 5000 年文明历史的实物佐证。

中国最早酿酒器出土传奇 _{莒州博物馆}

　　"李白斗酒诗百篇""张旭三杯草圣传"。且不说李白、张旭两位"艺术大侠"酒量究竟有多大，酒文化乃中国传统文化的重要构建元素，早已是不争的事实。

　　中国酒文化源远流长，但关于酒的溯源，长久以来却存在多种猜想和假说，无论是传说的仪狄造酒，还是杜康造酒，都注入了先人对酒的美好想象。但学术界普遍认为，能有充分证据证实酒的起源的，是莒县陵阳河遗址出土的大汶口文化时期的成套酿酒器具，这些器具包括滤酒缸、接酒盆、盛酒盆和盛放发酵物品的大口尊。尤其是滤酒缸，证明早在 5000 年前，我们的祖先就掌握了酿酒技术。

　　这些中国最早酿酒器，如今陈列在莒州博物馆，向世人证明着先人的智慧。而它们的出土过程，则还有着一个曲折的传奇故事。

陶文大口尊带来"好运气"

　　莒县博物馆原馆长苏兆庆先生告诉我，酿酒器的发现，和"陶文大口尊"不无关系。

　　1960 年暴雨冲出三件分别刻有"锛""斧"和"日月山"的陶文大口尊后，为了考察其年代，1962 年夏，苏兆庆陪同山东博物馆的王思礼、张学海两位先生徒步去陵阳河遗址考察。苏兆庆记得，当时沭河

滤酒缸（钱欢青摄）

大汶口文化时期储粮罐（钱欢青摄）

水很深，走在木桥上，水还能没到大腿。"我们三人互相牵着手前进，这样还有随时被冲到桥下的危险。事后想来才有些害怕"。经过考察，王思礼和张学海分析："陵阳河的文化遗存比龙山文化还早，是山东又一新的文化典型。"随后，考古部门进行了试掘，挖了五座墓葬，因资料少和认识不足，未能及时公布，后来先公布了泰安大汶口的报告，所以这一新的文化被命名为"大汶口文化"，而事实上，正如后来张学海先生所说，"陵阳河遗址是最早发现的大汶口文化"。

1969 年，苏兆庆背着三件陶文大口尊到北京展出后，在古文字学界和文物界引起了巨大的反响，学者们纷纷撰文，认为它们将中国的文明史和文字史提前到了 5000 年前。进京展览的三件陶文大口尊，是大水冲出来的，没有地层关系，所以有的学者认为是龙山文化时期遗物，而不是更早的大汶口文化时期遗物。为确认"大口尊"的地层关系，就必须进行正式发掘，找到共存物。

1978 年秋天，苏兆庆到省博物馆办事，恰好遇到中国社科院考古所山东队队长高广仁先生，高先生和夫人邵望平也都写过有关陶文的文章。苏兆庆于是请高先生帮助发掘陵阳河遗址，但高先生说省博物馆已在陵阳河做过工作，我们再插手，怕影响两级关系。他让苏兆庆自己发掘。苏兆庆说我们的经济能力和技术力量均难承受。他说这好办，"你自己发掘有困难时我可以帮你，因为陵阳河遗址太重要了"。高广仁的一席话，坚定了苏兆庆要发掘陵阳河遗址的信心。但是他也怕和省博物馆关系出问题，于是就在临沂文物处（莒县原属临沂）等地造舆论，说要请中国社科院考古所来莒县发掘陵阳河遗址，确认陶文大口尊的地层关系。消息传到济南，省博物馆跟临沂文物处和苏兆庆说，省里明年春天一定去莒县对陵阳河遗址进行正式发掘。事情就这样定下来了。

从 1979 年 4 月 3 日开始，山东博物馆和莒县文物管理所联合对以陵阳河遗址为中心的大朱家村、小朱家村等遗址进行发掘。令苏兆庆没有想到的是，这次发掘，不仅确定了大口尊的地层，还发现成套的酿酒器，用他的话说："大口尊带来了好运，让我们发现了中国最早的酿酒器。"

徒手挖缸，挖得手都出了血

因为事关重大，所以至今苏兆庆都清楚地记得当时考古发掘的"阵容"：省方领队王思礼，参加人员王树明、袁旺、赖修田、万良、张振国、何德亮等；莒方领队苏兆庆，参加人员张安礼、柏春明等。从 4 月 3 日到 30 日，考古人员清理了墓葬五座，但他们期待的"东西"却还没出现。"五一"之后，由于种种原因，这个考古项目又经历了停工风波，一直到 5 月 9 日才重新启动。

5 月 9 日早晨 8 点开始，苏兆庆和赖修田组织指挥 60 多个农民工在陵阳河道里打探沟，直到中午 12 点多才让收工回家吃饭，忙忙碌碌一上午，没有发现任何线索。农民工散去后，苏兆庆和赖修

盉，大汶口文化时期酒具（钱欢青摄）

田在河边洗手后沿河床由东向西走，边走边看，无意中发现一块陶片高约10厘米，宽7—8厘米厚，苏兆庆赶紧伸手去拿，没拿动！立即兴奋地说："找到了！拿不动就说明它在泥里，是个'大家伙'！"两个人无比高兴。

因为当时已经收工，没有工具，两人不约而同地双膝跪在地上，用手不停地挖了起来。时间一分一秒地过去了，两人足足挖了一个多小时还没把那个"大家伙"挖出来，就稍微喘息了一下，这才感到手有点疼，一看，哎呦！流血的手上沾了许多泥土。此时，两人谁也顾不上包扎，又不停地挖了起来。

又挖了好一会儿，两人坐下休息苏兆庆点上一支烟，看了赖修田一眼，兴奋地把目光聚焦到了陶片上。赖修田和苏兆庆对视了一下，望了一眼斑斑驳驳的沙滩，也把目光投射到陶片上。两人蹲在陶片旁，如同两块山岩。各自沉思了一会儿，就商讨起了下午施工的细节，越谈越高兴，都忘了肚子还在咕咕叫。

下午6点多，两人和农民工终于挖出了一件滤酒缸高37厘米，口径58厘米，底径44厘米。此缸为夹砂红陶，敞口，斜直壁，底部有直径9厘米的圆形漏孔，通体饰蓝纹，形体硕大。后经专家鉴定，是新石器时代大汶口文化时期罕见的酿酒器。

这就是当时的陵阳河遗址6号墓。6号墓是目前大汶口文化时期最大最丰富的墓葬，随葬品多达206件，大口尊，成套酿酒器等重要文物一并出土。

5000年前，莒人就已发明酿酒技术

6号墓中出土的成套酿酒器具，实属重大发现，堪为莒人早在5000年前就已发明了酿酒技术的物证，也是莒地原始农业发展，粮食已有剩余的标志。

之后，在苏兆庆的建议下，考古人员在6号墓四周扩方，继续发掘。持续了大约一年时间，陵阳河遗址考古发掘终于结束。这次发掘，总共清理了45座墓，出土了2800多件文物，其中有大口尊、酿酒漏缸、瓮、高领罐盆、鬶、鼎、豆、盉、壶、单耳杯、薄胎高柄杯等众多大汶口中晚期文化遗物，其时间距今约5000年左右。

在6号墓出土一套酿酒器之后，17号墓也出土了一套完整的酿酒器。特别值得一提的是，其中一件灰陶尊高60厘米、口径33.5厘米，刻有一个涂了朱红的

会意字，其上成串的小圆圈与上部相通，看起来好像是有水正在往下滴，是滤酒的会意摹画。与其他酿酒器互相印证，专家认为，这件灰陶尊上刻画的图案应该是原始酿酒业的实物描绘，是祭祀酒神的祭文，可以将其解释为"酒"字。

苏兆庆说，凌阳河遗址考古发掘，大墓中的酒具占了随葬品总数的30以上，从一个侧面反映出我国酿酒技术在 5000 年前就早已开始了。另外，这批墓葬规模不一，随葬品多寡悬殊，质料优劣有别，贫富分化明显。大墓均有原木组成的葬具，如 6 号墓 长 4.5 米、宽 3.8 米，有木椁，随葬品多达 206 件，而且器形大，质量好，可为同时期墓葬之冠；但个别小墓长仅 2 米，宽 0.8 米，随葬品只有六七件，且陶质粗劣。从位置上看，大中型墓集中在遗址北部，靠近河床处；小型墓在遗址中部或偏南处，这是氏族内部分化的标志。苏兆庆认为，陵阳河遗址的发掘极其重要，它对研究我国文字的起源、酿酒技术的发明与发展等具有重大意义，为进一步探寻我国私有制的产生、文明的起源、氏族社会向国家转变都提供了珍贵的实物资料。

三件珍贵玉器，"廉价"入馆藏　莒州博物馆

到莒州博物馆采访是一件令人无比激动的事情。首先是博物馆建得无比气派，在县级博物馆中极为少见，其次是博物馆里的藏品无比丰富。历史悠久、序列清晰的文物，构建起了莒文化辉煌的内蕴。凭借着辉煌的历史和影响力，莒文化与齐文化、鲁文化并称山东三大文化，成为华夏文化的重要发源地之一。

令人激动的还有原莒县博物馆馆长、研究员苏兆庆先生。苏老先生数十年如一日兢兢业业从事文博工作，成为莒州博物馆的创建者和莒文化研究的开拓者。更令人惊讶的是，如今莒州博物馆馆藏的大部分文物，都是苏兆庆先生亲自发掘或者征集而来，而几乎每一件馆藏文物，都足以成就一段文物传奇。

以龙山文化时期玉琮、唐代玉碗和明代玉觥为例，这三件馆藏玉器入藏博物馆的经历，都非常偶然、有趣。

一块五毛钱，征来四千多年前玉琮

1978 年，莒州博物馆的前身——莒县文管所还只是一间只有 20 平方米的房子，人员则只有苏兆庆一个。这 20 平方米的小小空间，既是苏兆庆的办公室，也是他用来征集、收购文物的场所。逢县城大集，苏兆庆就开门收购文物，大集一散，他就把门一关，下乡去征集文物。

县城小，苏兆庆又开着个"门头"，所以认识他的人很多。这一天，莒县木材厂一位姓陈的工人来到文管所，跟苏兆庆说："老苏，我送个东西给你。你看看这是什么？"说着从兜里掏出来一件玉器，苏兆庆一看，这是件玉琮，东西不错，便问他："东西是从哪儿得来的？"来者说："是俺从桑园捡的。"

苏兆庆知道，莒县桑园乡曾发现龙山文化遗址，龙山文化距今约 4600 年至 4000 年，而这件玉琮古色古香，恐怕正是龙山文化时期的遗物。他心

下一喜,便问来者打算怎么处理这件东西。没想到来者说:"送给你。"苏兆庆心想,文管所收购文物,每一件都需入账,要是接受对方的赠予,一是不好入账,二是万一哪天他后悔了就没法处理了。于是就说:"你这属于捐赠文物,公家能给你奖励,奖励你一块五毛钱怎么样?"

龙山文化时期玉琮（莒州博物馆提供）

来者一听,很高兴,那时候两毛钱就能买盒烟,他就笑呵呵地同意了:"一块五毛钱能买好几盒烟呢!"

买下玉琮之后,不少人对它都有不同的看法,有的人认为,山东的龙山文化遗址不太出玉琮,所以这件玉琮的时代可能要比龙山文化时期晚,但是到了1988年文物普查时,莒县桑园再次发现了很多龙山文化遗址,苏兆庆因此断言这件玉琮属龙山文化时期。

这件方柱形的黄色玉琮（高7.2厘米,边长7厘米,孔径6厘米）中间有个圆孔,玉琮的四个转角各布列五节凹弦纹,四个柱面有平滑直槽。造型象征天圆地方,是古时人们用来祭祀天地的器物。玉最早就是被巫用来通灵的。巫要跟神沟通,中间要有个媒介,就是玉。《说文》中有这样的解释:"灵,灵巫也。以玉事神。"与龙山文化基本同时期的南方良渚文化出土过众多玉器,其中也有不少精美的玉琮,但在山东龙山文化遗址,这样的玉琮非常少见,因此更显其珍贵。

说起玉琮,还有一件非常有意思的事情。根据《马未都说收藏·玉器篇》的说法,宋代以后,我们的书上对琮有明确记载,但没有画图,人们干脆不知道琮为何物,所以就一代代误传。到了清朝乾隆的时候,宫廷收藏的琮,乾隆皇帝也不认得。乾隆皇帝管它叫什么呢?叫钉头,钉头是车辙的一个部件,记载中也是内圆外方。琮的神秘面纱,直到清末才被揭开。光绪时期有个学者叫吴大澂,他对古玉做了非常严谨的考据，从他以后，才知道琮是什么样子。

六十块钱，征来唐代花形玉碗

　　如果说 4000 多年前的玉琮散发的是古人祭祀天地时的庄严，那么雍容优雅的花形玉碗，则淋漓尽致地体现了大唐风度。这件青色玉碗_{高 11 厘米、口径 14 厘米}，碗口呈椭圆形，碗由 5 个花瓣组成，花内凸雕一束婀娜向上的花蕊，碗壁之外还透雕着花枝和花叶。整只玉碗看起来就像在繁茂的枝叶丛中托出一朵盛开的大花，显得极为优雅，而且镂雕精细，十分难得。

　　这件玉碗的来历也十分有意思。那是在 1976 年春天，当时苏兆庆还在莒县文化馆负责文物征集工作。有一天，莒县阎庄乡肖家河村的一位村民拿着一只玉碗找到苏兆庆，问文化馆要不要这件东西。苏兆庆一看就说要，接着又问他东西是从哪儿来的。来人说是自己刨地刨出来的。苏兆庆心想，要是从地里刨出来的，就很可能是墓葬中出土的，为了避免来者要高价，于是就问他想怎么处理这件东西，来人说："我想卖了这碗去买点猪饲料。"

　　苏兆庆一听心里就有了底，那时候，猪饲料才几毛钱一斤，可见来者并不会漫天要价。琢磨了一会儿，苏兆庆说："我给你 60 块钱吧。"来者说："行。"一桩生意就做成了。

　　没想到，60 块钱低价买进的唐代玉碗，却给苏兆庆惹来了麻烦。买

唐代玉碗（莒州博物馆提供）

进玉碗后，他就受到了当时的莒县文化馆馆长的批评，馆长言下之意，如今馆里经费这么紧张，买这东西有啥用。苏兆庆辩解说这东西很珍贵，花 60 块钱能买来就不错了。和馆长犟了一会儿，苏兆庆还是觉得很憋气，一气之下就找到了当时的莒县县委书记胡建隆，对他说："我已经 40 多岁了，想干点自己想干的事情。县文化馆以文艺为主，我想成立文管所，专门干文物。经费我从省文化厅要。"县委书记同意了，莒县文管所于是成立了。文管所虽然一开始只有 20 平方米的房子，但后来，它成为莒县博物馆，如今，又成为蔚为壮观的莒州博物馆。

从地主家废物筐里捡来明代玉觥

欧阳修《醉翁亭记》里写到："射者中，奕者胜，觥筹交错，起坐而喧哗者，众宾欢也。"觥筹交错，形容的就是许多人聚会喝酒时的热闹场景。而玉觥，便是盛酒的一种玉器。

在莒州博物馆，有一件精美的明代玉觥^{高11.5厘米，厚4.3厘米}。这件玉觥整体呈青色，椭圆形，仿商周青铜器觥之造型。镂雕兽头形盖钮，前有流，后有镂雕兽衔环鋬，底为圈足。腹饰刻线蟠螭纹、涡纹。这件玉觥造型别致，雕琢精细，引人注目。

这件明代玉觥的来历也非常有意思。

那是在"文革"时期，莒县药材公司书记王培找到苏兆庆，说让他看件玉器。苏兆庆一看，知道这是一件觥。觥在商周时期多为铜质，根据这件玉觥的雕工来看，应该是明代的东西。苏兆庆问王培这东西从哪儿来的，王培说，这是战争年代，他在大店乡一户地主家的废物筐里捡来的。

一听说是捡来的，苏兆庆就给他做工作："这件东西你留着也没啥用，不如捐给县文化馆，到时候可以搞个展览，给别人也看看。"王培一开始有些犹豫，经不住苏兆庆再三劝说，就同意了，捐出玉觥之后，王培得到了一张捐献证书。有意思的是，为了试验一下这玉觥的质量，苏兆庆还拿它喝过酒，"在玉觥里盛上酒，盖上盖子，猛一翻，酒竟然丝毫不漏，可见其工艺高超。"

苏兆庆说，玉觥之所以能被无偿捐献到文化馆，也和当时人对文物价值的认识不足有关。那时候，人们很难将文物和经济价值联系起来。到了改革开放之后，人们逐渐认识到文物的价值，王培又找到了苏兆庆，

明代玉觥（莒州博物馆提供）

说："我捐献了这么重要的一件文物，你们给张证书就完了？"苏兆庆跟他解释，捐献就是如此。王培还不死心，想要张自行车票当作补偿。苏兆庆说："你都已经是领导了还要不到张自行车票？我上哪儿给弄去？"说说笑笑之间，这一桩玉觥捐献公案就算了了。

"丈八佛"传奇 青岛市博物馆

没有哪座博物馆能像青岛市博物馆一样，让人一进入一楼大厅，就被两尊高大的佛像深深震撼。

两尊大佛静立大厅中央，神态宁静，身姿飘逸，造型优美。它们就是青岛市博物馆镇馆之宝——北魏石造像。这两尊大佛像身高各有一丈八尺^{约 6}，俗称"丈八佛"，每尊佛像重约 30 吨，距今已有 1500 多年历史。

作为北魏时期单体圆雕丈八佛，这两尊大佛在国内绝无仅有，是魏晋南北朝时期我国佛教造像艺术的杰作。更令人称奇的是，它们背后还有着一段跌宕起伏的传奇往事——它们曾险些被日本人偷走，险些被红卫兵砸坏。

1928：差点被运往日本

青岛博物馆一楼大厅内的两尊丈八佛，为阿弥陀佛石雕像，而在一楼西展厅内，还有两尊各高三米的"观世音""大势至"胁持菩萨像。青岛市博物馆馆长助理、文物保护管理部主任赵好告诉我，从石佛像的特点考证，大佛的建造年代应在北魏的景明、正始之后至北齐之前，因为从佛像身上，可以明显地看出北魏孝文帝汉化政策实施后反映到佛教雕塑艺术上的风格。两尊菩萨造像则是北齐或北周时期的作品。

这四尊石造像，原来安放于山东临淄龙泉寺内，据《临淄县志》记载："六朝石佛，在龙池村龙泉寺故址，佛高丈余，有荷兰人见之，谓形容与印度古石佛相同，真刘朝物也，欲购之不可乃止。"

与佛像同在龙泉寺的，还有蟠螭的双赤虎碑头，上面刻着"双丈八碑苏公之颂"8 个篆字，只有碑首，没有碑身。另外还有一座"龙泉寺碑记"，不过碑文内容早已漫漶不清。

1928 年日军入侵山东时，日本商人曾两次预谋将佛像盗回日本，据1928 年 7 月 24 日上海的《申报》报道："……临淄县龙池地方，有石佛两个（应是四个），成化碑一座，碎碑一方。在数年前曾有中国败类，

北魏"丈八佛"（钱欢青摄）

拟将佛碑等以三万元之代价售予日本人，为地方人士闻知，出而干涉，故未成交。此次日本占据济南及胶济路沿线以迄青岛，龙池适在日本人所谓之二十里以内。某日人垂涎龙池之古佛碑等已久，乃于本月十五日，率人将佛碑一并劫取，运至淄河店车站，预备运往日本……"

当时正逢发生济南"五三惨案"之后，中国人民的反抗斗争风起云涌，日本侵略者迫于形势，未敢将这批文物盗走，然而可惜的是，两尊小石像的头却被盗走了。

1951 年 11 月 26 日，青岛市博物馆元老张铮夫先生曾到四方机厂对北魏石造像进行过鉴定，并亲至临淄实地考察，访问了龙池村时年 63 岁的老人李复龙。老人对龙泉寺故址及日本人搬运佛像的经过也颇有记忆，他曾说："龙泉寺在龙池村西北一华里处，已成废墟。龙泉寺院落原有 50 亩之大，石佛像当时安放在殿中。"两尊大石佛手部及两尊菩萨像的头部残缺，两尊菩萨像的头，一个在本石佛像的下面，另一个李复龙老人曾用之作过地界。民国十七年（1928）济南惨案以前，西池小学校长于桂林已将4尊石佛像卖与日本人。当时临淄警备队长朱泉宜还曾用卖石造像的钱到青岛买枪支。据李复龙老人当年回忆，石造像是日本人到外地雇人搬运的，据说是"用杠抬的"。

1930：从淄博到青岛

1930年，由原青岛市铁路局局长、青岛四方机厂原厂长栾宝德派专车将日本人运到淄河店车站的佛像运至青岛，安放于当时的四方公园荷花湾西岸，以后由于四方机厂厂址不断扩大，就把这批文物圈进厂里了。

栾宝德后来曾回忆，这批珍贵文物是在1928年日本人入侵山东、济南"五三惨案"发生之后发现的。当时，这批用草绳缠裹的石佛和石碑因无人管理，一直躺卧在淄河店车站任由风吹雨蚀。1930年，栾宝德亲自调拨专列将这批石造像和石碑从淄河店车站运至青岛。当时的领工师傅是孙义堂，在将经过的铁路沿途，都用道木把铁路桥梁顶起加固，以防桥不载重；以人工滑动移位，用几架加重的神仙葫芦^{差动滑轮}吊运，用了大约半个月的时间，才把大佛运到四方机厂。

1966：躲过"疾风暴雨"

新中国成立后，党和国家发布了一系列保护文物的政策法令，这批石像石碑得到了很好的保护。然而，到了"文革"，它们又差点遭遇劫难。

1966年，红卫兵对"破四旧"的界限并不清楚，很多珍贵的文物和艺术品都被他们烧毁、砸碎。青岛市博物馆不断接到来自各方面文物告急的报告。

1966年7月初的某一天，青岛市博物馆的工作人员刚上班就接到通知，说四方机厂机校的红卫兵将于当天上午9点"破四旧"，要砸大佛。青岛市文化局立即派博物馆的郑贝满和文化局的楚景明一起赶到四方机厂保护石佛像。两人没有时间考虑保护措施，也没有时间考虑个人安危，立即赶到了四方机厂和该厂党委联系，然后和该厂宣传部同志进行了简短磋商，迅速想出了一个保护佛像的办法：他们抓紧写大字报，红的绿的写上"毛主席万岁""共产党万岁""打倒牛鬼蛇神"等，以最快的时间

北魏"双丈八碑"碑首（钱欢青摄）

贴满了石佛像。因为无论红卫兵怎么闹，都不敢对大字报下手打砸。当时，离红卫兵进厂的时间不足 1 小时，红卫兵还没进来，而大佛周围围满了人，有一些工人用小锤把大佛底座莲花座下的部分小佛像进行了破坏，使大佛底座的部分小佛像有了残损情形很紧张。郑贝满和楚景明于是勇敢地站到大石佛的莲座上，向工人同志们自我介绍说："我们是市文物局博物馆派来保护这批文物的，这批石造像不是迷信品，是北魏时期的石雕艺术品。看，这造像是多么雄伟，艺术造型是多么优美生动。这栩栩如生的雕像展现了中国古代劳动人民的智慧和才能，让我们了解了古老中国的文明发展史，这是古代劳动人民给我们后代留下的宝贵财富。我们要让子孙后代知道，中华民族自古就是勤劳勇敢和富于创造精神的民族，古代人民精美的雕琢技艺，就犹如今天我们的工人阶级不断的发明创造一样，我们不能自己毁灭自己的历史见证，应该保护爱惜，给子孙后代留下这份历史文化遗产。"这时，在越围越多的工人群众中，有人站出来表示："我们是四方机厂的工人，要亲自保护好这些国家珍贵文物。"

两人的工作得到了工人群众的认可和帮助，大家立即分工把守四方机厂大门，禁止红卫兵进入厂内，北魏石造像终于在"破四旧"的疾风暴雨中得以幸存。

北魏圆雕，两佛并立，国内仅存

1979 年，中共青岛市委决定，将保存在四方机厂内的石造像迁到市博物馆。工程师们用近两个月时间做好了 4 个角钢吊笼，用木料衬好，同时在博物馆砌好了 6 个台基，4 尊佛像在中，石碑在两头。

1979 年 7 月 14 日，迁移工作开始，运输车队一路走走停停，由于佛身太高，沿路经常得由人工挑开碍事的电线，交通一度中断。上午 11 点多，两台 20 吨吊车^{当时青岛最大的吊车}，首先进入博物馆前院，由于石佛太重，吊动时竟把院中铺的石条压陷入地下 10 多厘米深，最深处陷入地下近 20 厘米。

1997 年，在东部新博物馆兴建之际，青岛市文化局、文物局组织专家论证，提出将大佛东迁。1998 年 7 月，

北朝挟持菩萨像，原头被盗，现存头部为后人所加（钱欢青摄）

在博物馆新馆框架搭起后，开始了大佛的东迁工作。

大佛的再次迁移依然十分艰难，当时参与该项工作的人数达到了二三十人。博物馆大厅内，除了大佛安置处地下有立柱外，地下其他地方没有特别承重处，为了确保大佛进馆时万无一失也保证地下库房安全，安装公司去购买了许多钢管，在大佛经过的地方——从大门外进门到大佛安置处的地下，每隔 70—80 厘米就顶上一根，密密麻麻顶上了很多钢管。最后，大佛被安然无恙地放置在已经做好的基座上，东迁工作顺利完成。

为了表达对大佛的敬意，2010 年青岛市博物馆建馆 45 周年时，工作人员在佛像身后增饰了火焰背光。目前，作为我国博物馆室内陈列古代石造像，"丈八佛"体量最大，而两佛并立，且均为北魏圆雕，为国内所仅存。"丈八佛"的艺术价值、考古价值是无法估量的。

稀世北宋钧窑，曾被用来盛鸡食 青岛市博物馆

喜欢瓷器的人都知道，作为宋代五大名窑之一，钧窑烧制的瓷器以釉色艳丽多变而著称，自古以来就有"黄金有价'钧'无价""纵有家产万贯，不如钧瓷一件"的说法。

在青岛市博物馆，就珍藏着一件北宋钧窑乳钉鼓式洗。

洗是古代专门用来洗毛笔的一种文房用具，北宋钧窑乳钉鼓式洗的珍贵之处在于，它不仅让我们看到了北宋钧窑瓷器之美，又体现了宋代工匠高超的制瓷技艺。尤其值得一提的是，根据专家的说法，这种北宋钧窑乳钉鼓式洗在我国目前只发现了4件，而青岛博物馆的这一件，是其中最大、最好的一件。

很多人也许想不到，一件国宝级的稀世钧窑，却曾经被当作一个"喂鸡钵子"。北宋钧窑乳钉鼓式洗背后流传的故事，足以演绎一段文物传奇。

北宋钧窑乳钉鼓式洗（青岛市博物馆提供）

5 块钱买来一件"喂鸡钵子"

有关这件宋代钧窑乳钉鼓式洗的来历，青岛市博物馆馆长助理、文物保护管理部主任赵好跟我讲述了一段趣事。

张廷臣，山东昌邑丈岭万家屯人。20 世纪 30 年代，张廷臣的父亲在昌邑开设福顺祥文物商店，张廷臣 17 岁就随其父从事这一行业，因此对文物颇有研究。进入青岛市文物商店工作之后，张廷臣便成为富有文物知识和鉴别能力的"老职工"。

1962 年之后，张廷臣和青岛市文物商店的职工经常被派到区、县、农村蹲点，抢救社会上的零散文物。他们到过很多地方，一旦获悉哪里有文物，从不轻易放过，或是动员上缴国家，或是动员卖给国家。

1962 年的一天，张廷臣从乳山县的一个村子经过，看见一家农户敞着大门，随便往里一瞥，看到里面一群鸡正在争先觅食。恍惚之间，他发现盛鸡食的器物好像是个洗子，便跨进门与家主搭话，一边搭话一边蹲下来观察那器物。人一蹲下来，正在抢食的鸡群被惊散，张廷臣就趁机将洗子捧在手中，翻来覆去地观察。仔细一看，如获至宝：不错，这是个洗子，还是个宋代钧窑洗子！

张廷臣心里万分激动，情不自禁地说："此品好啊！此品好啊！虽沦为鸡食钵子，总算没有碰着磕着，真是谢天谢地！"他手捧洗子，爱不释手，随即问农家主人："怎么用这东西喂鸡？可惜了！"农家主人说："这件东西没有什么用处，俺看它又矮又厚又重，做鸡食钵子用稳当。大哥这么喜欢，一定是有用处，就把它送给你吧。"张廷臣正在想该怎样动员她卖给国家，经她这样一说，真是喜出望外，就以 5 元人民币奖励那农家主人，并表示了谢意。1962 年正当国民经济处在最困难时期，当时 5 块钱在农民手中也是难得的，农家主人就高高兴兴地收下 5 块钱，把"鸡食钵子"给了张廷臣。

带着无比喜悦的心情，张廷臣连夜赶回青岛，及时向青岛市文物商店的领导汇报了收购宋代钧窑乳钉鼓式洗的情况。文物商店的领导李立轩同志看到这件洗子，激动地说："这次你可立了大功了，为国家抢救了传世珍品，为我们青岛市文物商店增添了荣誉。"后来，国家文物局著名专家耿宝昌先生到青岛鉴定了这件宋代钧窑乳钉鼓式洗，并将其定为国家一级文物。

纵有家产万贯，不如钧瓷一件

张廷臣慧眼识宝，曾将做过鸡食钵子的北宋钧窑乳钉鼓式洗成功收归国有。如今，它早已成为青岛市博物馆的镇馆之宝，供国内外观众鉴赏。

一件小小的瓷器，为何会如此珍贵呢？这就要从钧窑说起。

钧窑，宋代五大名窑之一，位于河南省禹县神垕镇，因古代这里有大禹治水会诸侯的钧台，古称钧州而得名。钧瓷是宋代青瓷系创烧的窑变新品种，开创于北宋初期，盛烧于北宋晚期，是唐代鲁山、郏县、内乡、禹县花釉瓷器工艺技术的继承和发展。钧瓷以其坚实的胎质，古朴的造型、绚丽多姿的窑变釉，于宋徽宗年间被确定为专烧御用贡瓷。

钧瓷造型除日常生活用品外，陈列瓷也较为多见，如各式花盆、托、洗、尊等。

窑变是钧窑最有名的特征之一。北宋钧窑乳钉鼓式洗也体现了鲜明的窑变特征。工匠首先在釉料中加入少量的铜，然后在素胎上施厚釉，再入窑高温烧制，就会产生窑变。"入窑一色，出窑万彩"，窑变后的钧窑瓷器于是釉色莹润、五彩斑斓，呈现玫瑰紫、海棠红、天蓝、天青、月白等色，特别是在通体天蓝色中，闪烁着紫色的斑块，如火如霞，极为美观。这些釉色自然天成，人为无法设定。正因如此，每一件钧窑瓷器都独一无二，所以自古就有"钧瓷无对，窑变无双"的说法。青岛市博物馆的这件专门为北宋宫廷烧造的钧窑乳钉鼓式洗，将青铜器的古朴与瓷器的温润，完美地融合在了一起。

青岛市博物馆的这件鼓式洗 ^{高9.1厘米，口径23.8 厘米，底径17.3厘米} 外形呈鼓式，外壁有两道弦纹，上、下腹部各装饰 20 颗和 18 颗乳钉，足部由三个兽头组成。整件器物看上去既古朴端庄，又莹润秀丽。这件钧窑鼓式洗，集多种釉色于一身，口沿、弦纹、乳钉以及器足转折处为酱紫色釉，内壁为天青色釉，好似雨过天晴。外壁则呈现紫红色，各种釉色相互交融，过渡十分自然。

更有意思的是，这件鼓式洗上腹部的釉层上，有一些纹路弯弯曲曲，就像蚯蚓在泥土中爬行后留下的痕迹，专家称其为"蚯蚓走泥纹"。"蚯蚓走泥纹"是北宋钧窑瓷器的主要特征之一。因为钧窑瓷器釉层较厚，素烧过的坯体在施釉后，会产生裂纹，经高温烧制时釉料发生流淌，填平裂纹，就形成了"蚯蚓走泥纹"。"蚯蚓走泥纹"是北宋钧窑瓷器的一个显著特征。北宋灭亡后，中国的制瓷中心南移，钧窑开始走向衰落，这一工艺也几乎失传。

北宋钧窑瓷器还有一个特征，就是器底刻有数字，青岛市博物馆收藏的这件鼓式洗，底部就刻有一个"一"字，而北京故宫博物院收藏的两件宋代钧窑鼓式洗，底部也刻有"一"字。专家表示，传世北宋钧窑器底都刻有"一"至"十"的其中一位数字，其用意可能是表达器物的颜色，或为器物配对记号，或成器物的排列序号。

民间素有"黄金有价'钧'无价""纵有家产万贯，不如钧瓷一件"的说法，而这件北宋钧窑鼓式洗是钧瓷中的上品，且存世量稀少，堪称国之瑰宝。

传世数量少，缘自宋徽宗的"完美主义"

流传下来的北宋钧窑为何会如此稀少？这还要从宋徽宗说起。宋徽宗赵佶，是北宋晚期的一位皇帝，他治理国家不行，但艺术造诣很高。宋徽宗是一位书画家，擅长画花鸟画，他开创的瘦金体，也在中国书法史上留下浓重的一笔。

宋徽宗对瓷器也是钟爱有加，他尤其喜欢钧窑瓷器艳丽多变的釉色。宋徽宗在位期间，钧窑被定为御窑，专门生产贡瓷。为了追求完美，贡瓷生产不计成本，烧造量小，除少量精品送入宫廷以外，剩下的全部销毁，禁止流入民间。所以，传世的北宋钧窑瓷器数量非常少，这件乳钉鼓式洗就是其中之一。北宋时期的笔洗，造型多种多样，有单柄洗、海棠形洗等，鼓式洗是其中造型最独特的一种。

赶在"思想兵"前，抢下珍贵《道藏》

青岛市博物馆

在青岛市博物馆一楼西展厅，有一个展柜展示着几册明代万历年间刊印的《道藏》。工作人员告诉我，展柜里其实只是很小一部分，博物馆收藏的《道藏》总共有 120 箱，4516 册。明朝修订的《道藏》，全国只有两部比较完整，另一部藏于北京白云观。青岛市博物馆的这一部虽也有少量缺失，却是国内最完整的一部明代《道藏》。

《道藏》是一部道教经典的总集，内容极其丰富，远远超出了宗教范畴，可以称得上是一部大型的中国古代百科丛书。作为中国现存最重要的宗教经书总集之一，《道藏》与佛教《大藏经》并称为中国宗教典籍的两种瑰宝。

青岛市博物馆收藏的这部《道藏》为明正统十年 (1445) 纂辑本，刊刻于明万历二十七年 (1599)，是万历皇帝专门作为赏赐用途刻印的，宫廷笔体，宫廷藏本，非常珍贵，入选第一批《国家珍贵古籍名录》。

这部《道藏》原藏于崂山太清宫三清殿内神像两侧 6 个乌木大柜中。上世纪 60 年代，《道藏》险遭毁坏，文物部门及时赶到，才把《道藏》抢救下来运下山，得以保存至今。

"破四旧"风潮中抢下珍贵古籍

1966 年深秋，"文革"中刮起的"破四旧"之风到处蔓延，灿烂的传统文化遗产正处于被毁灭的险境。《道藏》就经历了无比凶险的时刻。

参与抢救《道藏》的聂希文，后来曾写过一篇《"文革"中抢救藏经纪实》，详细回忆了当时惊险万分的场景。

1966 年 8 月 24 日傍晚，时任青岛市副市长的王云九打电话给当时在青岛市文化局任职的聂希文："据可靠消息，山东海洋学院的造反组织'思想兵'要在今夜或明晨出发，去崂山砸庙毁经。你必须立即组织力量，抢在他们的前面，把崂山华严寺、太清宫的珍贵经卷抢回来！"

这个电话让聂希文十分震惊，因为谁都知道，华严寺收藏的清版佛经《大藏经》以及明刻本和元抄本两部《册府元龟》、太清宫收藏的明版道教经典《道藏》都是当今不可多见的古籍版本，十分珍贵。

放下电话，聂希文立即召集市文化局的于策、王和祥和市博物馆副馆长宋勤生一起进行了周密的研究，"首先设法弄清了海院'思想兵'出发的具体时间和路线，了解到他们将于 25 日拂晓乘大卡车先去华严寺。为了抢时间，赶在他们前头，我们向市政府要来一辆快速灵便的美式吉普车先行，供装运经书和抢运人员的大卡车在文化局于策和王和祥同志带领下随后赶往"。

部署完毕，先头"部队"立即前往华严寺。到达华严寺，发现这里已

《道藏》分册（钱欢青摄）

经是一片横遭劫难的惨象：庙里所有佛像都被捣毁，有的乡民小伙在院内把佛头往地上摔砸并发着狂笑。有的乡民听说佛像背后藏有金砖，正在搜找金子。寺庙的许多软硬饰物和供品正在毁坏、焚烧中。

幸运的是，藏经阁暂时还未遭难，聂希文等人立即动手把古老笨重的藏经柜上的旧式大锁启开，开始了搬运经卷的工作。"《大藏经》有739 函、7718 册。我们细心地把这样繁多的经卷取出，包扎起来，然后一捆一捆地背起来，穿过寺庙外面的大段山路，堆放在山下的大路边，等候后到的卡车来装运"。

不久，海院的"思想兵"赶来了，面对面的抗争开始了。聂希文在文章中这样写道："'思想兵'看到我们竟走在他们前边并已动手抢搬文物，便对我们造起反来。他们把各种罪名横加在我们的身上，要'砸狗头'，进行批斗。面对他们的凶相，我们把带来的有关保护文物的文件拿给他们看，跟他们讲道理，说我们抢救的这些经卷的重要价值。随着我们心平气和地讲道理，他们的怒气慢慢消减了，不少人有所悔悟，开始认识到他们的这次'造反'并不'有理'，反而觉得我们的行动是有理的。整个局面转变了。他们对我们不再训斥、不再干涉，有的还表示支持，对我们说：'你们尽管放心搬运，运不了，可再次来运，我们

在大柜上贴上大标语，谁破坏，就砸谁的狗头。'"

在往山下搬运文物的行列中，有些醒悟了的乡民和学生也加入了进来，装载一卡车的《大藏经》运下山来。随后，聂希文等人从华严寺又赶往太清宫，把珍藏在这里的《道藏》运了出来。为了赶时间，也为了使经卷更好地得以保存，聂希文等人便把经卷原封不动地连同乌木抽屉一起搬运回来，存放在市博物馆内。

太清宫里藏《道藏》

这部浩大的《道藏》之所以能保存完好，还和崂山太清宫道士的认真呵护密不可分。

当时《道藏》存放在三清殿两侧的 6 个乌木大柜内，按《千字文》中的天、地、玄、黄、宇、宙、洪、荒等文字作为经卷目录很有次序地摆放在大橱的抽屉里。虽然时隔约 400 年，这里又靠海，潮气大，但经卷保存得很好。在文物工作者抢救《道藏》时，太清宫的人讲，他们总结出了一整套按季节、按一定操作规程来对经卷进行防潮、防虫蛀的措施，年复一年地进行精心维护。

《道藏》展开册页（钱欢青摄）

太清宫为何会有《道藏》？这要从崂山说起。崂山有着海上"第一名山"之称，据说秦始皇和汉武帝都曾来此求仙。崂山也是中国著名的道教名山，鼎盛时期，这里有"九宫八观七十二庵"，全山有上千名道士。中国古代著名的道教人物丘处机、张三丰都曾在此修道。崂山太清宫始建于公元 140 年，至公元 905 年，在几位著名道士的努力下，逐渐有了一定规模，此后建筑不断增加。元朝时，这里成为全真派的道观，得到朝廷的大力支持，地位迅速提高，被称为仅次于北京白云观的天下第二宫观。当年万历皇帝为表彰太清宫道士护教有功，特赏赐了这部《道藏》，《道藏》

的首页便有万历皇帝写给太清宫的敕谕。

中国古代"百科丛书"

青岛市博物馆馆长助理、文物保护管理部主任赵好介绍，《道藏》由中国历代文人道士汇集编纂而成，是一套大型道教经典丛书，其内容主要由道家书、方书、道经和传记四大部分组成。《道藏》所包含的内容十分丰富，它不仅是一部宗教典籍，更涵盖了哲学、文学、艺术、化学、天文历法、医药养生等众多方面的内容，其内涵远远超出了宗教范畴，可以称得上是一部大型的中国古代百科丛书。

比如，《道藏·真元妙道要略》记载："有以雄黄、硫黄合硝石并蜜烧之，焰起，烧手面及烬屋舍者。"这句话的意思是说将硫磺、硝石、雄黄与蜜合在一起烧，会产生焰火，能将人的脸和手烧坏，还会把房子烧了。这一记载描述了火药燃烧、爆炸时所产生的现象。

自古医道不分家，修道者大都兼修医术。比如葛洪、张仲景、孙思邈等，他们不但是中国古代著名的医师，又是修道之人。葛洪写的《葛仙翁肘后备急方》、张仲景的《金匮要略》、孙思邈的《孙真人千金方》，都被收录在《道藏》之中。

另外，由于道士们平时要观星望气，还要四处云游，进山采药，因此《道藏》中还记录了许多天文学、气象学和地理学的知识。

赵好说，从文献记载上来看，唐玄宗时曾有《开源道藏》，宋徽宗时曾有《宣和道藏》，但是只有名录，没有版本和书，目前所见最早的就是明代的刻版，而明代最早的就是明正统十年的版本，叫《正统道藏》。《正统道藏》当时是5300多卷，更庞杂，青岛市博物馆的《道藏》不同，它是明代万历二十七年刊印的，由皇帝钦赐给崂山太清宫。这一《道藏》版本十分罕见，其中的《太平经》最为特别。《太平经》是中国道教初期的重要经典，它追求的是无灾异、无病疫、无战争，君明臣贤，家富人足，各得其乐的太平世道，并提出了以人为本的治国思想。《太平经》原本有170卷，但随着历史的变迁，其中大部分已经遗失，而青岛博物馆收藏的《道藏》所含《太平经》共有90卷，具有极高的版本价值和研究价值。

国宝漆器，谱写捐赠传奇 _{青岛市博物馆}

进入青岛市博物馆大门，是一个曲线廊道，往左几步，在西大厅南侧，背靠镇馆之宝——两尊北魏丈八佛的，是一面博物馆文物捐赠功德墙。资料显示，成立 50 多年来，有 500 多位社会各界人士向青岛市博物馆捐赠个人珍藏。博物馆所藏的逾万件国家三级以上馆藏文物中，大约有 1/5 来自个人捐赠，张伯驹、王统照、张公治、黄公渚、叶恭绰等名流贤达均在此列。

而在市场经济大发展、文物炒作成风的当下，文物捐赠的行为更显珍贵。自 2009 年始，享誉世界的收藏家李汝宽家族先后 5 次向青岛市博物馆捐赠 17 件珍贵文物，除 9 件陶瓷器和绘画藏品外，另 8 件为汉、宋、元、明不同时期的代表性漆器，皆被国家文物鉴定委员会专家评定为国家一、二级文物，其中一件"明永乐宣德双款剔红亭阁人物盘"，目前与其相似者在全世界仅有 3 件，而在国内，这是唯一的一件。

一个家族向同一座博物馆多次捐赠具有极高历史研究与艺术价值的大批文物，在国内博物馆界堪称传奇。

缘分：博物馆来了位"不速之客"

在青岛市博物馆原馆长刘元鸣眼里，李汝宽家族的捐赠行为只能用"缘分"二字来概括。

那是在 2009 年的某一天，博物馆的工作人员向时任馆长刘元鸣报告，说有一位华侨到馆参观，想见一下馆长。刘元鸣于是迎下楼到展厅见到了他。

一开始，刘元鸣并不知道来者何人，只见他穿着朴素：一件极普通的衬衣、奶油色的布裤子、一双土黄色的旅游鞋，身体微胖，脸上架一副白框眼镜，从装束上丝毫看不出有什么特别。这位"不速之客"不善言辞，当看完了展厅陈列后，突然提出想要进一步看看馆藏漆器，也就是展厅里没展出来的宝物。当时馆里正在做"三大空间"的品牌建设，地下库房边上闲置的一间空房被打造成"精品鉴赏空间"，正是为了接待学者和高端研究人员，自建成还没有真正接待过有需求的客人。听到来者的要求，刘元鸣欣然同意，请文保人员打开库房调出漆器文物，请这位"不速之客"鉴赏。刘元鸣回忆，大师之所以是大师关键是他对器物的深刻了解，当看了馆藏几件代表性漆器之后不觉有一些遗憾，他提出要捐赠一件明代漆器给博物馆，并表示他的祖籍是山东，自己和父亲大半生旅居海外，现在落叶归根定居青岛，就是想着能为家乡做点事。在这之前几次到馆里实地了解场馆和收藏保护条件，觉得能把"宝贝"放在这里，也算是找到了好归宿。

刘元鸣后来才知道，这位"不速之客"，就是享誉世界的收藏家李汝宽先生的长子李经泽。

2009 年 8 月 28 日，李经泽如期来到博物馆，代表李氏家族将珍藏的一件"明嘉靖剔红双龙戏珠纹椭圆盘"捐赠给了青岛市博物馆。刘元鸣回忆，那天李经泽特别兴奋，滔滔不绝地讲起了漆器："雕漆，是把天然漆料在胎上涂抹出一定厚度，再用刀在堆起的漆面上雕刻图案，是我国独有的传统技艺，因漆色和技法不同，分别有剔红、剔黄、剔黑、剔彩、剔犀之称。雕漆工艺过程十分复杂，一件作品要经过设计、制胎、烧蓝、涂漆、画工、雕刻、抛磨、做里、做旧等多道工序，仅刷漆一项就需花费近百天时间。你们看这件明嘉靖剔红双龙戏珠纹椭圆盘，双龙身形灵活矫健，须发飞舞，上下追逐火珠，其中小珠盘成寿字，下饰海水江崖。盘壁锦地环雕松枝一周，六羽仙鹤飞舞，寓意'六合同春'。盘底髹黑漆，正

明嘉靖双龙戏珠纹椭圆盘（钱欢青摄）

中刀刻填金'大明嘉靖年制'楷书款。此器雕工精细，刀锋棱线清晰，尤其龙的须发和鹤的羽毛细若刷丝，层次清晰分明。以六羽仙鹤谐'六合'之音的做法，属典型明代纹饰特点，为明代宫廷御制漆器。"

传奇：收藏世家持续捐出文物

　　李经泽是李汝宽先生长子。李氏家族在世界收藏界享有盛誉。在长达近一个世纪的中国古代艺术品的研究和收藏中，李氏家族还与英国的大维德爵士、克拉克夫妇，日本的出光、松冈和安宅，以及中国香港的胡世昌等世界知名收藏家建立了深厚的友谊。

　　早在 1980 年，李氏家族就在美国加州大学洛杉矶分校建立了"李汝宽基金会"，每年举行有关中国文化、考古的讲座、资助一位有志华裔学生入该校就读。

　　李汝宽先生 1902 年出生于山东，15 岁到北京琉璃厂古玩店做学徒，后开设古玩店收藏经营古玩，1947 年起先后赴日本以及欧美等地发展事业，后定居美国。2003 年回归青岛安度晚年。如此，李经泽才成了青岛市博物馆的"不速之客"。

　　2010 年 3 月，李经泽先生风尘仆仆再次来到青岛市博物馆，代表李氏家族又一次捐赠了"明万历年间剔红纹漆九老图圆盒""明剔红亭台人物圆盒""明万历戗金彩漆双龙戏珠纹倭角方盒"三件极为珍贵的明代漆器。

明剔红亭台人物圆盒（钱欢青摄）

　　2010 年 6 月 12 日，李汝宽家族捐赠漆器专柜在青岛市博物与观众见面，当天李经泽因在国外讲学没能出席开展仪式。8 月 4 日，他专程从日本赶回来，代表李氏家族再次捐赠两件宋代漆器——"北宋漆碟"和"南宋黑漆嵌螺钿方盒"。刘元鸣回忆，当时只知道李经泽是来看展柜的，谁也不知道他还会再捐漆器。李氏家族所藏漆器大都来自海外藏家，特别是日本，这次捐赠的两件宋代漆器同样属于海外回流文物。把它们捐赠给国家也是李老先生一直以来的夙愿。李经泽面对着自己的日本女助手风趣地说："现在很多人都想法往外偷文物，我们俩却从外面往回'偷'。"一席话，说得在场的博物馆工作人员十分感动。

珍贵：永乐宣德双款漆器世所罕见

有了前三次的捐赠，青岛市博物馆的李汝宽家族捐赠漆器专柜已经日渐丰富。

2010年，在108岁高龄的李汝宽先生寿辰当天，李经泽代表家族第四次向博物馆捐赠家藏漆器重宝，此次捐赠的是一件"明永乐宣德双款剔红亭阁人物盘"。

作为明代杰出的工艺美术品，永宣时期的剔红漆器饮誉海内外。这件剔红亭阁人物盘，漆色艳红均匀，精致规整，木胎轻薄。盘心上部雕刻的富贵牡丹与芍药花交相辉映，四周枝叶茂密、舒卷自如，花叶相映，趣味盎然。盘心中部，方寸之间一幅文人士大夫于松石亭阁间携琴对弈的写实场景呼之欲出。整个漆盘的画面格调高古，雕刻刀法藏锋清楚、圆润丰腴。山水情韵、文人雅趣尽显刻刀之下。

如此轻薄的器体上怎会雕刻出此般立体饱满、层次丰富的纹饰呢？对于剔红工艺而言，能否刻出肥腴饱满、层次分明的纹饰要取决于漆层的厚度。品质优良的剔红漆器，其涂漆层数甚至多达一二百层，而且髹漆过程并不是

明永乐宣德双款剔红亭阁人物盘（钱次青摄）

一次就能完成的，每天只能在器胎髹漆二至三道，阴凉后再髹涂下道漆。因此，漆器的制作过程少则一二年，多则三五年，耗时甚久。再加上器胎多为木制不易保存，因而存世稀少，弥足珍贵。有意思的是，这件漆盘底部同时落有永乐、宣德双款。底边填金"大明宣德年制"楷书款，而款下则又隐现"大明永乐年制"款。为什么会出现这种现象呢？据资料记载，因永乐、宣德之间只隔洪熙一年，"剔红"漆器的制作又非常耗工时，所以一个工匠连续服役，两个朝代的制品源于一人之手是极为可能的，这件漆盘出现双款也许就是这种原因。目前，与其相似的漆盘在全世界仅有 3 件，而在中国，这是唯一的一件。故宫博物院漆器鉴定专家夏更起先生曾感慨地说："明永乐宣德剔红亭阁人物盘为国家一级甲等文物，这种永乐、宣德双款漆器世所罕见，为永乐漆器的代表之作。其他几件漆器也非常精美，据我所知，李先生曾向故宫博物院、上海博物馆等国内大馆捐赠过所藏漆器，但向一家博物馆捐赠如此众多且品类齐全、价值极为珍贵的漆器，尚属首次。"

2011 年，李汝宽先生在青岛病逝，享年 109 岁。2012 年，为纪念李汝宽先生逝世一周年，李经泽第五次向青岛市博物馆捐赠家藏重宝，将父亲生前挚爱的"宋定窑内刻花小碗""元青花团菊花纹小盏""唐三彩小罐"及"清彩绘颐和园风景皮革画"等 9 件珍贵文物一并捐赠给博物馆。这些文物都具有极高的文物价值和艺术价值，存世量极为稀少。此外，为完善李氏家族漆器捐赠的完整性，李经泽还将一件汉代漆器"汉代狩猎纹漆卮"捐赠，填补了青岛市博物馆在此类漆器收藏方面的空白。

金农《古佛图》历险记 _{烟台市博物馆}

　　2012 年 12 月，烟台市博物馆选出"十大镇馆之宝"，其中之一便是"扬州八怪"之首金农所绘之《古佛图》。上世纪 60 年代初，著名文物鉴赏家张伯驹先生到烟台，见到这幅作品，大为震惊："这幅画我寻找了 40 多年，以为早已流失海外，没想到完好地收藏在烟台，万幸！万幸！"之后，不少文物鉴赏家和著名书画家慕名纷纷到烟台欣赏此画。

　　正如张伯驹先生所说，作为一件稀世珍品，金农的《古佛图》能流传下来，的确是一件"万幸"之事，在曲折的流传过程中，它甚至差点被当作"柴火"烧掉！国宝背后，还有一段步步惊心的"历险记"。

从潍县"丁家花园"到黄县"丁百万"家族

　　烟台市博物馆藏品管理部主任李华杰之所以对《古佛图》的流传经历如此了解，是因为他的父亲李经章就是这个故事的当事人之一。

　　说起《古佛图》的流传，要从潍坊十笏园说起。十笏园是中国北方袖珍式园林建筑，始建于明代，原是明朝嘉靖年间刑部郎中胡邦佐的故宅，清光绪十一年^{（1885）}，被潍县首富丁善宝以重金购得，从此称作"丁家花园"。又因园太小，只有"十个笏板"大，故又名"十笏园"。金农《古佛图》就藏于十笏园中。

　　世事变迁，《古佛图》后来进入了黄县"丁百万"家族。"丁百万"家族非常传奇，鼎盛时，其豪华建筑覆盖大半个黄县城，达三千余间。丁氏家族系当铺世家，世代重视读书、做官、经商，他们"以学入仕，以仕保商，以商养学"。将官、商、儒三者做到有机结合，因而长盛不衰。据记载，丁氏家族的当铺、钱庄遍及全国 11 个省市，资产相传等于清政府一年的财政收入，为山东首富，因此绰号"丁百万"。由于丁氏家族以开当铺为主，因此也搜罗了大量珍贵的文物古玩，其中一件便是金农的《古佛图》。

然而，再昌盛的家族也禁不住历史这辆大车的滚滚车轮。当历史车轮驶到上世纪 40 年代，变故降临，稀世文物的命运也出现了变数。

稀世文物差点被当作"柴火"烧掉

上世纪 40 年代，胶东地区进行土改，打土豪、分田地，地主家首当其冲，黄县"丁百万"家族自然也难以幸免。丁家主人跑了，很多没来得及带走的财产就被老百姓分了。

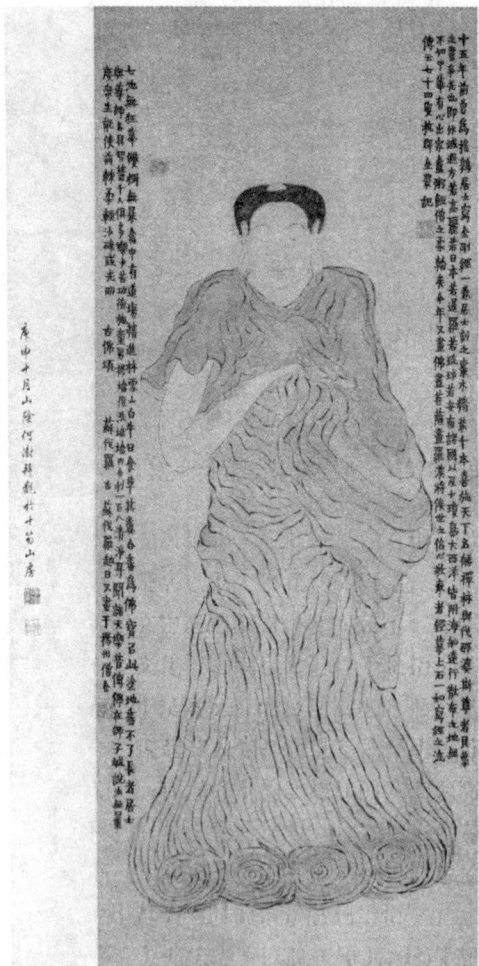

清代金农《古佛图》（烟台市博物馆提供）

话说丁家有一个长工，姓林，是黄县城西松岚村人。主人跑了之后，他没法继续干长工了，于是就回了家。回家之后老婆质问他："别人都分了东西，你怎么空手回来了？"老林说："平日里主人对我挺厚道，不好意思拿他家的东西。"老婆说："你这个傻瓜，你不拿，不是照样被别人拿吗？"老林一想，老婆说得也对，这是大势所趋，不拿白不拿，于是就赶了回去。回去一看，屋里的东西，能拿的都被拿走了，找了一圈，只在院子里发现了两捆字画，可能是主人走得着急没来得及拿，也可能是别人在分财产的时候不屑拿，老林就顺手把它们拿回了家。

回家之后，老婆又把他熊了一顿："你拿个家具还能有点用，就是拿个瓢还能盛个东西。瞧你拿的这两捆什么东西，烧火都用不上！"老林一看，字画都是装裱过，的确不适合烧火，就顺手把它们丢到了自己家的阁楼上。

这一放，就是十几年。

"柴火"换来1800元"巨款"

时间到了上世纪60年代。

1963年，作为烟台地区博物馆的负责人之一，李经章到黄县去收字画，当时去的是原来一户国民党军官的家。博物馆的人到乡下收字画，村民都很好奇，老林听说之后也来看热闹。他问李经章："这些东西，我家也有两捆，你们还要吗？"李经章听了觉得很奇怪：要说国民党军官家里有字画不稀奇，一个普通农民家里怎么会有这种东西？虽然心里半信半疑的，但他还是跟着去了老林家。

到了家，老林从阁楼上拿下了两捆布满灰尘的字画，李经章打开一看，的确有不少好东西，于是就跟老林说先拿回烟台鉴定一下。老林很豪爽，说："国家需要，拿走就行，不用给钱，放着反正也没用。"李经章把东西带回烟台后，对两捆字画进行了仔细鉴定，发现总共70多幅字画中，有50多幅都是比较有价值的，其中就有金农《古佛图》这件珍品。

虽是文物，但国家也不能白拿老百姓的东西，李经章于是申请到了1800元财政经费，亲自跑到黄县送到了老林家。老林拿到1800元钱，非常感动。"真没想到，两捆柴火值这么多钱，公家办事就是不坑人！"那个时候，农民辛苦一年也赚不到几块钱，在农村，300多块钱就能盖间房子，1800元可是一笔不折不扣的"巨款"。消息传开，村民们都很感动，觉得人民政府办事"还真靠谱"。

就这样，差点被当做"柴火"烧掉的珍贵《古佛图》终于到了博物馆，此后没多久，张伯驹先生就在烟台看到了这幅画，于是就出现了本文开头所写的那一幕。

"游丝描""金错刀"体现极高艺术价值

如今，《古佛图》安静地陈列在烟台市博物馆，以杰出的艺术价值和文物价值，迎接来来往往的人们细细品味。

这幅《古佛图》^{纵117厘米,横47.2厘米}为绢本设色,图中释迦正面全身,头顶青螺结,身着红袈裟,一臂袒露拱手伫立,神态安详而肃穆。面部以刚劲的铁线勾出,敷设淡彩,丰腴圆润,神采飘逸。佛像周身的衣纹采用枯笔折绝画法,下接卷云莲座,线条展转流动,有升腾动荡之感。又于释迦两侧作记,右边文曰:"十五年前为暖鹙居士写金刚经卷,刻之枣木,精装千本,善施天下名胜禅林……今又画佛,画菩萨,画罗汉,将俟世之信心,敬俸者锓摹上石,一如写经之流传云。七十四双机郡金农记。"左边题《古佛颂》,长达百余字。书体楷中兼隶,有"漆书"之称,其风格独绝,书画和谐,使佛像更为突出。

金农^(1686—1763)五十岁才开始学画,由于学问渊博,浏览名迹众多,又有深厚书法功底,终成一代名家。金农留世的画作很少,这幅《古佛图》将书法技法融入绘画之中,是一幅用传统笔墨"写"出来的绘画作品,是金农的代表作。画中运用"游丝描""金错刀"等技法,显示出了极高的艺术价值。画面两侧金农独创的漆书题跋,字体前无古人后无来者,与画相得益彰,实为稀释珍品。

鼻烟壶里有"乾坤" _{烟台市博物馆}

鼻烟是一种烟草制品，就是把烟草发酵后研磨成粉，装入专用的鼻烟壶内，然后用骨匙挖出一点放入鼻烟碟中，再用拇指蘸起送到鼻孔吸用，鼻烟刺激鼻孔使人打喷嚏，让人感到爽快提神。

鼻烟 17 世纪开始在欧洲流行，明末清初传入中国。清朝人非常时兴吸鼻烟，王公大臣和富豪们一起吸鼻烟时，总是互相炫耀自己的鼻烟壶，这就使得鼻烟壶的制作、把玩和收藏迅速兴起。各种珍贵材料和巧妙手艺都用在了制造鼻烟壶上。

在烟台市博物馆，珍藏着一件国家一级文物——清雕花翡翠鼻烟壶。它的价值不仅在于其材质、手艺和出于宫廷的显贵"身份"，还因其背后隐藏着一个极其曲折的故事。

2013 年 2 月 20 日，我来到烟台市博物馆，倾听了这个故事。故事的讲述人是博物馆藏品管理部主任李华杰，而李华杰的父亲李经章正是这一传奇故事的当事人之一。

文物店来了个农民

1975 年 9 月的一天上午，刚刚恢复营业的烟台地区博物馆所属的烟台地区文物店像往常一样开门营业。这时候，一位农民来到了文物店收购部，拿出一个小绿瓶来，说要拿去青岛卖，先来这里问个价。

当时在收购部值班的是王书庭和张君佩两位老先生，他们一看这个精美的"小绿瓶"，就知道是雕花翡翠鼻烟壶，他们没有急于打价，而是问那农民这鼻烟壶的来历。农民说他是福山古现人，这个小绿瓶是平坟整地时从墓里挖出来的。两位老先生听后告诉他，出土的东西不给打价，农民于是匆匆赶去青岛了。

农民走了之后，王书庭和张君佩觉得此事重大，于是立即向博物馆的史征夫、李经章和李步青报告。巧合的是，李经章在解放初期曾在福山县文教局工作，是古现一带的"包片干部"，经常到古现的农村蹲点，所以非常熟悉那里的情况。他知道古现是著名的"甲骨文之父"王懿荣故乡，王懿荣的家族墓地就在那里，于是立即想到这么精美的翡翠鼻烟壶很可能出自大收藏家王懿荣或其家人的墓中。如果真是这样，那么这件出土文物必须被追回来。

于是，时任烟台地区博物馆馆长的史征夫立即给青岛文物店和青岛外贸打电话，向他们讲明，福山王氏墓地出土的雕花翡翠鼻烟壶要去青岛出手，请他们帮忙按国家政策予以扣留。

青岛方面第二天就回了电话，说果然有一位叫李焕一的人，带着一件雕花翡翠鼻烟壶，先是来到青岛文物店打价，然后又要去青岛外贸工艺品部出手。青岛方面接到烟台方面的电话后，立即请青岛公安部门协助，将李焕一和鼻烟壶当场扣留，并请烟台方面派人去领人接物。

清雕花翡翠鼻烟壶（烟台市博物馆提供）

"想把它卖了给俺大队换台拖拉机"

李经章一听李焕一这个名字，就想起他是当年自己非常熟悉的福山古现李家村的老支书，于是就立即坐车赶往青岛，到了青岛一看，此人果然是老熟人李焕一。

李经章一边和李焕一叙旧情，一边了解到了鼻烟壶出土的过程。

原来，李家村在平坟整大寨田的时候，挖开了王懿荣的儿子王崇烈的墓。当时墓里有好多东西被作为"四旧"给毁掉了，其中王崇烈尸体的胸部有一块刻有四五十个字的骨头，社员们也不知道那是珍贵的甲骨文，当场就将其砸得粉碎。当时李焕一并未在场，当他闻风赶到现场，看到大甲骨被砸，非常痛心，立即制止了哄抢和破坏。仔细查找现场，李焕一又发现了这件雕花翡翠鼻烟壶，发现之后，有人还是要把它当"四旧"砸掉，李焕一说服了他们，带回大队部保存了起来。李焕一觉得这应该是件好东西，就想把它卖了给大队换台拖拉机。于是就有了到烟台、青岛文物店打价的经历。

听完故事，李经章向李焕一宣传了国家关于出土文物的法律政策，李焕一了解之后，一回到烟台就郑重献出了鼻烟壶，博物馆也按照相关政策给了他相应奖励，李华杰回忆，"据父亲说，应该是奖励了几千块钱，在当时够买一台拖拉机了"。

处理完鼻烟壶事件之后，李经章马不停蹄，又跟随李焕一到李家村查看了王崇烈墓，墓已被平，但在李焕一的帮助下，又从村民手中追回了青铜车軎和玉刚卯等 12 件出土文物。如今，这 12 件出土文物和雕花翡翠鼻烟壶一起，都珍藏在烟台市博物馆。

太后赏赐之物，王懿荣家传珍宝

有意思的是，这件鼻烟壶和"甲骨文之父"王懿荣家族之间，还有着深厚的渊源。

王懿荣（1845—1900），字廉生，山东福山人。中国近代金石学家、"甲骨文之父"。光绪六年（1880）进士，授编修。历官南书房行走、国子监祭酒、侍读学士。

据说慈禧太后非常赏识王懿荣，所以把雕花翡翠鼻烟壶赏赐给了他。王懿荣非常喜欢，一直珍藏。1900 年八国联军入侵北京时，王懿荣被任命为京师团练大臣留守京城，慈禧太后和光绪皇帝以及一班显贵大臣则逃离了北京。作为一个文质彬彬的祭酒，王懿荣如何掌兵御敌？虽然如此，王懿荣依然率领乡勇奋勇抵抗。1900 年 8 月 14 日，八国联军攻入北京，次日，悲愤交加的王懿荣带着妻子、大儿媳一起，在自家院内投井殉国。

王懿荣壮烈殉国后，他的时任直隶候补知府的次子王崇烈^{（1870—1919）}从天津赶到北京料理父亲后事，变卖了父亲收藏的一些文物，而包括一件刻有四五十个字的甲骨和这件雕花翡翠鼻烟壶在内的少量文物，因为是父亲特别心爱之物，所以被保存了下来。当王崇烈去世入殓时，他的家人为他陪葬了青铜器、玉器、甲骨等少量藏品，特别把那片刻字最多的甲骨放在王崇烈的胸口，把鼻烟壶放在他的手中陪葬。可惜的是，甲骨被村民砸碎了，幸运的是，鼻烟壶辗转保存了下来。

鼻烟壶里藏乾坤

鼻烟壶看起来虽小，其实里面蕴含着相当深厚的文化艺术价值。这件清雕花翡翠鼻烟壶_{高 5.3 厘米，最大径 3.7 厘米，重 50.5 克}，整体呈扁圆形，小口、短颈。整个鼻烟壶采用冰种翡翠为原料，壶体通身翠绿，质地莹润，浅浮雕山石、芝、兰，生机盎然，宛如一幅生动的花卉图。壶顶，也就是鼻烟壶盖是一块粉红色碧玺。鼻烟壶整体造型美观大方，雕刻刀法圆润，工艺精湛，具有浓郁的清代宫廷风格。

明末清初鼻烟传入中国，受经济发展的影响，当时吸用鼻烟的人很少。雍正、乾隆对鼻烟非常喜爱，朝野上下更是上行下效，是鼻烟发展最辉煌时期。道光年间，民间吸闻鼻烟已成为一种时尚，鼻烟壶的制作应运而生，并融入了中国传统的艺术风格。鼻烟壶小巧精致、宜于把玩，在制作中汇集了书法、绘画、雕刻、烧造、镶嵌等各种工艺技术。鼻烟壶上纹饰的题材更是广泛丰富，山水草木、亭台楼榭、珍禽瑞兽、花鸟虫鱼、历史故事、市井风俗等等，不一而足。一件小小的艺术品，浓缩了丰富多彩的大千世界。

值得一提的是，制作鼻烟壶的材料也包罗万象，金、银、铜、瓷、玻璃、玉石、象牙、琥珀、竹、紫砂、漆、珐琅、蚌壳、珊瑚等应有尽有。李华杰说，烟台市博物馆藏的这件鼻烟壶，之所以价值很高，也跟其翡翠质地有关。"翡翠产于缅甸，比国产玉硬度高，所以国际上也将其称为'硬玉'。明朝末年翡翠传入中国。清朝后期，由于慈禧太后特别喜爱，使得翡翠风靡朝野。皇宫造办处也精选上等翠料，组织能工巧匠雕刻成各种首饰、摆件等物品供太后和皇家佩戴或把玩。这件由宫廷制造的雕花翡翠鼻烟壶的选料和做工都非常讲究，所以更显珍贵"。

深山埋国宝 ^{海阳市博物馆}

说起海阳，人们首先会想到抗战时期著名的地雷战：爆炸英雄们在崎岖的山岭之间昼伏夜出；驮着地雷的小毛驴嗒嗒嗒走过羊肠小道……在海阳市博物馆的整个一层，就是地雷战纪念馆。一个个抗战英雄的事迹、各种各样的地雷，让人仿佛看到当年的抗战烽烟。

在博物馆的二楼，则是"海阳嘴子前齐国贵族墓"出土文物展，展厅汇聚了 1000 多件出土文物，其中包括 100 多件精美青铜器。陈列在展厅最内侧的巨大的国宝青铜盉更是令人叹为观止。

青铜盉 ^{高 37 厘米，口径 69.5 厘米，重 36 公斤} 为大直口，宽沿外折，口沿刻有铭文 7 字："圣所献妠下寝盉。"腹上部设 4 只大耳，两两相对。耳前端为兽头饰，兽圆目张口，齿舌毕现。盉颈、腹遍布繁缛的蟠龙纹。大盉出土后，1995年赴台湾展出，1996 年赴日本展出，1997 年参加全国文物精品展，世人瞩目，成为一件国宝。

深山埋国宝

亲身参与了嘴子前古墓发掘工作的原烟台市博物馆馆长林仙庭对嘴子前了如指掌。林仙庭已经退休，我在烟台市区的一个居民小区找到了他的家。他说，嘴子前的发现，还要从 1978 年说起。

嘴子前地处海阳招虎山大山深处，1978 年，这个深山小村爆出了一件特大新闻。事情出在那年春节，村里一些农家汉子闲来无事，想把村东北土台子那儿露出来的烂木头弄回家当柴火。那年月，正是人民公社集体生产的年代，山草、田草多归公家，农民烧柴也成了困难。那些从土中暴露出半截的半朽之木，黑不溜秋，望之令人生厌，但为了生计，汉子们也就顾不得那么多了。没想到，挖出木头后，下面竟然滚出了绿莹莹、光闪闪的铜器！有编钟 7 件，大的高 40 多公分，"像个大水桶"，还有布满花纹的铜盘。一对有盖的铜盆，盖得严丝合缝，里面竟然没有渗进半点儿污泥。

青铜盂（钱欢青摄）

发现这么多"宝贝"后，汉子们大喜过望。乐呵呵地抱着宝贝回了家。而大批极有考古研究价值的陶器、木器却当场粉身碎骨。

巧的是，当时海阳县文化馆馆长王瑾兆是嘴子前人，村里有人发现重要文物的消息很快就传入了他的耳朵。一方面担心国家文物遭受损失，另一方面也担心乡亲们会违反国家相关法律，王瑾兆于是苦口婆心，把出土的十几件青铜器收缴了回来，藏到了博物馆。嘴子前古墓也成为文物保护单位被保护了起来。

1985 年夏，海阳博物馆对暴露严重的 2 号墓进行了挖掘和清理。

1994 年 4 月和 2000 年 7 月，烟台和海阳两级文物部门先后对已裸露的 4 号墓和 6 号墓进行了抢救性发掘。几次考古发掘，共出土文物 1000 余件，其中精美的青铜器有 100 多件，是胶东半岛最辉煌的考古成果，在全国有巨大的影响。

"七鼎、九钟"高规格墓葬，全国罕见

嘴子前古墓群的发现，不仅当地人连连称奇，考古学界的目光也开始投向这片历来被专家们忽视的偏远之地。特别是随着 4 号墓发掘出很多出人意料的珍稀文物，举国震惊。这座墓中出土了包括"七鼎、九钟"在内的 260 多件文物。其规格之高、出土文物之多，在全国也属罕见。

那么，墓的主人是谁？

林仙庭说，西周时期统一形制，强调森严的等级差别，将鼎的不同数量组合赋予特殊含义，标明官次、等级。周礼规定：天子九鼎，诸侯七鼎。宴会或祭祀，有"列鼎而食"和"钟鸣鼎食"之说。这七件列鼎，除一件盖鼎外，其余六件形制一致，大小依次递变，颇具列鼎之势。如按七

鼎视之，其规格应是列国诸侯。

同时出土的一套编钟共 9 件，7 个甬钟、2 个纽钟，陪葬在椁外的二层台上。出土时黑漆朱绘的钟架还历历在目，但钟锈蚀较重。这套编钟经专家鉴定，已校过音，说明墓主家中有音乐家能够对编钟校正音律。以往出土编钟，校过音的很少，这就更增加了墓主的神秘感。

通过对墓葬考古断代，4 号墓属春秋晚期早段，这个时代山东大部分地区属齐国的疆域，是姜家统治齐国的后期。七鼎九钟，即使在这一时期，礼崩乐坏，以越礼僭制看待，墓主身份也

青铜甗（钱欢青摄）

略同于诸侯。但姜齐后期的国王大都葬在齐都临淄，有史料可查，那么八百年齐国，到底是哪一位国王葬于远隔都城千里之遥的胶东海阳嘴子前呢？

宫廷故器，揭开陈妫后裔帝王梦

专家开始从随葬器物中寻找打开秘密的钥匙。

林仙庭说，墓中出土了一件带铭文的青铜炊器甗，铭文大意是：姓陈的大夫做了这件器物，世世代代相传使用。铭文中陈字右边的"攴"旁，是典型的陈国特点。墓中青铜大盂口沿上的铭文"圣所献妫下寝盂"，意为"圣"进献给妫氏的下寝之盂。史书载，妫，"陈姓也"。西周初，周天子封舜的后人胡公满在陈当诸侯，陈国在河南妫水流域，当时习俗以地为姓，地姓"妫"、国姓"陈"，上述两种有铭器说明，墓主既姓陈又姓妫，无疑是陈国的宫廷故器。

那么它们怎么来到东方齐国了呢？

这与陈国的两次宫廷变乱有关。公元前 696 年，陈国诸侯陈历公生子完。完一出生即被封为太子。后来陈历公的侄子陈庄公杀叔篡位，废太子完，立自己的儿子御寇为太子。庄公去世，其弟宣公继位。宣公 21

年，一宠妃生子后，宣公杀太子御寇，封宠妃生的儿子为太子。完对宣公的残暴非常惧怕，在公元前 672 年，连夜逃奔齐国。

完奔齐后，做了齐国工正。到封邑后，完改姓田，决心扎根田地百姓，夺取齐国天下。从此，田氏家族处心积虑，承前启后，拼搏创业，施德于民，散财聚心，家族势力越来越大，到五代田乞时，升为齐景公的大夫。

专家们推断，嘴子前古墓群的时代是春秋晚期，与田乞、田常的时代相符，墓葬所在地又属于田家的封邑范围，这一诸侯葬墓的主人姓陈、妫，非田家莫属，嘴子前 4 号墓很可能是田乞的墓葬。在当时，田家只是相，用了诸侯的丧葬规格，是应受到满门抄斩处罚的。为掩人耳目，到天高皇帝远的东方封邑选择墓地，说明田家的世代帝王之梦，至此已经看到了曙光。

"田齐代姜齐"，中国进入封建社会的标志性事件

沧海桑田，千古英雄浪淘沙。从田完奔齐，田乞、田常擅政，威王、宣王争雄，田单火牛阵，直至田横五百义士殉难……田氏家族前仆后继，在齐国这片土地上为华夏文明谱写出许多壮丽的篇章，也为后人留下了珍贵的精神财富。

林仙庭认为，如果考古出土的文物能与某一重大历史转折勾连，那么其价值就尤为重大。嘴子前之所以具有重大意义，一个重要原因就是因为它直接反映了"田齐代姜齐"这一重大历史事件。景公时期，齐国宫室横征暴敛，百姓民不聊生，姜家的统治摇摇欲坠。尽管有相国晏婴极力维护，但田家作为封建社会一种先进生产力的代表，顺应了历史发展的趋势，受到人民的拥护。齐景公、晏婴去世后，田乞灭掉了高昭、国夏两大贵族，杀了新君晏儒子，立悼公为王，自己为相，专擅齐国政务。此后其子田常继为相国，到田常的儿子田盘为相时，安排家族兄弟全部担任齐国重要城邑的行政长官，实际已掌握齐国政权。公元前391 年，田盘的儿子田和将姜家最后一位国王齐康公废掉，贬到海上，自己做了国王，"妫为田昌"，田家终得齐国天下。林仙庭说，"田齐代姜齐，实际是奴隶主与封建地主斗争的一个缩影，它标志着中国已进入封建社会，也是春秋与战国历史分期的标志。"

千年"汉鹿"鸣呦呦 ^{登州博物馆}

"呦呦鹿鸣，食野之苹，我有嘉宾，鼓瑟吹笙。"这四句出自《诗经·鹿鸣》的诗句，相信大家肯定耳熟能详，它说明了鹿在古代是一种非常受欢迎的动物。

在登州博物馆，有一块珍贵的汉画像石——"东汉琴亭国李夫人灵第题记刻石"。因为画像石刻的是一只卧鹿，又是汉代之物，所以被人们俗称为"汉鹿"。画面所雕之鹿，造型简洁明快，栩栩如生，是中国目前出土的众多汉画像石中的精品。在山东发现有同样图案的汉画像石有大约4块，但仅有"汉鹿"有题字，因此历史价值较高。

鲁迅先生在其重新编订的《寰宇贞石图》中称，这块珍贵的"汉鹿"画像石藏在邹县孟庙；香港梁披云先生编的《中国书法大辞典》则说这方汉画像石藏于潍县张氏手中，后来又流往日本。然而事实上，这些都属于猜测和讹传。"汉鹿"目前依然藏于登州博物馆内。

乡愚不识夫人墓，竟把金石作井台

既然鲁迅先生和梁披云先生所编之书记载的流传经历都有误，那么这块异常珍贵的"汉鹿"石刻究竟是从何而来？在其流传的过程中，又经历了哪些离奇曲折的遭遇呢？

有关"汉鹿"的来历，还要从蓬莱市小门家镇沈余村说起。在东汉时期，这里属于中水侯李忠的故乡——东莱郡黄县的辖境。据史料记载，"汉鹿"是清同治十一年⁽¹⁸⁷²⁾在沈余村被发现的。登州博物馆馆长袁晓春说，关于"汉鹿"的发现，直到现在，沈余村还流传着这样一种说法：

张允勤是清代著名的金石收藏家，同治十一年的一天，他到沈余村去收租子，发现村里一口井的井口砌石颜色异常，张氏用手从井口抚摸下面，觉得有雕刻痕迹，他于是问村民这石头是哪来的，村民告诉他，这是有一次下大雨冲出来的，冲出来之后就被当做了井台。为了买下这块石头，张允勤花了二十多块大洋，还专门把整个井沿都用小石头换了下来，把井沿重新砌好。另外，他还向村里赠送了一套锣鼓。

东汉琴亭国李夫人灵第题记刻石（钱欢青摄）

当地村民有关"汉鹿"在农村井边被发现的传说，在清末金石学名著《语石》中也有记载，该书中有关"汉鹿"的记载为："同治中，蓬莱张允勤处士，笃贤好古之士也。以事之东乡，饮马于井，见井阑之石甚古，以手拊石下，觉有字迹，因经乡人购归，辨其字画，中间一鹿隐起，左方题字为汉琴亭国李夫人灵第之门，远近传为异品。"光绪重修《登州府志》对此也有记载："同治壬申（1872），村人甃古井得此石，蓬莱张氏得之，因摹以传。"也就是说，张氏在得到汉鹿后，曾摹刻了副本流传。而到了民国时期，张氏的后人更是卖了很多"汉鹿"拓片。而事实上，"汉鹿"也几乎成了"印钞机"，拓片的价格不菲，并且一时洛阳纸贵。据传，当年张家出售朱拓本每份银洋 20 元，墨拓银洋 10 元，可见其珍贵程度。当时的邮政局还曾经把"汉鹿"拓片制成明信片，全国发行。

有关"汉鹿"的流传过程，近人曲培书曾写了一首名为《汉鹿》的诗，专门对这件事情进行了评述，诗的后两句是"乡愚不识夫人墓，竟把金石作井台"，诗意虽浅，却很恰当地表现了"汉鹿"的身世。

深埋地下，躲过日本人搜查

"汉鹿"能够保存至今天，非常不容易。

梁披云先生编的《中国书法大辞典》之所以会有"汉鹿"后来流往日本的说法，和"汉鹿"在抗日战争时期的惊险遭遇有关。

袁晓春说，由于早已名声在外，所以在抗日战争时期，日伪军曾四处查找"汉鹿"的下落。为了不让这件珍贵的文物落入日寇的手中，张允勤的孙子张介繁将"汉鹿"偷偷转移到了蓬莱乡下汤丘村的岳母家，并小心埋藏了起来。如此，"汉鹿"才躲过了日本人的搜查。

新中国成立后，在 1956 年冬的一次文物普查中，张介繁将"汉鹿"捐献给了国家，当时的县长还给张介繁颁发了奖状，并奖励给他 1000 元。

1987 年 5 月，施蛰存先生曾在《北山集古录》推测，"汉鹿"作为墓门，应该是一左一右共有两只。从现在出土的东汉画像石来看，一般都是双鹿对卧画像石。因此，很可能与登州博物馆内这头肥硕的汉鹿相对应的，还有另外一头卧鹿。

袁晓春介绍，类似的鹿画像石，山东博物馆藏有东汉双鹿画像石，出土于 1951 年，在山东烟台福山区东留公村清理一座汉墓时发现。北京鲁迅故居藏东汉双鹿对卧画像石，山东莱州出土，鹿的造型与"汉鹿"上鹿的造型如出一辙。

汉室中兴点将才，李忠战绩显云台

曲培书《汉鹿》诗的前两句是："汉室中兴点将才，李忠战绩显云台。"这两句诗，勾连出了"汉鹿"背后的历史风云。

在登州博物馆展厅，我看到了"汉鹿"，也就是"东汉琴亭国李夫人灵第题记刻石"。这块汉画像石（长 110 厘米，高 49 厘米，厚 19 厘米）为褐色石灰岩质地。刻石的右侧横卧着一头肥硕的卧鹿浮雕，鹿角、鹿尾冲出边栏，鹿头正视，仿佛蓦然回首，一跃而起，整个造型简洁明快，栩栩如生。在这方刻石的左侧，刻有三行隶书题记，其书结体匀称，蚕头燕尾，波磔飞动，转折自然轻灵，沉雄圆劲，端庄典雅，在汉隶中属于一流。其内容为："汉廿八将佐命功苗东藩琴亭国李夫人灵第之门。"那么，这句话究竟代表了什么意思呢？

袁晓春告诉我，"汉廿八将"就是指辅佐汉光武帝刘秀，缔造了东汉帝国的著名的"云台二十八将"。光武帝刘秀是中国历史上少见的没有屠杀功臣的开国皇帝。他制定了一项国策："在上不骄，高而不危，制节谨度，满而不溢。敬之！戒之！传尔子孙，长为汉藩。"作为这项国策的受益者，东汉王朝开国功勋的后人都受到了优待，沿袭了先祖们的爵位和封地。"汉鹿"刻石隶书题记中的"琴亭国"，是东汉琴亭侯的封地，据考证，琴亭侯就是"云台二十八将"之一中水侯李忠的后代。李忠乃东莱黄县人，建武二年[26]封中水侯，建武十九年卒。子李威袭爵。威卒，威子李纯承继。永平九年[66]，因为李纯母亲杀死李纯叔父，朝廷废了中水侯的封地。永初七年[113]，邓太后又封李纯为"琴亭侯"。纯卒，子李广袭爵。

而隶书题记中的"灵第之门"则表明这块"汉鹿"刻石是"李夫人"的墓门，只是，这个墓主"李夫人"到底是哪一任琴亭侯的妻子，就不得而知了。

墓门雕鹿反映了成仙愿望和孝道思想

以鹿作为墓室画像石的题材，在山东半岛出土的不少汉代石刻中屡有发现，那么，在墓门门楣上刻卧鹿的形象，到底具有什么样的含义呢？

《汉书·蒯通传》曰："且秦失其鹿，天下共逐之。"张晏注："鹿喻帝位。"即鹿作"禄"解。如"鹿死谁手""平原逐鹿"，都寓意于政治之争。

鹿在古代还被视为神物，认为鹿能给人们带来吉祥幸福和长寿，那些长寿神就是骑着梅花鹿。在商代，鹿骨已用作占卜，殷墟还发现鹿角刻辞。东周时期，楚墓中流行雕刻镇墓的鸟兽神怪，它们的头上都安装着真实的鹿角，形成楚文化的特点。

袁晓春认为，在墓门门楣上刻卧鹿的形象具有两种社会含义："一是当时流行的成仙思想，在古代的记载和传说中，鹿是仙人的坐骑，乘上它们，就可以超升到神仙的世界，这满足了墓主人死后升仙的愿望。同时墓室中鹿的图案，也隐含此处是神仙宅第的意思；二是孝道的象征，据《孝子传》中记载，鹿与孝子共同守墓，每当孝子祭祀时，鹿都跟着悲哀鸣叫，因此人们就把鹿与孝道联系起来，将鹿的形象纳入到了墓室之中。"

"千佛缸"生死劫 _{蓬莱古船博物馆}

一千尊佛像密密麻麻整齐排列，把一口"大缸"包裹起来——这件名为"千佛缸"的铜制佛教文物，令人叹为观止。这是山东省唯一保存的一件此类造型的铜制佛教文物，国内亦十分罕见，其文物珍稀程度极高，具有重要的历史和工艺美术价值，为韩国、日本等国学者惊羡，被称为稀世珍品。

如今，千佛缸安静地陈列在蓬莱古船博物馆，谁也看不出它曾两度经历生死劫难：一次是面临"寺毁物亡"的命运；一次是"文革"时惨遭红卫兵破坏。幸运的是，历经磨难，千佛缸还是保存了下来，成为博物馆的珍贵馆藏，默默地向世人显示着古人的智慧和荣光。

寺毁僧亡，千佛缸幸存

既是佛教文物，自然和寺庙有关。千佛缸的来历，就和蓬莱的一座寺庙有关，它遭遇的第一次劫难，也发生在寺毁僧亡之时。

登州博物馆馆长袁晓春告诉我，千佛缸乃蓬莱市北沟镇北林院寺庙旧藏。

根据北林院村祖辈留传下来的说法，北林院是"先有^(寺)院，后有村"。在宋末元初，一帮和尚相中此地，依山就势，在此修建了一座寺院，并在寺院四周栽植了大量柏树，形成了一片柏树林子，就起名叫"柏林寺"。因此地东面、北面有柏树林，又有寺院，故取地名为"柏林院"。由于蓬莱方言里"柏"与"北"二字音同，所以后来就改称"北林院"。据说当时寺院规模很大，光庙地就有上百亩，所以雇用了周边许多百姓来种地，日久天长，雇工就依寺院外围搭棚落户，繁衍成村，以地名为村名，就有了北林院村。

北林寺据传为宋元时代所建，根据寺中古碣记录：寺院毁于战火，"明永乐年重建"。据村里老人说，北林寺曾经香火旺盛，后来寺毁僧亡，北林寺残留建筑也在抗日战争时期被扒毁，只残存一座赑屃驮碑，被埋

千佛缸（钱欢青摄）

到了村口地下。最幸运的是，在寺毁僧亡的劫难中，寺中遗物千佛缸被保存了下来，成为这座千年古刹的见证。

1950 年初，幸存下来的千佛缸进入了蓬莱阁，到"文革"前，一直完整如初。但它没能躲过"文革"十年浩劫，它残缺不全的部分就是在"文革"中被人为损毁的。

1968 年，在疯狂的"破四旧"中，红卫兵把千佛缸从蓬莱阁丹崖山上白云宫门前推下，因此而破损。幸运的是，蓬莱阁的一位老文物工作者，将千佛缸的残片搜集了起来。1999 年，蓬莱阁管理处请山东博物馆的文物修复人员对其进行了精心修复。千佛缸修复之后，于 2000 年开始陈列于登州博物馆，后又转藏于蓬莱古船博物馆。

千尊精美佛像体现古人智慧

千佛缸高 99 厘米，口径 51 厘米，最大胸径 71.5 厘米外侧共有一千尊佛像，每行 50 尊，共计 20 行。文物上的佛像跏趺坐在莲花台上，而且上下左右互相连接。"跏趺"是佛教中的一种盘腿而坐的坐法，脚背放在大腿上。佛像的双手重叠放在胸前，作禅定印，佛像后有背光。据专业人员介绍，若非年久残损，每个佛像的神情姿态都清晰可见。

对于千佛缸的年代，目前文物专家意见不一，但是最迟应该在明代之前。

尽管有些残损，但是我们依稀可以看出做工的精美。千佛缸是由青铜铸造而成。当年修复千佛缸时，工作人员还发现，缸体上1000尊佛像是由模具整体铸造，但在每个佛像身上却用铁铆钉铆固。袁晓春说，这是传统的失蜡法铸造，在用蜡模刻好

千佛缸局部（钱欣青摄）

千尊小佛像之后，为了确保浇注铜液过程中佛像完好，铆入铁钉，起到固定作用。之所以用铁钉，是因为铁的熔点远高于青铜溶液，用铁钉既可以不熔于高温的青铜熔液，又可以起到固定腊模的作用，体现了古人的智慧。

有意思的是，在有些佛像的背光上，刻有人名，比如张纯太、宋源、王尚贤、刘才胜等等。袁晓春介绍，这些在青铜佛像外壁直接锲刻的题名，应该都是供养人的名字。"从题名特点看，其中既有何九章、王守祖等男性信徒，也有刘氏、裴氏、周氏等女性信徒，还有圆安、决源等僧人的法号。这说明千佛缸是由僧侣、男女供养人共同捐资发愿制造的"。

"千佛绕毗卢"浓缩佛教文化

千佛缸虽然被叫了很多年，但最近的研究结果表明，所谓的"千佛缸"，实际上是佛教"毗卢遮那佛"造像的一个莲花台底座，也就是通常所说的"千佛绕毗卢"的残存构件。因此，千佛缸被叫做"千佛莲台"也许更准确些。而原来端坐在"千佛莲台"上的佛像不知何时遗失。

2004 年夏，金石学家、北京石刻博物馆研究馆员吴梦麟先生在看到了"千佛缸"的照片后断言，这其实是"千佛绕毗卢"的底座。它的上面应该还有其他佛造像才算是完整的。

佛经告诉我们，"千佛绕毗卢"的存在，有着特殊的宗教含义。"毗卢佛"是"毗卢遮那佛"，那么这个"毗卢遮那佛"是什么佛呢？

根据佛教的理论，佛有三身，分别是：法身、报身和化身。分别用毗卢遮那佛、卢舍那佛和释迦牟尼佛来象征。毗卢遮那佛，汉译为大日如来，也就是释迦牟尼的法身，被佛教密宗尊奉为最高神明。他统率着全部佛和菩萨。

依据《梵网经》的理论，毗卢遮那佛的佛座由千叶莲花构成，每一片莲花瓣都象征着一个释迦的化身，整个莲座构成了一个"莲华藏世界"。"莲华藏世界"是一个典型的佛教词语，佛教认为，大海中有莲花，莲花中的世界就叫做"莲华藏世界"，也叫做"三千大千世界"，俗称"千佛绕毗卢"。

因为对佛经理解的不同，僧徒们在制作"千佛绕毗卢"造像时所采用的手法也有所差异。归纳起来有四类：一个千佛莲台上坐一尊毗卢佛；一个千佛莲台上坐四方佛，四方佛上坐毗卢佛；三层千佛莲台上分别坐四方佛，莲台和佛像向上叠加；千叶莲花瓣构成的莲上坐一尊毗卢佛。尽管如此，以上"千佛绕毗卢"中的毗卢佛和四方佛的手印则是完全相同的，而且造像底座皆为千尊佛像组成，每行 50 尊佛像，一共 20 行，所以叫"千佛绕毗卢"。

在北京法源寺、河北正定隆兴寺等寺院内，也保留有完好的毗卢遮那佛造像。北京法源寺藏千佛绕毗卢造像，为千佛莲台上坐四方佛，四方佛上坐毗卢佛的造型；河北正定隆兴寺千佛绕毗卢造像，为三层千佛莲台上分别坐四方佛，莲台和佛像向上叠加，从下而上体积依次递减。唐代开凿的龙门石窟奉先寺大佛是卢舍那佛像最著名的庄严代表。造像高约 16 米，台座并列三重莲花，莲瓣各刻小佛，象征莲华藏世界。而蓬莱所保存下来的"千佛莲台"，在偏远的乡村，能跨越历史的沧桑保存至今，已经很不容易了。

两门碗口炮见证明朝抗倭烽烟 _{蓬莱古船博物馆}

蓬莱，历来有人间仙境之美誉。八仙过海的传说，蓬莱阁的无限风光，更使其闻名遐迩。由于蓬莱地处胶东半岛最北端，濒临渤、黄二海，因此历史上又是非常重要的海防重镇，这里还曾诞生过名载青史的抗倭名将戚继光。

2013 年 2 月 21 日，在蓬莱古船博物馆，我见到了两件国家一级文物 —— 明朝碗口炮。根据专家的介绍，在我国已经发现的早期铜制管形火器中，蓬莱出土的这两门明洪武八年（1375）碗口炮，是有铭文可考的最早的铜炮，也是铜火铳向铜炮演变过程中被明确称作"大砲筒"的最早实例。它因此还被列入《中国兵器史》。这两门碗口炮，同时揭示了蓬莱在明朝初期海防体系中的重要地位，也展示了明代武器的先进和海防军事实力的强大。

盖房挖地基，挖出"大铜炮"

明朝的这两门碗口炮，原先陈列在登州博物馆，后转入蓬莱古船博物馆。登州博物馆馆长袁晓春对其曾有深入研究，并在 1991 年第 1 期《文物》杂志刊发相关学术论文，引起国内兵器史学界广泛关注。

如此重要的两门碗口炮，发现过程却非常偶然。

营子里村，如今属于蓬莱市新港街道，在上世纪 80 年代，则属于

明代碗口炮（钱欢青摄）

马格庄乡。1988 年 4 月 1 日，营子里村村民聂得果正在为自己家盖房子挖地基，当挖掘到地表以下 1.5 米深的时候，一件让人意想不到的事情发生了，他发现地下埋着两门铜炮，炮口有碗口粗。联想到自己的村子在明代曾是古城堡，聂得果觉得这炮应该有价值，但并不想上交。

不过很快，营子里村村民挖到"大炮"的消息很快就传开了，附近村里的文物管理员听说后，立即通知了蓬莱县文物管理所和蓬莱阁管理所。文管所的工作人员于是到聂得果家里对他宣传文物政策，说服他将"大炮"上交给文物部门，并给了他 2000 元的奖励。"大炮"终被文物部门收归国有。

经过专家鉴定，这两门"大炮"果然是"宝贝"：它们是明朝洪武八年的铜制碗口炮，在国内都非常罕见！

阻绝倭寇从海上来犯

挖地基怎么会挖出两件明代"大炮"呢？要找到这个问题的答案，那就得从营子里村的来历说起。

营子里村北临黄海，在大明王朝建立初期，为了防御倭寇从海上侵扰沿海居民，明朝军队在此建筑营寨，驻军设防，后来，驻军撤离后，附近的人们搬进营寨居住，"营子里"的村名由此而来。既然营子里村的村址是明代的军事营寨，那出现铜炮这样的武器也就不难理解了。据专家现场勘查，两门碗口炮出土于原营寨的寨墙之下，说明这两门碗口炮是明军防海守寨的重型武器。

在大明王朝初期，设置的海防目标是阻绝倭寇从海上来犯。"倭自海上来，则海上御之耳。请量地远近置卫所，陆聚步兵，水具战舰，则倭不得入，入亦不得傅岸"。在北起鸭绿江、南至越南交界处的辽阔海疆，建立起一个"陆聚步兵，水具战舰"的陆上坚守与近海巡剿相结合的海防体系。建立这样一个防御体系，首先是增设卫所、修建城寨与烽堠墩台。据统计，明洪武一朝，在山东共设立了 10 卫 5 所，它们延绵相续，点线结合，对于防御和打击倭寇的侵扰，起了非常重要的作用。

袁晓春说，在营子里村西邻，还有一处重要的明代古城遗址——位于刘沟镇赵格庄村海滨的赵格庄备倭古城遗址。1996 年，赵格庄的村民在此挖沙，偶然发现了这处遗址。该遗址建于悬崖峭壁之上，东、北两面临海，地势十分险要，是明朝洪武年间为防御倭寇入侵而建的军事设施。古城（南北长 140 米、东西宽 106 米、大部分城墙损毁，西部城墙现长 92 米、高 3.5 米）呈不规则四方形，由玄武岩大型条石砌筑而成，保存较好，被当地居民称为"围里""营子岬"。遗址属于明朝刘家旺百户所。据清朝《登州府志》记载，洪武九年，明朝在蓬莱设立了解宋营、芦洋、栾家口、刘家旺 4 个百户所。百户所是明朝卫、所制中的军事编制，每个百户所设士兵 120 人，长官为百户，武官品级为正六品。明朝在蓬莱设立 4 个百户所，可见蓬莱在明朝备倭中的重要性。

站在如今的赵格庄备倭古城遗址，除了看到历史的沧桑，还依稀可以想见当年明军备倭的风采。

在当时是杀伤力较大的先进武器

明代铜炮在营子里村的出土，反映出该地区在明代初期备倭中的重要军事地位。那么，在此地出土的这两门铜炮，到底蕴藏着多少不为人知的历史？

两门碗口炮（一门长 61 厘米、重 73 公斤，另一门长 63 厘米、重 73.5 公斤）整体用青铜铸造，形制相同，炮口略呈大碗口状（直径 26 厘米），炮膛（深 55 厘米）呈直筒形，碗口（内径 11 厘米）以下向后逐渐变细（底径 9 厘米），炮身外壁铸有三周加强箍（箍宽 1.5—2.5 厘米），药室隆起呈球状，底座加厚至 5 厘米。碗口炮炮形粗短，管壁厚薄不均（在 2.3—3 厘米之间），外壁留有明显的模铸痕。

历史上铁炮经常可见，但为什么这两门碗口炮要用青铜材料铸造呢？袁晓春认为，原因有两个，"第一，当时铸造这两门碗口炮的宝源局善于使用此类材料，铸造技术工艺纯熟，炮不易炸膛。第二，一直到明清时期，中国的铁铸炮，因杂质较多，容易炸膛，因此选用几千年来广为使用的青铜材质。但是，铜炮也有缺点，那就是造价较高，所以铸造的数量并不多"。

碗口炮上所刻铭文（钱欢青摄）

　　袁晓春说，这两门碗口炮口径大，身管较短，火药由前填充，用火绳发火，没有瞄准器。在炮身的铭文中，两门炮都明确被写成"大砲筒"，"我们从其口径、重量、装药量估计其射程和杀伤力，这样的碗口炮已经具备了火炮的功能。在当时，这应该属于先进武器，杀伤力较大。根据史料记载，此类炮在永乐年间应该有抗倭的实际战例"。

　　另外，碗口炮的外形与明初碗口铳极为相似，由此可知，碗口炮是由碗口铳发展而来的。这两门碗口炮，是铜火铳向铜炮演变过程中被明确称作"大砲筒"的最早实例，国内少见。

宝源局铸造下发到山东莱州卫使用

　　特别值得一提的是，这两门碗口炮的炮身中部都镌有铭文：一则铭文内容是"莱州卫莱字七号，大砲筒重壹佰贰拾斤，洪武八年二月日宝源局造"；另一则铭文的内容是"莱州卫莱字二十九号，大砲筒重一百二十一斤，洪武八年二月日宝源局造"。

　　从铭文可以明确知道，这两门碗口炮铸于明太祖洪武八年，即1375年，它们由宝源局铸造，下发到山东莱州卫使用。铭文标明铜炮编号及重量，虽然"七号"和"二十九号"编号相近，但重量数字的写法不同。

　　这两门碗口炮的铭文中，都提到了"宝源局造"，史载宝源局是明朝廷的铸钱机构 _{造币}，明朝廷让宝源局造炮，是出于控制重型武器的需要。

海底巨炮，回归刘公岛 威海·中国甲午战争博物馆

　　位于威海刘公岛的中国甲午战争博物馆，是在北洋海军提督署原有建筑的基础上修建而成。1985 年成立北洋海军提督署文管所，1992 年文管所更名为中国甲午战争博物馆。一开始，虽有众多不可移动文物，但可移动文物并无一件，但如今，博物馆已有数千件藏品，其中，一级品就有 70 件。

　　这其中，征集难度最大，也最耗费博物馆心力的，是"济远"舰前双主炮。从光绪三十年^{（1904）}沉入海底，历经 82 年海底沉睡、6 年"客居"烟台，到 1992 年，两门大炮终于回归刘公岛。如今，它们巍然立于中国甲午战争博物馆后院，作为"镇馆之宝"，默默诉说着历史传奇。

"济远"舰前双主炮（钱欢青摄）

沉睡海底 82 年后，成功打捞"出水"

说到这两门大炮，就要从其所属的"济远"舰说起。"济远"舰是北洋海军的穹甲巡洋舰。清光绪六年 (1880)，在德国伏尔铿船厂订造，十一年 (1885) 到华，编入北洋舰队服役。

"济远"舰曾经历光绪二十年七月二十五日丰岛海战和九月十七日黄海大战。二十一年二月十七日被日军俘获，编入日本联合舰队。三十年参与日俄战争，同年十一月三十日，在旅顺口外触雷沉没。舰前双主炮随之沉入海底。

1986 年，烟台救捞局救捞工程队开始打捞"济远舰"，这次打捞虽然没能打捞出整艘"济远"舰，但却成功打捞出了沉睡海底 82 年之久的舰前双主炮。

"客居"烟台 6 年，差点被德国人买走

因为对"济远"舰前双主炮充满感情，中国甲午战争博物馆原馆长戚俊杰先生至今记得大炮回归刘公岛的所有细节，用他的话说，这是博物馆数千件藏品中"征集难度最大、最耗费心力"的一件文物。

戚俊杰说，1986 年 8 月"济远"舰前双主炮打捞出水后，问题出现了，"这次打捞是威海市文物、旅游部门委托烟台救捞局进行的，打捞所需的 300 万费用则由国家旅游局出。300 万的拨款在使用过程中出现了一些问题，因为欠款太多，烟台救捞局就把这两门大炮直接运到了自己的码头上。这就为大炮回归刘公岛埋下了障碍"。

从 1986 年大炮被打捞出水，到 1992 年，每一年戚俊杰都会跑到烟台去"看望"这两门大炮，但是打捞费用不到位，烟台方面就是不放手。其间，两门大炮还险些离开山东甚至流往海外，"第一次是 1990 年，北京的中国革命军事博物馆说给烟台救捞局 30 万，想把大炮拉走，国家文物局也批准了，但是最终烟台救捞局没卖。后来，这两门大炮的制造方——德国克虏伯公司开出每门 300 万美元的高价，想买走大炮。这次，烟台救捞局动心了，但是考虑到我国文物法律的相关规定，最终没敢卖。"

一直到 1992 年，情况才出现了转机。那一年，戚俊杰多次前往烟台商讨大炮回归刘公岛事宜。"从 300 万还价还到 150 万、120 万，后来烟台救捞局的人被我感动了，最后以 40 万元成交。"

即使是 40 万，对中国甲午战争博物馆而言也不是个小数目，"1989年博物馆作为改革试点，被要求经费自理，博物馆的运转费用全靠门票收入，刚开馆的时候门票才一毛钱，1992 年的时候也才几块钱"。虽然如此，对于这个谈判结果戚俊杰还是十分满意，"博物馆自筹 40 万，烟台方面负责将两门大炮送到刘公岛。后来他们又提出，送大炮到刘公岛可以，但是需要给出海送炮的工人 3000 元补助。我答应了，但同时也提出附带条件——烟台救捞局需把他们从长岛海域打捞出水的两门小炮送给我们。"

就这样，经过 6 年的努力，无数轮的"谈判"，"济远"舰前双主炮终于落户刘公岛。

挪 4 里多地，20 多人忙活了 40 多天

"谈判"结束，戚俊杰开始张罗大炮回归刘公岛的事情，他特别为大炮的回归选了个日子——7 月 25 日。1992 年的 7 月 25 日，是丰岛海战爆发 98 周年纪念日。

这一天，刘公岛附近海面风高浪急，下午 3 点多，烟台救捞局运送两门大炮的船只准时停靠到了刘公岛的铁码头。心情激动的戚俊杰看着船在码头上不断地晃，心情非常紧张，"一方面担心大炮会掉进海里，更重要的是，经过了 6 年的盼望，大炮终于来到了刘公岛！"

直到大型起吊机将两门大炮吊到码头上，鞭炮齐鸣，戚俊杰的紧张情绪才缓解了下来。

心情刚一放松，更加严峻的问题摆在了面前：大炮的最终落脚点是北洋海军提督署的后院，但此地离铁码头有 4 里多路，不仅路窄、坡多，还有三个 90 度的大弯，大型机械根本无法正常使用。而两门大炮每门重达 20 多吨！如此重的"铁家伙"，怎样才能走完这 4 里多路呢？

想来想去，戚俊杰决定借鉴古代搬运巨型石料时所用的方法——滚木法。"我们稍微改进了一下，叫'钢管枕木滚动法'：先在大炮下放上由圆木打成的架子，再在圆木架子下放上一排大钢管，随着前面的大卡车牵引着铁炮前进，大钢管就需要一根一根从后面换到前面去。这个动作需要多人合作，特别需要默契配合，所以我们请刘公岛驻岛部队前来帮忙。在高维民、尹升山两位工程师的指挥下，战士们两人一组，步调一致地把钢管送到枕木前，使滚动的钢管载着枕木上沉重的大炮，一

寸一寸向前艰难挪动。期间，因为磨损太严重，光圆木架就换了两次！而一旦到了斜坡或者拐弯的地方，移动大炮的困难就立即翻倍"。

到了提督署后院门口，最后一道难关出现了：门太小，而大炮身长 7.4 米，口径 210 厘米，根本进不了门。见此情况，戚俊杰只好命人卸门拆墙，等铁炮进门之后再将围墙修好。就这样，从 7 月 25 日一直到 9 月初，盛夏酷暑，20 多人花了 40 多天时间，才终于将两门大炮安置在提督署后院。

见证历史，世界罕见

如今，来到中国甲午战争博物馆的游客轻易就能在后院看到这两门大炮，但谁又知道，从沉睡海底到回归刘公岛，它们经历了多么艰难曲折的过程。

因为大炮毕竟在海底沉睡了 82 年，出水后又在烟台救捞局码头放了 6 年。到了刘公岛，因为空气湿度大，含盐量也大，钢铁物件锈蚀极快，加上热胀冷缩的作用，钢铁物件龟裂和剥离十分严重。由于出水文物中含有大量氯化物，与空气中的水分、盐分融合，加快了锈蚀的速度，致使铁锈层不断剥落，除锈保护刻不容缓。1994 年，中国甲午战争博物院联合故宫博物院和山东省文物局的相关专家，成立了"海底打捞巨型钢铁文物除锈保护课题组"，深入研究大炮除锈保护问题。戚俊杰说："后来德国克虏伯公司到刘公岛来参观，我们也就如何运用现代科技更好地保护大炮与他们进行了交流沟通。"

作为生产方，克虏伯公司看到这两门大炮后，颇为自豪，这是德国克虏伯 19 世纪 80 年代的先进产品，集中反映了当时最先进的钢铁铸造工艺和军事工业水平，为现存最大口径之舰炮。而原国际博物馆协会亚洲地区主席吕济民看到后则说，从海底打捞上来的如此大的舰炮"世界罕见"。戚俊杰说："这两门大炮不仅是甲午战争那段悲壮历史的见证，也是 19 世纪世界军事工业高速发展的见证。虽然 21 世纪的军事工业早已远超 19 世纪，但作为那个时期的历史遗存，大炮的价值显而易见。它们能告诉现在的人们一个被历史发展所证实的真理：一个国家、一个民族，必须与时俱进、对外开放，才能获得持续发展，否则，只能落后于世界文明的潮流。"

传奇地阱炮，诉说烽烟往事 威海·中国甲午战争博物馆

　　到过威海刘公岛中国甲午战争博物馆的人，一定记得北洋海军提督署门前广场的两个大"铁疙瘩"。其中一个，很像个炮筒，另一个，看起来像个铁架子，至于这个铁架子的具体用途是什么，很多人就不知道了。

　　而事实上，这两个大"铁疙瘩"，对于北洋海军和中日甲午战争那段浩荡的历史，却有着极其重要的意义。它们分别是日岛炮台的一个地阱炮残炮和炮架，在甲午威海卫港保卫战中，萨镇冰带领 30 余名水兵在日岛炮台浴血奋战 8 昼夜，叙写了一段可歌可泣的战火往事，而这两件"铁疙瘩"最终安家北洋海军提督署，也有一段曲折的故事。

"大炼钢铁"时差点把这炮给炼了

　　中国甲午战争博物馆副馆长王记华对地阱炮残炮的历史十分了解。他告诉我，这门炮"命很大"，因为它差点就被炼成钢铁了。

　　在那个全民大炼钢铁的时代，老百姓家里的破铜烂铁都要进炼钢炉，村里的一些"铁疙瘩"自然也不能幸免于难。在大家都在发愁上哪儿找那么些"铁疙瘩"时，威海市黄泥沟村的一位老村民忽然想起来，很多年前，村里曾埋过一门炮。在老人的指点下，村人果然挖出来一门大炮！炮很大，重达五六吨，村人一开始很高兴，但很快就高兴不起来了：村里的炼钢炉太小，这五六吨重的大炮根本放不进去，想砸，又砸不碎！最后，村人只好无奈地放弃了"炼大炮"的想法。

　　没炼成钢铁，大炮就被放在了村里，没人关注。后来，威海海港集团将大炮拉到了公司的院子里，威海市文物部门听说之后，立即前往查看，并向海港集团相关人员表示，这是文物，单位无权私自将其放起来，需要交归文物部门。到 1986 年，文物部门就将这门炮给运到了刘公岛上。

　　说起运炮的过程，还有个小插曲，王记华说："文物部门用了一辆解放牌大卡车去拉炮，结果一装上车，卡车的弹簧钢板就被压坏了，只

日岛炮台地阱炮残炮（钱欢青摄）

好又换了一辆车。"

　　炮被运到了刘公岛，但这炮原先究竟属于哪个炮台却成了问题。王记华说，按理说，从黄泥沟村发现的炮，应该是黄泥沟炮台的。"但是，黄泥沟炮台上的炮都是德国克虏伯公司生产的，这门炮却是中国仿制的英国阿姆斯特朗炮，而且这种型号的炮当时只配备在日岛炮台上，所以我们断定这是日岛炮台上的炮。"

　　日岛炮台离黄泥沟很远，日岛炮台上的炮为何会跑到黄泥沟呢？王记华分析，甲午战争后日军将各炮台的小炮拆走，把搬不动的大炮拆毁或者推入海里。"这门炮估计是日军搬运炮时落在黄泥沟的，具体什么原因会落下，就不知道了。而和残炮一起陈列在北洋海军提督署门前广场的日岛炮台上的炮架，则是被日军拆了扔到了海里，后来被潮水给冲回了日岛沙滩上，然后被文物部门发现拉回了刘公岛"。

地阱炮装置复杂、隐蔽性高

　　日岛炮台上的残炮和炮架为什么重要？根据青年学者、中国海军史研究会会长陈悦的说法，日岛炮台上的残炮和炮架为地阱炮，这种炮不仅在中国独一无二，在东亚也非常罕见。

日岛炮台为何会装地阱炮？这要从日岛独特的地理位置说起，日岛位于威海湾南口深海中央，北距刘公岛东泓炮台2公里，南距威海湾南岸鹿角嘴炮台2.5公里，西距威海卫陆地10

公里，东面则是一片汪洋。岛岸线0.88公里，岛海拔13.8米。原为露出海面的一片礁石，远望似衣裳漂浮水面，故称"衣岛"。又因在威海卫陆上观察，恰处东方日出方位，威海方言，"衣"与"日"两字同音，所以清初改称日岛。光绪十四年 (1888) 北洋海军进驻刘公岛，同年五月十七日，李鸿章在勘察各口海防奏折中提出建铁甲炮台一座。于是，北洋海军从南岸载来沙石，修筑了日岛地阱炮台，并设20厘米口径地阱炮2门，12厘米口径平射炮2门，6.5厘米口径平射炮4门。

地阱炮究竟是一种什么样的装置？王记华说，所谓地阱炮就是在地上凿一大坑，把大炮放置在里面，配上一套液压装置，可以让大炮升降自如，打炮之后，大炮会自动降下来，方便重新装炮弹，这样一来就大大增强了隐蔽性。当然，因为装置复杂，所以地阱炮的养护费用也比较高。说起来很有意思，地阱炮原是英国阿姆斯特朗厂制造，但中国进行了仿制，所以如今陈列在北洋海军提督署门前广场的残炮可谓中国独有，东亚罕见。

浴血奋战，守岛八昼夜

因为独特的地理位置，日岛炮台可与刘公岛和威海湾南岸炮台配合，形成交叉火力，控制刘公岛东南海口，战略位置十分重要，所以在甲午威海卫港保卫战中，日岛炮台发挥了重要的作用。威海卫港保卫战发生在光绪二十一年 (1895) 一月下旬至二月上旬，这是日本侵略军在山东地区的最后一战。北洋海军广大官兵在提督丁汝昌的率领下，浴血奋战、屡挫强敌，涌现出可歌可泣的爱国将士和英雄人物。北洋海军左营游击、"康济"舰管带萨镇冰就是其中之一。

中日甲午战争博物馆原馆长戚俊杰曾写有《甲午威海卫港保卫战中的萨镇冰》一文，对这次战役有过专门研究，在对我讲述这段烽烟往事时，戚俊杰依然十分激动——

中日甲午战争爆发后，为了加强威海卫港的海上防御，萨镇冰奉丁汝昌之命，带领 30 余名水兵驻守日岛炮台。萨镇冰在甲午战争中只是一位平凡的爱国将领，他没有邓世昌、丁汝昌那样轰轰烈烈的事迹，但其表现，依然可歌可泣。

萨镇冰，字鼎铭，生于福州。11 岁时考入福州船政学堂第二届驾驶班，3 年后以全班第一的成绩毕业，开始了他的海军生涯。光绪三年(1877)，萨镇冰与严复、刘步蟾等 30 人赴英国格林尼次皇家海军学校学习，成为第一批被派往英国的海军留学生。回国后先在天津水师学堂任教，后调入北洋舰队。北洋海军建军时，30 岁的萨镇冰成为海军中最年轻的高级将领，担任"康济"舰管带。

在萨镇冰近20年的海军生涯中，无论是教授学生还是管带大小舰艇，都积累了丰富的经验。可是带兵驻守炮台还是他从军以来的第一次。日岛炮台上的生活非常艰苦，岛上没有淡水、粮食、蔬菜，守军所需物资全部靠刘公岛和威海湾南岸供应。为避炮火，守岛官兵都住在阴暗潮湿

地阱炮炮架（王记华摄）

的地下掩体中。恶劣的生活环境，加上劳累过度，萨镇冰一度身患疾病，数月不愈。他的夫人陈氏闻讯从福州赶来探视，正准备登舰时被萨镇冰得知，他立即下令：撤开扶梯不准夫人登舰。左右将士都劝萨镇冰：夫人千里之遥前来探望，见见面有何妨？他断然答道：此地非同寻常，此时非同寻常，怎能允其登舰？告她当我已死，令其速回！萨夫人被拒见，只得垂泪而归。以战事为重的萨镇冰，忍受病痛的折磨，与水兵们日夜坚守日岛炮台。

光绪二十一年（1895）一月三十日，日本海陆军同时向日岛炮台发起进攻。此时正值寒冬腊月，狂风呼啸，滴水成冰。当时，炮台上的地阱炮没有瞄准镜，发炮时需要有人在外面指引方向，十分危险。萨镇冰作为战地指挥官，亲自站在炮位外指挥。正是在他的带动下，战士们愈战愈勇，打退了日军的多次进攻。但是经过数次激战，日岛炮台设施损毁严重，一座地阱炮被炸坏，不但本身失去射击能力，而且还妨碍了另一门地阱炮的射击。一座弹药库也被炸毁，弹药已尽，失去了抗敌作用。在浴血奋战八昼夜之后，萨镇冰被迫撤回刘公岛。日岛失守后，北洋海军同日军鏖战一周，终因寡不敌众，全军覆没。

甲午战败后，萨镇冰等众多将领被革职回乡。光绪二十二年萨镇冰被清政府重新起用，民国时期曾官至海军总长等职。抗日战争爆发后，萨镇冰积极投身到抗日洪流中。1949年，91岁高龄的萨镇冰迎来了新中国的成立，成为唯一一位看到新中国成立的北洋海军将领。1952年，萨镇冰在福州病逝。

如今，日岛炮台早已成为全国重点文物保护单位向社会开放，虽然已经失去了往日的军事价值，但它记录的那段历史和广大将士英勇杀敌的精神，却永远激励着后人。

百年委任状千里回"老家"　威海·中国甲午战争博物馆

中国甲午战争博物馆陈列馆，可谓人流量最大的博物馆之一，几乎每位上威海刘公岛旅游的人，都会到这里来看看。陈列馆里运用声光电制作的甲午海战场景，总能吸引汹涌的人流。很多人也许不会注意到，在陈列馆的展柜里，有一件很不起眼的文物——《叶显光代理北洋海军"镇中"炮舰大管轮委札》，这件文物连带馆藏于中国甲午战争博物馆库房的另两件叶显光委札，是国内现存唯一一宗北洋海军委任状，它们填补了有关北洋海军军官委任史料的空白，并被专家评定为国家近现代一级文物。

而这三件填补北洋海军军官委任史料空白的委任状的流传经历也同样充满曲折：它们诞生于北洋海军那段壮烈的历史，在被叶显光的后人小心保存100多年后，最终回到它们的"老家"——刘公岛。

叶显光后人终将"委札"捐出

中国甲午战争博物馆原馆长戚俊杰告诉我，三份叶显光委任状之所以能回归刘公岛，还得归功于从1985年博物馆建馆之初就启动的"寻访北洋海军将士后裔"行动。

中国甲午战争博物馆文化遗产的收藏与保护，实际上分为不可移动文物与可移动文物两大类。1985年建馆之初，该馆拥有大量不可移动文物，但馆藏文物却是一片空白。没有文物史料，要举办陈列展览就无从谈起，要开展研究和搞好教育宣传也属纸上谈兵。为了解决这个问题，从建馆之后，博物馆工作人员就开始集中寻访北洋海军将士后裔，希望能广泛征集文物。叶显光三份委任状，就是在寻访过程中偶然发现的。

戚俊杰说："最先我是从广州市海珠区文化站一个姓郭的工作人员那里听说邓世昌的后代在海珠区一个小学当老师，后来广州有个旅游团来刘公岛旅游，我听到旅游团里的人说，邓世昌的第四代侄孙邓敏扬就是他们学校的老师，于是就请他们把我的名片转交给邓敏扬，并且表达

《叶显光代理北洋海军"镇中"炮舰大管轮委札》（钱欢青摄）

了希望和邓老师见面的期望。后来邓敏扬果然给我来信了。我们就开始保持通信。"到了 1994 年，广州市海珠区政府组织了一个邓世昌生活遗迹考察团来到刘公岛，邓敏扬也来了，并且捐了几件邓世昌生前用过的文物。这次考察，让邓敏扬对中国甲午战争博物馆印象颇好。

巧合的是，叶显光的第四代孙叶显祥也生活在广州，他得知中国甲午战争博物馆在寻找北洋海军将士后裔、整理北洋海军文物史料后，就找到邓敏扬了解情况。邓敏扬如实告知。1995 年，叶显祥给戚俊杰写了一封信，信中表示他是叶显光的第四代孙，家里收藏有叶显光委任状。

收到叶显祥的信后，戚俊杰立即回信进一步沟通。没过多久，戚俊杰决定和博物馆工作人员一起去广州拜访叶显祥。

那一次，戚俊杰他们见到了叶显祥，也看到一件叶显光委任状，但是说到捐献，叶显祥表示自己有兄弟姊妹四个，这文物毕竟是祖宗留下来的，即使要捐献，也要获得兄弟姊妹们的同意。

打道回府之后，戚俊杰继续和叶显祥保持书信往来。到了 1998 年，恰逢北洋海军成军 110 周年，戚俊杰给叶显祥发出了诚恳的邀请。

接到戚俊杰的信后，得知包括丁汝昌、邓世昌、刘步蟾、萨镇冰等北洋将士的后裔都将出席活动，叶显祥终于下定决心，带着女儿一起来到威海，参加了北洋海军将士名录墙落成典礼，并捐赠了两件叶显光委任状。

1999 年，戚俊杰再次到全国各地寻访北洋将士后裔，并在南京找到了找了十多年一直没找到的林泰曾的后裔，获得了不少珍贵的史料和图片。"叶显祥得知我们的行动后，深受感动，再次捐赠了最后一件叶显光委任状"。

经历"失火""破四旧"得以保存下来

在和叶显祥的多年通信交流中，戚俊杰得知，这三件叶显光委任状能保留至今，殊为难得。"委任状一直被搁在叶家老祖屋的阁楼上保存，这阁楼失过火，也遭遇过战火，还经历过'破四旧'的疯狂岁月，但却幸运地留了下来"。

戚俊杰说，叶显光委任状是中国甲午战争博物馆众多文物中"征集时间较长、难度较大"的一件。对于征集的难度，戚俊杰非常理解。"在甲午战争中，北洋海军广大将士浴血奋战，奋勇抵抗，但因惨败覆没，有的被认为是胆小怕死、无所作为，更有的被认为是误国误民。这些不公正的认识，使得将士后裔背上了沉重的思想包袱，尤其是'文革'期间的极左路线，使许多爱国将士的后裔遭受到冲击，受到不公正的待遇。他们原来珍藏家中的甲午战争遗物，有许多在'破四旧'时被抄走、毁坏，能幸存下来的少数物品，已成为他们寄托情思、教育后代的珍品。出于自我保护意识，他们不会把冒着生命危险保存下来的文物史料捐给博物馆"。

正是因为能充分理解将士后裔的这种心态，博物馆工作人员一直耐心地和散落全国的将士后裔保持联系，最终用行动感动他们。戚俊杰说，这其中，叶显祥捐赠文物就是一个例子。"在我们长达数年的沟通交流中，叶显祥认识到了我们的真实想法，也认识到了我们对国家、民族的一片真情，所以他能不计报酬，拒绝别人高价购买的企图，将文物捐献给博物馆。2009 年我们举办纪念北洋海军成军 120 周年学术研讨会，再次邀请了叶显祥等北洋将士的后裔，他们看到博物馆的变化，看到我们几十年如一日征集、保护北洋海军文物的努力，深受感动"。

金戈铁马诉古战场传奇 潍坊市博物馆

　　宋代辛弃疾在《永遇乐·京口北固亭怀古》中写到："想当年，金戈铁马，气吞万里如虎。"戈闪着金光，马配了铁甲，战火起，烽烟烈，士兵们驰骋沙场，雄姿英发，势不可当。从此，"金戈铁马"便成为文人墨客用来描绘军队之威武、战争之悲壮的常用词汇。

　　辛弃疾以"金戈铁马"形容战争，正是因为戈是古代冷兵器战争中一种非常普遍的钩杀兵器，在战场上发挥着极其重要的作用。

　　在潍坊市博物馆，有一件战国时期的戈。这件戈的独特之处在于，其身刻有五字铭文。两千多年前的战国时期，诸侯争雄，烽烟四起，剑、戈、戟等兵器自然会有不少留存至今，但是身上刻有五字铭文者，全国仅此一件。因此也被早早评定为国家一级文物，成为潍坊市博物馆的镇馆之宝。

　　有意思的是，这件"车大夫长画"戈不仅是两千多年前历史烽烟的见证，因其身有铭文，并且曾是清代著名金石学家陈介祺之旧藏，更成为山东金石学研究领域辉煌历史的见证。

"车大夫长画"戈（潍坊市博物馆提供）

它曾参与惨烈的搏杀，戈身伤痕累累

"车大夫长画"戈主要分两个部分：带刃部分称为"援"援身长 15.7 厘米、宽 3.5 厘米，连着"援"的部分称为"胡"胡长 8.5 厘米、宽 2.5 厘米。胡部宽度与援身相应，两刃相交成平滑弧形，下端平齐，在拐角处接近直角。整个戈重 0.215 公斤。戈正面的胡上刻着竖排的五字铭文："车大夫长画"。这件"车大夫长画"戈的援部前伸，略显顾硕，隆脊偏上，头上稍有残损，上、下弧刃各有不同形状的齿状缺口，援身正反面都留着斑驳的"伤痕"。戈身有如此多的伤痕和缺口，可以想见在两千多年前的战场上，它经历了怎样的厮杀。

潍坊市博物馆研究员、山东省文物专家委员会委员、山东省文物鉴定委员会委员孙敬明告诉我，普通人看戈上铭文，以为是 4 个字，其实是 5 个字，原因是"大夫"是合文，也就是将两个字合并成一个字来书写。这种合文的写法在古代器皿上经常可以见到。

那么"车大夫长画"这 5 个字究竟是什么意思呢？孙敬明认为，"大夫"是官名，"车大夫"则应当与战车有关。战车是春秋战国时期战争中主要的攻击型装备，车上一般都配置戈、戟、矛等兵器。因此，这件戈应该是战车上配置的一种兵器。

另外，在西汉早期以前，"长"与"张"是不分的，"长"作姓时可以读作"张"，所以铭文中的"长画"，也可以读作"张画"，"张画"应该是车大夫的姓名。所以"车大夫长画"的意思，应该就是这个戈是由车大夫长画监督制造的。

这件"车大夫长画"戈是哪个诸侯国的兵器？孙敬明认为，从这件戈的形制、铭文等判断，应该不是燕国就是齐国。"经过十几年的研究，我更倾向于齐国。齐国是战国七雄之一，兵器、兵法都相当发达。兵法有在临沂银雀山出土的《孙膑兵法》，兵器生产也应当非常发达。这件'车大夫长画'戈对战国时期的官职、战争形式、兵器制造、古文字等都有着重要的研究价值"。

从废品收购站收来"国之瑰宝"

和很多博物馆一样，潍坊市博物馆也在上世纪 60 年代从废品收购站收进众多文物。这件"车大夫长画"戈就是工作人员从潍坊废品收购站收上来的。当时，工作人员并没有对这件戈多加注意，而是将它和其他众多文物一起堆到了库房。

一直到 1985 年，时任潍坊市博物馆保管部主任的孙敬明开始整理博物馆库房，才惊喜地发现了这件戈身上的铭文。铭文引起了孙敬明的高度重视，他立即广泛查阅资料，发现在 1902 年刘心源的《奇觚室吉金文述》、1916 年邹安的《周金文存》、1935 年刘体智的《小校经阁金文拓本》、1937 年罗振玉的《三代吉金文存》等金石学著作中都有对这件戈的记载。如此多的金石学家都曾记载这件戈，说明它不仅重要，而且来头不小。经过详细研究，孙敬明写成《"车大夫长画"戈考》一文，发表在 1987 年第 1 期《文物》杂志上。

至此，"车大夫长画"戈才重新引起文物界的高度重视，并以其独特的文物和历史价值，迅速被评定为国家一级文物。

原是清代著名金石学家陈介祺旧藏

"车大夫长画"戈的重要性从罗振玉等人的金石著作中可见一斑，而它曾是清代著名金石学家陈介祺的旧藏，也足以成为山东金石学研究领域的一段辉煌传奇。

历史上山东的金石学在全国占据重要的地位。早在宋代，赵明诚、李清照夫妇就是金石学大家。赵明诚是潍坊诸城人，李清照是济南人，两个人曾在青州居住 13 年。其间，夫妇二人最大的成就，就是集历代金石碑刻三千余种，成《金石录》一书。他们最大的乐趣，除了吟诗作赋，便是"斗茶"：一人说出一句话，另一人须说出此话出自哪个书架上哪本书、哪一页、哪一行，输者须给对方捧茶或作饮茶先后之据。其学问渊博和潇洒风流，非常人可及。后来历经战乱，几大间屋子的金石、文物收藏都流离散失，只有《金石录》一书成为流芳百世的重要著作。

到了清代，山东金石学也走在全国前列，被《清史稿》誉为"近代收藏之冠"的陈介祺成为金石学集大成者。陈介祺[1813—1884]，山东潍县人，清史部尚书陈官俊之子。道光十五年[1835]中举人，道光二十五年中进士。此后 10 年间一直供职翰林院，官至翰林院编修。回到老家后，他专门从事文物收藏、研究和鉴定。陈介祺嗜好收藏文物，铜器、玺印、石刻、陶器砖瓦、造像等无不搜集。他还精于鉴赏，尤擅墨拓技艺，其手拓铜器、陶、玺、石刻等拓片享有盛名。陈介祺的收藏中包括大量重要文物，其中汉代纪年铜镜、淮阳玉玺等大批古代玺印，都是同类文物中的精品。陈介祺收藏的两万余件藏品没有一件是假的，"单凭这一点，已经是前无古人后无来者了"。陈介祺一生著述甚丰，主要有《簠斋藏古目》《簠斋藏古册目并题记》《簠斋藏镜全目钞本》《簠斋吉金录》《十钟山房印举》《簠斋藏古玉印谱》等。

"车大夫长画"戈，就是陈介祺的旧藏。陈介祺去世之后，他的众多藏品流传到后人手中，后来历经乱世，多有散佚。这件珍贵的铜戈经历动荡岁月，最终能入藏陈介祺老家的博物馆，实乃一大幸事。

毛公鼎曾在潍坊"住"过五十年

孙敬明认为，说到陈介祺，一定要说一说毛公鼎。毛公鼎出土后在潍坊的时间有 50 年，和潍坊也算有缘，也是山东金石收藏史上的一大盛事。毛公鼎也是陈介祺众多藏品中最有名的一件。

毛公鼎是西周晚期的青铜重器，造型深沉，庄重大方，腹内有铭文497 字，这是出土商周青铜器中文字数最多的一件。道光二十三年^{（1843）}，毛公鼎在陕西岐山县出土，出土后被西安古董商苏兆年所得。当苏兆年载鼎入京出售时，陈介祺刚刚花费重金购买了其他器物，没有财力再购买毛公鼎，再加上当时老父陈官俊还当着家，陈介祺也不能自作主张。道光二十九年陈官俊因病去世，咸丰元年^{（1851）}，陈介祺与苏兆年旧话重提，遂以三年俸银之重金购藏毛公鼎。

得到毛公鼎后，陈介祺为避开周围耳目，一直把毛公鼎藏在卧榻下，除将铭文和鼎的外形制成拓片供自己欣赏研究外，秘不示人。事实上，陈介祺在世时无人再见过毛公鼎。当时，陈介祺的知己好友吴大澂致函陈介祺："闻此鼎在贵斋，如是事实，请贻我一拓本。"陈介祺曾经将所有器拓都赠送吴大澂，只有这一次，陈介祺缄默不答。

毛公鼎在陈介祺手上收藏了 30 年。陈介祺病故后，陈氏后人又继续收藏了 20 年。到上世纪初，两江总督端方依仗权势派人至陈家，限三日交鼎，强行买走了毛公鼎。毛公鼎到端府后没几年，端方就在四川被保路运动的新军刺死。后来，毛公鼎历经坎坷，还险些被美国人买走，最后成为台北"故宫博物院"镇馆之宝。历经颠沛流离的毛公鼎流传故事，终于尘埃落定。

"三绝碑"，郑板桥的传奇 潍坊市博物馆

作为著名的"扬州八怪"之一，郑板桥诗、书、画三绝，名气很大。他的诗情真意切、深厚博大；他画的墨竹脱尽时习、秀劲绝伦；他的书法则"隶、楷参半，间以画法行之"，独创了别具一格的"六分半书"。

郑板桥的"怪"不仅因其诗、书、画都不同于世俗，别有一番"怪"意，更因为其难得糊涂、疏放不羁的真性情。板桥之"怪"，颇有几分济公活佛的味道，"怪"中含几分真诚，几分幽默，几分辛辣。

民间有关郑板桥的传说很多。也许很多人不知道，郑板桥虽是江苏人，但他一辈子当过的12年县令，却都是在山东境内。他先在山东范县当了5年县令，后又调到潍县，当了7年潍县令。从潍县令上弃官而去之后，才回扬州卖画为生。在即将弃官而去之前，郑板桥回首7年潍县的时光，感慨万千，挥毫画出八尺巨幅墨竹，并在画上即兴吟咏题跋"七载春风在潍县"，可见其对潍县感情之深。

如今的潍坊市博物馆珍藏着一件国家一级文物——《城隍庙碑》。

潍坊《城隍庙碑》（潍坊市博物馆提供）

其独特之处在于，它由郑板桥亲自撰文、书写并由其弟子、著名石刻家司徒文膏所刻，因"文好、书好、刻好"又被称为"三绝碑"。

《城隍庙碑》只是郑板桥在潍县留下的诸多名流传奇之一。但凭此，便可让我们一窥这位清朝名士的作为与情怀。

千古流芳"三绝碑"

潍坊市博物馆研究员孙敬明痴心研究郑板桥多年，曾出版《郑板桥与潍县》一书。

2011年12月21日，在潍坊市博物馆，孙敬明带着我来到《城隍庙碑》前。如今，石碑安身于一个巨大的玻璃罩子中，被妥善保护了起来，虽然稍有残破，但碑上字迹清晰，260多年前郑板桥的书法风度扑面而来。

郑板桥当潍县令的时间是清乾隆十一年至十七年^(1746—1752)。乾隆十七年，也就是郑板桥在潍县当县令的最后一年，郑板桥倡议捐资修建城隍庙。城隍庙竣工之后，他亲自撰写了《新修城隍庙碑记》。郑板桥对这篇文章非常看重，不仅有正稿，还有草稿，最后的定稿一共925个字。

文章内容涉及城隍庙的由来、修建的过程等。有意思的是，在这篇文章中郑板桥用朴素的思想，阐述了对老百姓信仰城隍的看法，他认为神其实是人自己造出来的，是用来让人产生敬畏之心的，他劝告百姓，不能光信神，还得心地善良。

郑板桥流传于世的书法作品多为其半隶半楷之"六分半书"，但他用楷书书写了这篇《新修城隍庙碑记》，这是在目前发现的郑板桥所有书法中唯一用楷体书写的作品，弥足珍贵。

郑板桥撰好《新修城隍庙碑记》之后，特别将自己的弟子、著名石刻家司徒文膏从南京请到潍县，让他将文章刻于石碑之上，"文好、书好、刻好"，《城隍庙碑》因此被称为"三绝碑"。在该碑诞生后不久，就有人将其拓下来装成册页，在社会上广为流传。

一镢头挖出国宝来

早在1992年，《城隍庙碑》就被评定为国家一级文物，成为潍坊市博物馆珍藏的"国宝"之一。而如此珍贵的国宝，却经历了从被埋地下到重见天日的曲折过程。

城隍庙长久以来在民间发挥着重要的信仰作用，历代统治者也相当重视，明太祖朱元璋曾下令在全国修建城隍庙。但是战乱之中，城隍庙往往屡遭破坏，"文革"时期，破坏城隍庙也是经常的事儿。孙敬明说，也许是为了免遭战乱破坏，有人将《城隍庙碑》埋在了地下，从而让它躲过了被砸、被毁的命运。

改革开放初期，潍坊市工艺美术研究所开始仿制一些潍坊本地的文物当做工艺品开发，他们于是想到了历史上赫赫有名的《城隍庙碑》，就四处打听它的踪迹。根据一些老人的回忆，《城隍庙碑》很可能被埋在城隍庙后面东侧的胡同里。

工艺美术研究所的人就拿着镢头去挖，没想到挖着挖着，一

《城隍庙碑》局部（潍坊市博物馆提供）

镢头下去，果真发现了石碑，埋藏地下多年的《城隍庙碑》得以重见天日。潍坊市博物馆成立之后，将《城隍庙碑》从工艺美术研究所征集到博物馆内。

郑板桥是个"好领导"

修城隍庙、立石碑，是身为父母官的郑板桥力促民风向善，重视教化的一项举措。虽然只是个七品芝麻官，但郑板桥在七年潍县令上勤政为民，不仅擅自放粮赈济，还时常扶持寒门学子。用现在的话来说，县太爷郑板桥是个典型的"好领导"。

乾隆十一年^{（1746）}，郑板桥刚从范县调到潍县当县令，山东就发生大面积饥荒，潍县更因为上一年海啸内浸而瘟疫横行，加上秋季无雨，干旱数月，庄稼歉收，甚至出现了"人相食，斗粟值钱千百"的情景。

郑板桥当即把自己的养廉银捐出救灾，同时下令开仓放粮。按照清代律令，地方设立官仓蓄粮，以备不时之需，凡动用之，必得朝廷批文，否则获咎，重罪难恕。当时有人再三劝阻，让他不要违背朝廷王法，郑板桥说："此何时，俟辗转申报，民无孑遗矣。有谴，我任之。"为了防止有人从中冒领，达不到救急救命目的，他还下令经办者核定、分发给饥民借券，让饥民持券来领，救活灾民万余人。

尽管这次擅自开仓放粮，朝廷体谅他的爱民之举，并未责罚反而嘉许他的能力，但是在封建官场上，这种独木秀林式的特行义举，往往会招致某些达官贵人的忌恨，加上郑板桥秉性旷达不羁、厌恶奉迎，他的仕途也就愈加艰难，最终不得不弃官而去。

任潍县令期间，郑板桥对刻苦好学的寒门学子多有扶持，甚至出资舍财，助其成就学业。当时潍县东关有个名叫韩梦周的年轻人，母子相依为命，家里十分贫困，但他学习刻苦，知书达理，相邻称善。有一天晚上，郑板桥路过韩梦周的家，闻寒灯破屋之中书声琅琅，十分感动，遂出钱财劝其勤学。后来韩梦周考中了进士，还当过安徽来安县县令。当县令的时候，韩梦周以郑板桥为榜样，为官清廉，为老百姓做了很多实事。韩梦周后来成为著名的理学大家，培养了大量优秀人才。

郑板桥还常常激励学子勤学奋进。比如善于模仿郑板桥画作的谭云龙、韩镐，郑板桥就经常和他们探讨画理学问，使得谭云龙很快成为知名的地方画家。对韩镐，郑板桥专门写了"删繁就简三秋树，领异标新二月花"的对联，题上"与韩生镐论文"相赠。

青州佛像，惊艳世界 青州市博物馆

2004 年 3 月，美国华盛顿国立佛利尔美术馆。山东青州佛像展在这里举行。

优雅端庄、栩栩如生的东方佛像深深打动大洋彼岸的观众。《华盛顿邮报》评价："1500 年前，中国青州的石匠们创造出了世界级的艺术精品。"伦敦大英博物馆原东方部主任、牛津大学墨顿学院院长罗森则说："世界美术史应该重写。"

回忆往事，曾主持青州龙兴寺佛教造像窖藏考古发掘的原青州市博物馆馆长、研究员夏名采说，这些佛像的魅力丝毫不亚于"蒙娜丽莎的微笑"，"望着这些佛像，你的心里自然而然就觉得澄净而愉悦"。

这些佛像的艺术价值究竟在哪里？发掘背后又有着怎样的故事？

考古工作者的"隐秘期待"

1996 年 10 月，青州龙兴寺窖藏佛像出土后，被评为当年全国十大考古新发现之一，随后成为 20 世纪中国 100 项考古重大发现之一。这个重要的佛像窖藏，是如何被发现的？

夏名采，1966 年毕业于北京大学历史系考古专业，是著名考古专家。曾在山东博物馆工作，后调入青州市博物馆。上世纪七八十年代，青州古城一带的农民耕田时，常能翻

"龙兴之寺"拓片（青州博物馆提供）

北齐贴金彩绘佛立像（钱欢青摄）

出石头佛像的残片。出于职业敏感，夏名采知道这意味着青州古城内有规制较高的佛教寺院遗址。循着这个思路，他在地方志中查到关于"龙兴寺"的记载：南北朝时青州大旱，颗粒无收，饥荒夺去无数性命。当地一官员乐善好施，开粥铺救济灾民。后来出于感激，人们在他的宅地建立了佛堂，从此香火世代不断，应该是在唐中宗时期，佛堂被定名为龙兴寺。

上世纪 80 年代，青州市博物馆收集到一块唐代石碑。夏名采发现碑上刻有唐代著名书法家李邕^{李北海}所书"龙兴之寺"四字，这说明地方志中记载确凿无疑。

确定龙兴寺遗址位置的关键史料来自北宋王辟之的《渑水燕谈录》，其中一条记载——皇祐中^{（1049—1054）}，范文正公^{范仲淹}镇青，龙兴寺僧舍西南洋溪侧有醴泉涌出，公构亭泉上，刻石记之。其后青人思公之德，目之曰范公泉……

根据这条史料加上此前多种地方志的佐证，经过复杂考证，夏名采推断出龙兴寺就在青州府城西门附近，青州市博物馆周边。

1996 年秋，青州市博物馆旁的益都师范学校的操场扩建，怀有一份期待的夏名采时不时去工地"散步"。10 月 5 日下午，夏名采的期待变成现实——工地里发现了佛像。

和"特殊文物爱好者"斗智斗勇

很多人知道夏名采是考古专家。也因此，跟随他的行踪成为不少"特殊文物爱好者"的"工作"。

夏名采说，自己在益都师范操场工地"散步"时，背后总有三三两两的跟随者，这让夏名采警觉，他知道跟随者绝不是出于好奇心，而是有一定目的。"记得 1981 年冬天，我带人到城东黄楼镇迟家庄普查兴国寺遗址，在弥河岸边运回一车石造像残块和一件东汉时期的石羊。一些要挖宝发财的'特殊文物爱好者'闻风而至。他们到迟家庄，利用齐人高的玉米做掩护，疯狂用钢钎、铁锹在地里乱挖，把兴国寺遗址周围土地翻了个遍。在地下沉睡千年的造像不论残碎、大小，都被盗掘一空。经过拼对、修补后，很快在香港古董交易市场上露面"。

夏名采知道，跟随者也来"散步"，显然是为再次找到"财源"。"我只要俯下身去，捡些碎砖残瓦察看，他们也会去捡来看看，我到推土机翻出的泥里拨弄拨弄，他们也去拨弄拨弄"。

夏名采的警觉没有错。"龙兴寺发现佛像的第二天，北京、上海的文物贩子就到了青州，'特殊文物爱好者'蠢蠢欲动。我们一边向省文物局和国家文物局申报抢救性发掘，一边请派出所民警和解放军战士来协助保护。1996 年 10 月 7 日一早，派出所民警来了，15 名解放军战士也到位。发掘工作顺利展开"。

在夏名采主持下，考古人员用九天九夜把这座窖坑<small>东西长 8.7 米、南北宽 6.8 米、面积近 60 平方米、深 2 米</small>清理完毕，发掘出佛像 400 余尊。

北魏背屏式立佛改造成的单体圆雕佛立像（钱欢青摄）

"青州风格"惊艳世界

2011年9月，当我赶到青州市博物馆时，二楼展厅正在重新布置。过不了多久，这些曾在北京、上海、香港等地和美国、日本、英国、德国、瑞士、法国等国引起轰动的佛像将在新展厅亮相。

"在发掘时，有一天出土了一尊汉白玉头像，特别精彩，出土时脸上略带红晕，嘴唇也特别红，虽然刚从地下挖出来，但一点儿土都没有，所以我情不自禁亲了它一口，当时太兴奋了！"夏名采说。

夏名采指着一尊北齐菩萨像介绍："这尊菩萨圆脸丰润，弯眉清秀，柳眼微睁，直鼻端重，嘴角上翘，露出自然又亲切的笑容。这笑容，一点儿都不亚于'蒙娜丽莎的微笑'。这尊菩萨像的上身，是最精彩的部分，我想如果其余缺失的残块也保存完整，这座造像的工艺恐怕天下无双了。1999年7月，中国历史博物馆举办'盛世重光——山东青州龙兴寺出土石刻造像精品展'时，在天安门东侧竖立的宣传牌上就用了这尊菩萨头像的照片。2001年1月，在香港艺术馆门前竖立的宣传牌上，也采用了这尊菩萨头像的照片。大家都说，谁能想到在距今1000多年前，民间匠人竟有如此高超的手艺。"夏名采介绍，龙兴寺遗址窖藏佛像数量之大，跨时代之久 从北魏到北宋500多年时间，种类之多，雕刻之精，贴金彩绘保存之完好，在我国佛教考古中实属罕见。

隋贴金彩绘菩萨像（钱欢青摄）

青州窖藏佛像被考古界专家定为"以青州为中心的山东地区 包括苏北 佛教区域文化"，成为我国第六个佛教区域文化。日本学者认为，日本、韩国的佛教文化与龙兴寺文化一致，因此又有"环黄海佛教区域文化"的说法。

山东大学美术考古研究所所长刘凤君则认为，青州佛像中北魏和东魏佛像连同高浮雕龙、莲花、飞天等，以"匠心巧妙的主次布局和表达的整体时空概念，加上繁丽的雕饰和娴熟的技法，形成了自己鲜明的地方特点。北齐佛像薄纱透体，姿丰肌润，表现了一种健美的生命力，多数可视为北齐菩萨像的佼佼者。"其彩绘和贴金艺术，"不但反映了'青州风格'佛像艺术深入精彩的造像形式，而且反映了当时青州地区高超的绘画艺术水平"。

青州佛教的兴盛与劫难

龙兴寺佛像为何如此集中、精美？为何发掘的几乎全是碎片？夏名采认为，由青州佛教兴盛和劫难的历史背景，就可以基本解释龙兴寺佛像的这两个谜团。

青州一带，1600多年前就是佛教传播重要地区。十六国时期曾有过两件大事推动着当地的佛事活动，这两件大事发生在南燕国时期。其一，公元398年，慕容德在山东建立南燕国，定都益都^{今山东青州}，称广固城。慕容德是鲜卑人，受汉文化影响较深，推崇儒学和佛学，看重随他而至的著名僧人朗公。朗公是济南神通寺的开山祖师，神通寺初名朗公寺。南燕国立国后，慕容德赠以巨款并拨两个县的赋税，资助朗公传播佛事。其二，东晋义熙八年⁽⁴¹²⁾，我国到印度取经的高僧法显大师自海路归来，经广州转青州长广郡牢山^{今崂山}上岸，在青州居住一年多，翻译了大量梵文经卷，促进了当地佛教发展。随后，胶东各地佛教寺院兴建，并兴起凿窟造像活动。比如现今仍保存的北周及以后时期开凿的青州城南驼山石窟、隋唐时期开凿的云门山石窟等。

但是，经北魏太武帝拓跋焘太平真君七年⁽⁴⁴⁶⁾、北周武帝宇文邕建德三年⁽⁵⁷⁴⁾和唐武宗李炎会昌元年⁽⁸⁴¹⁾的三次灭佛，青州一带各郡县寺院或被毁，或被赐予王公、臣僚

北齐贴金彩绘思惟菩萨像（钱欢青摄）

建宅，造像被砸，经卷被焚，僧尼还俗，以后又遭战火劫毁，往往寺废名存。

夏名采认为，为了表示对佛像的尊重，古代寺庙的僧人会把灭佛运动中被毁的佛像集中到"古神库"保存。"南宋建炎元年至三年^{（1127—} ^{1129）}，金兵五次进攻青州城，又因种种原因退出，退出前焚毁了青州，李清照的'归来堂'也被焚毁。处于西门南侧城墙边的龙兴寺，是金兵首先必须攻占而宋军必须死守之处，是极为重要的战略要地。估计这批佛像是当年战乱中，僧人埋到地下的"。

夏名采说，随着青州佛像在海内外引起巨大轰动，龙兴寺遗址已被保护。"下一步将建设龙兴寺遗址公园，现在的青州市博物馆改建为龙兴寺佛教造像博物馆，青州市博物馆则另建新馆。届时，佛像馆和遗址公园交相辉映，历史深处的艺术和人文光泽将得到更完美体现。"

海内外孤品状元卷的传奇 青州市博物馆

明万历二十六年^{（1598）}秋。皇帝朱翊钧主持了全国最高级别考试——殿试。

来自山东青州的 25 岁青年赵秉忠，是众多考生中的一个。

所谓殿试，也叫策对，皇帝亲自出题，考生现场答卷。赵秉忠听到皇帝出的题目——问帝王之政和帝王之心。一番凝神聚气之后，多少年来对四书五经的苦读，对国家治理方略的思考，都通过笔端写在了试卷上。

2460 个严谨端庄的馆阁体小楷字一气呵成，一笔不误。

考试结束，密封送阅。朱翊钧拿起朱笔，在这份答卷上御批六个大字——第一甲第一名。新科状元于是诞生。

即便泉下有知，状元郎赵秉忠也不会想到，距他写这份殿试卷 385 年之后的 1983 年，他的第十三代孙赵焕彬将其捐献给了青州市博物馆，这份填补我国明代宫廷档案空白的海内外孤品立即轰动世界。

他更不会想到，1991 年，这份状元卷突然失窃，公安机关经过 9 昼夜，追回了国宝，盗窃者被判死刑。

状元卷是一张什么样的试卷？

明代赵秉忠状元卷有 19 折册页，分前后两大部分。前一部分是赵秉忠及其上三代的简历，用仿宋体写成，共 4 行。首折上方有篆书"礼部之印"四字方印，这一部分是弥封的，封条上盖有"弥封关防"的水印。就像如今的高考一样，考试完毕，试卷填写考生信息的部分就会被封起来，一直到成绩出来才会启封。

状元卷的后一部分是正文^{正文15折册页,}_{全文2460字}，用馆阁体小楷写成，字迹端正，无一误笔。试卷首页右上角顶天头有朱笔御书"第一甲第一名"6个大字。正文之后是大学士及礼部尚书、兵部尚书、户部尚书等 9 位阅卷官的官职和姓名。

根据当时的殿试"阅卷程序"，9 位阅卷官在阅卷完毕后，会将他

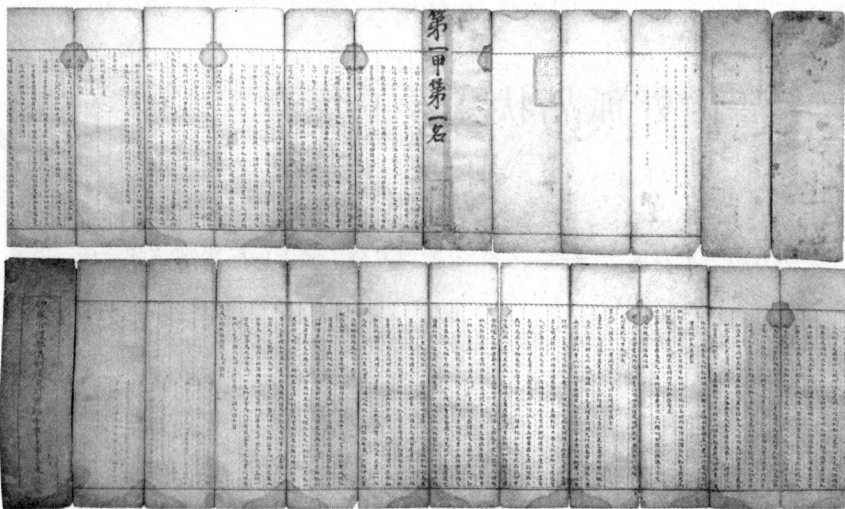

明代赵秉忠状元卷（青州市博物馆提供）

　　们认为最好的三份卷子呈给皇帝，再由皇帝亲自定下前三名，第一名叫状元，第二名是榜眼，第三名便是探花。

　　青州市博物馆副馆长、研究员孙新生对状元卷有过研究，他认为2460个字，凝聚了赵秉忠对治国方略的深入思考，围绕"实政""实心"两个中心思想，赵秉忠对如何做好皇帝、如何施行治国方略进行了阐述。

　　赵秉忠在试卷中用中肯的语言，深入浅出地分析了当时的社会矛盾，针对时弊提出了一系列改革的建议，反映了他治国安邦的雄才大略。他认为要治理好国家，首先要立法，各种规章制度必须齐全；其次要从皇帝开始以身作则，贯彻执行，依法治国。他认为有了规章制度，如果不经常检查，下面就会渐渐松弛，因此皇帝必须以身作则，严格检查，才能有良好的效果。赵秉忠写这份卷子的时间是万历二十六年，皇帝已经倦怠朝政，因此他在试卷中强调皇帝施行"实政"须以"实心"以身作则，是有很强针对性的。赵秉忠状元卷不仅有切实可行的治国方略，体现的思想境界也很高，把百姓称为"天民"，就是高境界的体现。

800元钱、一台泰山牌电视机征来国宝状元卷

　　位于青州城东20公里的郑母村是有名的状元故里，自古名人辈出，

文化底蕴深厚。村子的四周各有一座御葬坟，埋的分别是宋代状元、宰相王曾，元代将军董进，明代尚书冀炼，明代状元赵秉忠。四个御葬坟将村子包围，看起来非常有气势。上世纪80年代初，青州市博物馆负责征集文物的是魏振圣，他觉得郑母村历史上名人辈出，名人后代不少，肯定会有不少文物，因此经常去跑。后来找到了赵秉忠的第十三代孙赵焕彬，为了说服赵焕彬捐赠文物，魏振圣前后跑了20多趟，那时候没有汽车，魏振圣也不会骑自行车，一趟一趟都是步行。他的举动感动了赵焕彬，终于把祖传宝物状元卷捐献了出来。据说，当年赵焕彬老人手捧着珍藏多年的状元卷说："这可是我们状元家族的传家之宝啊，一辈辈的人把状元卷看得比自己的命还重要，历经了几个朝代的战乱，都是用命保护下来的。在解放前'闯关东'时，我把状元卷缝在衣服里远走他乡，虽然经历许多危险，却完好地保护了下来。在文化大革命中，幸亏当时我多了个心眼，把这份状元卷藏在了枕头里，天天枕在头下，才保留了下来……"

赵秉忠的后人为什么会留有状元卷呢？孙新生推测，因为明代殿试的试卷一般由礼部保管，赵秉忠又在礼部任职，因此晚年回乡之时，他便把自己的试卷带回了老家。

征到文物之后，青州市博物馆立即组织国内文物专家鉴定。专家们一致认为，状元卷是原件真品，填补了明朝科举考试档案的空白。由于这册状元卷的发现对明代的政治、思想、文化研究都有着很高的价值，一时间引起海内外广泛关注，媒体将其称为"海内外孤本""稀世珍品"。

捐献状元卷之后，作为回报，青州市博物馆给了赵焕彬800元钱、一台泰山牌电视机和一件由故宫博物院制作的状元卷复制品。

国宝不翼而飞，保卫科干事监守自盗

赵秉忠状元卷于1983年收藏在青州博物馆后，该馆名声大振，国内外前来参观的人络绎不绝。但谁也没有想到，1991年8月5日，这件被称为"镇馆之宝"的国家一级文物竟然不翼而飞。

青州市博物馆原馆长夏名采清楚地记得当时的情景："那一天中午，我正好在外面办事，接到博物馆同事的电话，让我马上回来一趟。回来之后，我才知道出了这么大的事。青州市公安局、潍坊市公安局分别进行了两次排查，并且封锁了现场。当时我就觉得，这个事八成是博物馆内部人员干的。想了一想，我觉得最有可能的是保卫科干事林春涛。原因有三点：第一，前几天林春涛花钱突然大手大脚起来；第二，作为保卫科干事，林春涛能关闭警报器，馆里的狼狗也不会攻击他；第三，他知道保管一级文物库房的内部情况。另外，案发当日我见到林春涛的时候，就已经从他的表情里看到了紧张。"

正当夏名采猜测着谁有可能是窃宝大盗时，公安机关早已封锁博物馆，禁止博物馆所有员工出门。"在认定为内部作案之后，公安局的人把所有人集中起来，然后说他们已经有了盗窃者的影像，只要一个个比对就能找到窃贼，希望作案者能自首。从当天下午4点开始，博物馆所有员工都被集中到院子里，到了晚上，女同志被允许回家，男同志继续待在院子里。凌晨4点多，林春涛再也沉不住气，偷偷翻墙跑了。所谓做贼心虚，这样一来，公安局就迅速锁定了目标。"

9 昼夜追回国宝

夏名采回忆，林春涛当时20多岁，身强力壮，爱好体育活动，善交朋友。在武警部队服役期间，他还曾荣立三等功。他对文物也颇有兴趣，爱看文物知识方面的书刊，并参加过征集文物的活动。

林春涛逃跑后，博物馆组织了大规模文物排查，青州全市也开始了打击盗窃、倒卖文物的专项斗争。随后，一个叫丁昌五的文物贩子到公安局坦白说，有个叫徐清亮的人曾拿了块清代玉璧找他看价钱，还说有明代状元卷。丁昌五知道状元卷全国只有一件，担心徐清亮说的状元卷不是假的就是偷的，没敢沾手。经鉴定，丁昌五买下的两件文物，都是青州市博物馆被盗文物，由此说明徐清亮与林春涛是同伙，很可能知道状元卷的下落。

经过迅速排查，公安机关得知林春涛可能潜藏在山东平度。于是立即赶往平度，林春涛临时居住的宿舍楼看门人看了林春涛的照片后说："这个人已来两天了，昨天去了青岛，说今天回来。"警方于是把警车隐蔽起来，守株待兔。傍晚时分，一辆铃木摩托车开来，正是林春涛。窃宝大盗落入法网。经过9昼夜苦苦奋战，状元卷终于被追了回来。

1991年12月，林春涛被山东省潍坊市中级人民法院一审判处死刑，后山东省高级人民法院维持原判，于1992年6月被执行死刑。

燕王剑出鞘，齐地烽烟烈 临淄齐国历史博物馆

　　春秋战国，诸侯争霸，烽烟四起。仗剑走天涯的豪气成为那个时代最具特征的风云标记。"折戟沉沙铁未销，自将磨洗认前朝"。古战争的遗迹和遗物，总能引起文人骚客对历史的无限感怀。正因如此，古代兵器和古战场遗址总能以其对历史烽烟的独特凝固，成为极有价值的文化遗存。随着拍卖市场的繁荣，古战场遗存也屡创价格新高。1995 年，一把越王勾践剑在香港以 120 万港币成交。

　　在淄博市临淄区齐都镇齐国历史博物馆二楼"威武厅"，就有一件国家一级文物、齐国历史博物馆镇馆之宝——燕王剑。虽然在春秋战国时期，北方铸剑技术不如南方发达，燕王剑也不如越王剑精美，但剑上铭文清晰可见，剑锋依然锋利。

　　它所蕴含的文物和历史价值，丝毫不亚于越王剑。它见证了 2000 多年前齐国大地上的一场惨烈战争，从它被发现到入藏博物馆的曲折过程，也足以成为一段当代传奇。

淄河岸边，农民挖沙挖出宝贝

　　临淄，春秋战国时期齐国国都，史载"齐之临淄三百间，张袂成阴，挥汗成雨，比肩继踵"，可见当时临淄人口之密集，城市之繁华。临淄得名，因城临淄河而建。千百年来，淄河默默流淌，见证着齐地风云变幻。2000 多年前的燕王剑，也是在淄河岸边被发现的。

　　在临淄齐国历史博物馆，副馆长王新良向我讲述了燕王剑发现的过程——

　　1997 年的一天，临淄区齐都镇龙贯村村民韩如水在淄河挖沙、筛沙。突然，他发现了一根"铜棒"，等到"铜棒"

燕王剑
（临淄齐国历史博物馆提供）

露出一半，他断定这是一把古代铜剑。虽然不通文墨，但身为文物意识普遍"发达"的临淄人，韩如水隐隐感觉这可能是一件很有价值的文物，所以挖出铜剑之后，他悄悄将其拿回了家。

作为齐国故都，临淄地下文物丰富，因此文物贩子也相当活跃。韩如水挖出古铜剑的消息不胫而走，文物贩子纷纷来到韩如水家中求购。韩如水没有同意。

消息同样传到文物部门，时任齐国历史博物馆馆长的张龙海听说此事后，立即找到韩如水。张龙海看到此剑虽然锈得比较厉害，但剑上刻字中清晰可见有个"王"字，立即判断该剑是重要的文物，于是劝说韩如水不要将此剑卖给文物贩子。

在张龙海多次登门、反复劝说并且许诺奖励后，韩如水将铜剑捐给了齐国历史博物馆，博物馆向上级部门打报告，最后批下来1.5万元作为对捐献者的奖励。在1997年，这已不是个小数目了，奖金比文物贩子出的价格还高。

燕昭王赐给下属所用，相当于"尚方宝剑"

剑是古代贵族和将士随身佩带用来防身格斗的，是可斩、可刺的兵器。在等级森严的封建社会，还是身份和权力的象征。在这把燕王剑^{长59厘米,宽4.2厘米,重1000克}茎的两面各有一凸起的棱，剑的刃部留下砍磕的缺口，但至今仍然锋利。剑脊上的铭文"郾王职作武某旅剑"8个字依稀可见。

王新良说，古文字中的"郾"即是燕国的"燕"。燕王职，名姬职，字职，就是春秋战国时期的燕昭王。"武某旅"是燕昭王的下属武官，此剑相当于"尚方宝剑"。

在春秋战国，位于江淮流域的吴越两国，铸造的青铜剑工艺精美，器型修长。在北方地区，早期车战较多，青铜剑的铸造发展比较晚。燕国的青铜剑与黄河中下游地区的齐、赵两国的青铜剑是一个体系。这个区域的青铜剑器型比较长、比较大，但数量较少。王新良说，从燕王剑的现有形态判断，剑脊的铜含量很高，具有较强的韧性，剑锋应含有铅、锡等，硬度高但比剑脊脆。整剑是经过两次烧铸而成的。

目前，全国出土的带有燕王职铭文的兵器有戈、戟和剑，其中带有"郾王职作武某旅剑"同样铭文的剑出土了三把，晚清时出土一把，至今下落不明，仅有拓片。另一把是断剑，1977在山西出土，藏于山西博物馆。唯有这把 1997 年在临淄齐国故都出土的燕王剑保存最完整，也是所有带燕王职铭文的兵器中等级最高，保存最好，最有研究价值的。

经过考证，这把燕王剑是春秋战国时期著名战争——乐毅伐齐的遗物，也是 2000 多年前那场席卷齐地的战争留下来的唯一明确的遗物。

公元前 284 年，燕昭王以乐毅为上将军，联合秦、楚、赵、魏、韩五国大军伐齐。燕昭王为什么要伐齐？因为他当年被拥为燕王时，燕国正被齐国占领，燕昭王只能在赵国流亡。直到几年后，秦、魏、韩等国出兵救燕，齐军从燕国撤兵，他才在赵国军队的护送下回到燕国。

燕昭王伐齐，是为报国破家亡之仇。而当时齐王骄傲自恃、目无他人，燕军短短半年时间，就攻取了齐国 70 余座城池，连首都临淄也被乐毅占领。齐国军队一路败退，最后退守莒、即墨两座城中。

以弱胜强的战史奇观

齐国退守莒、即墨，面临亡国危险之际，齐国历史上一位传奇人物田单的出现，彻底改变了战局，田单以"火牛阵"一举击溃燕军，创造了中国军事史上高度发挥主观能动性，以弱胜强的著名战例，堪称战史奇观。

根据《史记·田单列传》记载，田单是齐王田氏宗族的远方亲属，一开始只是临淄一个不为人知的小吏。燕齐之战爆发后，田单在逃亡途中表现出独特的聪明才智。田单让族人把过长的车轴弄短，并且"以铁裹轴头"，使车更加牢固并且容易前进。此外，他还让人在车上装上铁笼。在逃亡途中，果然有很多齐人因为车轴太长，互相拥挤导致车坏被俘，只有田单和他的族人顺利逃到即墨。

当时齐王逃到了莒，燕军合力攻莒，齐王被楚将淖齿所杀，但齐军坚守城池，导致燕军数年都没能攻下莒。于是又转头攻打即墨，即墨大夫出城迎战，兵败而死。即墨城中群龙无首，有人就说，田单逃亡的时候就懂得"以铁裹轴头"，他应该懂得打仗，大家就把田单推举为将军。

事实证明，这个推举是非常明智的。田单当上即墨守军的将军后，着手准备反攻燕军。他首先使出一招"反间计"：那时燕昭王刚死，燕惠王即位，燕惠王和燕国大将乐毅有矛盾。田单派人传递消息给燕王，说如今齐王死了，齐国只有两座城池还没被打下来，乐毅之所以几年来一直没打下这两座城池，是想在齐地自立为王。燕惠王果然中计，撤销了乐毅这个前线总指挥，改派骑劫替代乐毅。

田单还诱使城外燕军割下齐军俘虏的鼻子，并且挖开即墨城外齐人祖坟，使齐军义愤填膺，士气大振。他还将自己的妻妾编入军队之中，以身作则，团结士兵。同时，田单搜罗即墨城中的钱财，大肆贿赂燕军，并且和他们商讨投降日期，让燕军大大放松了警惕。

更重要的则是名垂青史的"火牛阵"。在《史记》中，司马迁用生动的笔触记录了田单"火牛阵"的精彩场面——

"田单乃收城中得千余牛，为绛缯衣，画以五彩龙文，束兵刃于其角，而灌脂束苇于尾，烧其端。凿城数十穴，夜纵牛，壮士五千人随其后。牛尾热，怒而奔燕军，燕军夜大惊。牛尾炬火光明炫耀，燕军视之皆龙文，所触尽死伤。五千人因衔枚击之，而城中鼓噪从之，老弱皆击铜器为声，声动天地。燕军大骇，败走。齐人遂夷杀其将骑劫。燕军扰乱奔走，齐人追亡逐北，所过城邑皆畔燕而归田单，兵日益多，乘胜，燕日败亡，卒至河上。而齐七十余城皆复为齐。"

如此，齐国重回临淄，得以复国，田单也被封为安平君。

2000多年前烽火硝烟的唯一见证

战争结束了，燕王剑留下了。

这把燕王剑是在什么样的情况下遗留在齐国都城的呢？是燕国大将乐毅在攻占齐国都城临淄时留下的吗？

专家认为这种可能性不大，因为燕王剑为君王所赐之剑，在打胜仗的情况下，将军一般不会把象征王权的宝剑丢失。如此，这把燕王剑很可能是在燕齐之战后期，燕军败退时候留下来的。也有可能是齐军俘获燕军时，燕王剑被当做战利品送给了齐国将士，齐国将士死后又将燕王剑当做陪葬品，很多年以后，它被淄河水冲到了河滩沙中。

无论是哪一种可能，如今，作为那场战争的唯一明确见证者，燕王剑静静躺在博物馆的展柜中。如果你仔细听，一定会听到这把利剑的鸣咽风语——在硝烟弥漫的2000多年前的战场，它曾锐利地出鞘、亮剑，照亮历史的瞬间。

砖窑厂挖出国宝牺尊 临淄齐国历史博物馆

从公元前 1045 年姜太公封齐立国到公元前 221 年秦始皇统一全国，在长达 800 余年的历史长河中，临淄都是"春秋五霸"之首、"战国七雄"之一齐国的都城。

作为齐国故都、齐文化的发祥地，临淄历史悠久、文化灿烂。

战国时期，齐国成为可以与秦国分治东西的一等强国，临淄作为当时全国乃至世界最大的工商业城市，有 7 万户常住人口，被誉为"海内名都"。田齐政权设立的稷下学宫，更是开创了学术百家争鸣之先河，使临淄成为中国东方文化中心。

既是工商业发达的"海内名都"，临淄的物产自然十分丰富，各种文化都十分发达，而齐国的酒文化更是源远流长，在经历历史风雨之后，至今绵延不绝。临淄出土的大量酒器，品种之多、造型之美、工艺之精，也让人叹为观止。

在淄博市临淄区齐都镇齐国历史博物馆，就有一件独特的盛酒器——战国时期金银错镶嵌铜牺尊。在齐国历史博物馆副馆长王新良眼里，这件早已被众多专家定为国宝级文物的牺尊美不胜收。它不仅见证了两千多年前齐国的繁盛，其偶然而曲折的发掘故事，也给这件国宝蒙上了神秘的面纱。

"刻为牺牛之形，用以为尊"

说起齐国历史博物馆的这件镇馆之宝，王新良无比骄傲。现代人也许不知道"牺尊"这个名词，其实，说得通俗一点，古代的牺尊，就是如今的酒壶。

牺，是古代宗庙祭祀用的纯色牲，牲就是牛，"纯色牲"也即是纯色牛；尊，同"樽"，是古代盛酒的礼器。所以牺尊就是"刻为牺牛之形，用以为尊"的酒器。

牺尊作为周代酒器，有木质的，也有青铜的。《周礼》将牺尊、象尊、

战国金银错镶嵌铜牺尊（钱欢青摄）

著尊、壶尊、太尊、山尊定为六尊，其中牺尊也称献尊，古时"牺""献"同音，都读作"婆婆"的"婆"。在六尊之中，最为华美的就是牺尊。

在齐国历史博物馆的展厅，我跟着王新良，很快找到了这件国宝牺尊。由于牺尊本身拥有的独特地位和价值，它在博物馆的"待遇"也比别的文物要高，被安放在一个独立的小型玻璃展柜中。如果说别的文物"住"的是普通住宅，那么牺尊"住"的就是"别墅"了。

这件牺尊^{长46厘米，高28.3}虽然是按照牛的样子制造的，但并非完全是牛的形状，其头型比牛略长，耳朵也高高耸起，牛身筋骨结实、肌肉丰腴。整体造型有牛之壮而更显聪慧、灵动。

在牺尊的脊背中间部位，粗看有一个类似酒壶壶盖的圆形盖。仔细一看，原来这个盖被铸成了一只扁嘴长颈禽，禽颈反折，喙紧贴在背上，巧妙地形成了一个半环形盖钮，两翅平展，羽翎均以绿松石铺填，富贵华丽。

牺尊背上盖钮之下，就是把酒倒进去的入口，酒存在牛肚子里。而酒的出口，也就是现代酒壶的"流"，则在牺尊的嘴里，古人用牺尊倒酒之时，酒从牺尊嘴里流出，别有一番情趣。

战国时金银错镶嵌工艺的代表作

当然，牺尊最为引人瞩目的，还是其遍布全身的金银装饰。牺尊整体以铜铸成，全身以粗细相间的金、银丝交错镶嵌出菱形图文，纹理间以绿松石和孔雀石镶饰，牺的头顶及双耳间都镶嵌有绿松石，眼球则是用墨精石做成，非常富丽、精美。

王新良介绍，牺尊的工艺是金银错镶嵌铜，金银错是我国青铜时代一项精细工艺，到春秋中晚期兴盛起来，战国两汉时期，金银错青铜器大量出现。1973 年，著名学者史树青在《文物》上发表了一篇《我国古代的金错工艺》，介绍了金银错制作的四个步骤：第一步是作母范预刻凹槽，以便器铸成后，在凹槽内嵌金银。第二步是錾槽，"铜器铸成后，凹槽还需要加工錾凿。精细的纹饰，需在器表用墨笔绘成纹样，然后根据纹样，錾刻浅槽，这在古代叫刻镂，也叫镂金"。第三步是镶嵌。第四步是磨错，"金丝或金片镶嵌完毕，铜器的表面并不平整，必须用错^{（厝）}石磨错，使金丝或金片与铜器表面自然平滑，达到严丝合缝的地步"。

有意思的是，牺尊的头、身体和盖是分开铸造的，为了遮掩头和颈的接合处，还特别制作了一个项链，使其看起来浑然一体。

这件牺尊是战国时金银错镶嵌工艺的代表作。从牺尊的铸造和镶嵌工艺上可反映出齐国手工艺技术水平的高超，同时也反映了齐国经济的繁荣昌盛。将其称为"国之瑰宝"，当之无愧。

砖窑厂工人挖土偶然得之

如此重要的"国之瑰宝"又是如何被发现的呢？说起来，这一过程充满了偶然。

1982 年 7 月 17 日，在位于齐国故城南约 5 公里的商王村附近的原临淄区砖窑厂取土工地，临淄区凤凰镇西齐村村民齐中华带着 5 名砖窑厂工人和自己的儿子正在挖土。取土的地方已经挖到地下近 3 米深，这里的土没有杂质，很适合用来烧砖。挖着挖着，齐中华等人突然挖出了厚达 20 厘米的石子层，几名工人很不高兴，因为石子层没法用来烧砖。齐中华也很生气，用镢头生气地砸了一下。

这一镢头下去，奇迹出现了。齐中华觉得声音不对，于是拨开周围的土，结果发现形状像动物腿的一块铜块。齐中华当时十六七岁的儿子齐强东拽着这条"腿"就把这个东西从土里提了起来。这件形状像牛的铜器通体灰绿色，非常沉重。齐中华用手抹了抹上面的土，发现这个牛形的东西身上镶嵌了很多金丝银丝，眼睛像"黑宝石"一样亮闪闪。

在上世纪 80 年代初，人们对从地里挖出来的古旧东西并不是很重视，发现铜牛之后，工人们并没有太在意，随后就开始继续干活。干完活，齐中华随手把铜牛拿回了家。

一只水杯奖励献宝人

砖窑厂工人发现铜牛后不久，消息就传到了当时的临淄文管所工作人员的耳朵里。文管所于是派当时的保卫科科长朱钦禄去齐中华家了解情况。

朱钦禄来到齐中华家的院子，发现铜牛被一床破棉被盖着放在院子一角的墙根。经过齐中华的同意，朱钦禄就把牺尊抱回了文管所，顺便给了齐中华一只水杯当作奖励。文管所的人看到这件铜牛之后，也不知道它的确切名称。当时，山东省文物考古研究所在临淄设有工作站，工作站的文物专家罗勋章看到铜牛后，立刻说出了这件文物的名字——牺尊。经过多位专家的鉴定，这件文物被确认是一件战国时期的金银错镶嵌铜牺尊。

上交文物一个月后，齐中华接到临淄文物管理所的邀请，来到当时临淄区政府办公室，再次见到了牺尊。此时，牺尊经过专家的处理，更像是一位光彩四射的明星——原来的灰绿色亮了许多，镶嵌的绿松石和金银丝也更加光彩照人。在这里，齐中华和齐翠斌代表无偿捐献文物的村民，受到了政府的表彰，当时临淄文管所主任赵洪祥亲自给他们颁发了纪念证书。

牺尊主人是谁，至今依然成谜

牺尊作为齐地"特产"之一，不但制作华美，而且"产量"丰富。自秦汉魏晋至今，齐国牺尊的发现，见于记载的已有四件：曹魏时期^{（220—265）}，在鲁郡_{今曲阜、滕州、泗水一带}地中发现齐大夫子尾陪嫁其女儿的牺牛形酒尊一件，有铭。西晋永嘉^{（307—312）}中，曹嶷在青州发掘齐景公冢时得二尊，也作牺牛形。再就是 1982 年 7 月 17 日齐中华等人在商王村原临淄区砖窑厂发现的战国时期金银错镶嵌铜牺尊。

王新良表示，虽然类似器物在齐地不乏发现，但无论从工艺还是文物价值来说，1982 年发现的这件牺尊都是独一无二、出类拔萃的。在全国，这么精美的牺尊也非常罕见，它是全国文物之精品，因此被称为"国宝牺尊"。王新良说："此前文博界有位专家透露，几年前，故宫博物院曾经想要复制这件国宝，但至今没有成功。可见当时的金银错镶嵌工艺之先进"。

如此精美的牺尊，它的主人又会是谁呢？

牺尊出土后，山东省文物考古研究所临淄工作站的专家们曾到砖窑厂取土的地方勘察过，再也没有发现其他文物。从勘察情况来看，可以断定那里曾经是一处战国贵族墓地，但更详细的情况就不得而知了，种种疑问，更增加了牺尊的神秘。

虽然牺尊的名气很大，但是其主人究竟是谁，至今依然是个谜。不过王新良认为，可以肯定的是，因为牺尊是祭祀用的酒器，而工艺之繁杂是普通百姓所不可能使用的，所以它的主人一定是个贵族。

从掘墓者手里抢下蒲松龄印章 _{蒲松龄纪念馆}

蒲松龄画像（蒲松龄纪念馆提供）

蒲松龄的《聊斋志异》被誉为我国古代文言短篇小说中成就最高的作品集。鲁迅在《中国小说史略》中说此书是"专集之最有名者"；郭沫若为蒲氏故居题联，赞蒲氏著作"写鬼写妖高人一等，刺贪刺虐入骨三分"；老舍也曾评价过聊斋先生"鬼狐有性格，笑骂成文章"。

蒲松龄^{（1640—1715）}是淄博市淄川区洪山镇蒲家庄人。如今，蒲松龄陵墓、蒲松龄故居都安然矗立在蒲家庄。蒲松龄故居有两件国家一级文物非常有名，其一是蒲松龄画像，其二是四枚蒲松龄生前所用印章。

两件国宝级文物都是从流散状态回归而来，充满曲折故事。尤其是蒲松龄四枚印章，更是从掘墓者的手中抢夺而来。

从掘墓者手里抢下四枚印章

2011 年 12 月 6 日，当我赶到淄川蒲家庄采访时，轻雾弥漫、冷风刺骨。但很幸运，我找到了蒲松龄第十一世孙、蒲松龄纪念馆名誉馆长蒲章俊，这位 67 岁的老人正在自家院子里忙活着。听说我从济南赶来，老人非常热情，进屋洗刷、整理之后坐到我面前，开始细细讲述。

1966 年，"文革"运动蔓延到了偏僻的蒲家庄。在"破四旧"中，蒲松龄故居、蒲松龄墓被列入破除"四旧"的目标。掘墓者先是跑到蒲

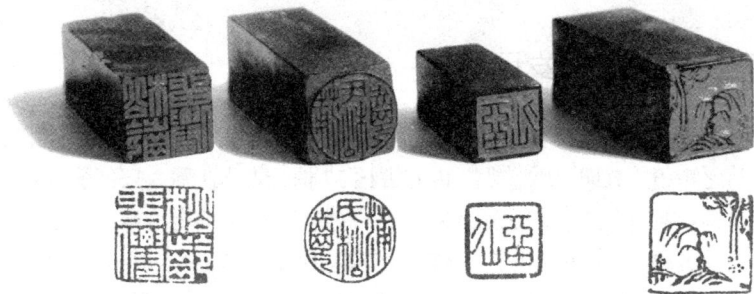

蒲松龄印章（蒲松龄纪念馆提供）

松龄故居将其查封，并且想破坏那里的文物，被当时的管理人员强力阻止，随后管理人员紧急将文物整理成箱，转运到淄博，众多书籍、手稿和资料得以幸免于难。

但是蒲松龄的墓却没有这么幸运。掘墓者跑到蒲松龄墓前，发现坟墓用灰土夯成，很难破坏，就用铁钎砸出一个仅容一人通过的洞。掘墓者进入墓中后，将蒲松龄的尸骨扬到墓外，还从墓中拿出一些随葬品，其中就包括蒲松龄生前所用四枚印章。蒲松龄故居管理委员会的工作人员听说这一情况之后，迅速赶去，硬是从掘墓者手里抢下这四枚印章。墓中掘出的宣德炉、铜镜、旱烟袋、灯台、酒壶、酒杯、铜簪、耳勺、念珠、长明灯等文物，也于同年底被蒲松龄故居工作人员收回。

蒲章俊说，当年掘墓者破坏蒲松龄墓的时候，蒲氏族人没有一人敢上前阻止。一直到当天晚上，族人才悄悄把蒲松龄的尸骨重新埋了起来。

四枚印章为国宝级文物

"文革"中，"破四旧"运动的参与者权力至高无上，谁也不敢与他们作对，但当时蒲松龄故居管理委员会的工作人员冒着极大的风险，抢下了四枚印章。后来的事实证明，这一"冒险"非常值得——1982 年，四枚印章被定为国家一级文物。

现藏蒲松龄纪念馆的四枚印章，材质均为寿山石。其中刻有"蒲氏松龄"的印章为圆形直径 1.8 厘米，高 5 厘米，阳文篆书；"松龄留仙"印章为正方形边长 2 厘米，高 5.2 厘米，阴文篆书；"留仙"印章，正方形边长 1.5 厘米，高 3.5 厘米，阳文篆书；"柳泉"图章，正方形边长 2 厘米，高 5 厘米，阳刻柳树、小桥、人物，图寓"柳泉居士"。这四枚印章均为蒲松龄生前所用，其文物价值无可估量。

苍苍墓园，悠悠岁月

蒲松龄墓园位于蒲家庄东，距村半公里的路程。出庄东门，隔柳泉能与之相望。墓园 南北长约40米，东西宽约38米，内有古柏37株，古木阴翳，郁郁葱葱。

蒲松龄墓位于墓园之西北隅。封土高约两米。墓前有清雍正三年⁽¹⁷²⁵⁾立的墓表碑。1954年，建了一座四角碑亭。1966年秋，墓表碑被"红卫兵"砸毁，1979年重刻了墓表，新立了沈雁冰撰书的墓碑，建了垣墙。

蒲章俊说，蒲松龄墓所在之处又叫"才子茔"，只有蒲氏家族中文采出众的才子死后才能被葬在"才子茔"中。迄今，蒲氏家族只有蒲松龄、蒲松龄的孙子蒲立德葬于"才子茔"。

"文革"之前，蒲氏族人每年都会到蒲松龄墓前祭祀，"文革"时被迫中断，后来得以继续。如今，还居住在蒲家庄的蒲松龄后人约100人，全国各地有400余人。

神秘著作陪葬蒲松龄？

蒲章俊说，除了四枚印章和其他一些从蒲松龄墓中出土的文物，陪葬品还有一部著作。1966年，蒲松龄墓被掘开，发现蒲松龄头下果然枕着一本书，但一出墓，书就风化了，连一片纸也没留下。那么，陪葬蒲松龄的这本书究竟写的什么内容呢？

蒲章俊说，根据祖上的说法，蒲松龄写的是《恶姻缘》。这是蒲松龄晚年以自己家族某些人的伤风败俗行径为素材写成的书。据传，蒲松龄去世时，其孙蒲立德没有把蒲松龄的那本《恶姻缘》陪葬，而是移花接木，用另一本不太重要的书加以替代。蒲松龄写的《恶姻缘》，就是后来流传于世的《醒世姻缘传》。

《醒世姻缘传》署名"西周生"。对作者的真实姓名，研究者们做过不同的推断，其中影响较大的是蒲松龄说。清人杨复吉

2011年12月6日，本书作者与蒲松龄第十一世孙、蒲松龄纪念馆名誉馆长蒲章俊^(右)合影（王昆岳摄）

《梦阑琐笔》说："鲍以文（鲍廷博）云：留仙（蒲松龄）尚有《醒世姻缘》小说，盖实有所指。"（《昭代丛书》癸集）李慈铭《越缦堂日记》也写道"《醒世姻缘》，清蒲松龄撰"。《醒世姻缘传》的人物情节，与《聊斋志异》的《江城》悍妇故事颇为类似。胡适据此曾写《蒲松龄的生年考》以及《醒世姻缘传考证》，得出作者即蒲松龄的结论。但是由于缺乏铁证，《醒世姻缘传》作者至今依然是个谜。

蒲松龄后裔捐献画像

在蒲松龄故居，我见到了悬挂堂前的国家一级文物——蒲松龄画像。

在这幅_{长258厘米、宽69厘米}长轴绢本画像中，蒲松龄身着清代公服，头戴红顶小帽，左手拈须，坦然倚坐，神情端庄。

蒲松龄纪念馆陈列资料部主任王岳昆告诉我，此像是蒲松龄74岁时，他的儿子蒲筠请当时寓居济南的江南名画家朱湘鳞所画，也是现在所能见到的蒲松龄的唯一肖像。蒲松龄对画像技艺十分赞赏，在他赠给画家的诗中写到："生平绝技能写照，三毛颊上如有神。对灯取影真逼似，不问知是谁何人。"

画像上方有蒲松龄亲笔题跋两条。其一曰："尔貌则寝，尔躯则修。行年七十有四，此两万五千余日。所成何事，而忽已白头，奕世对尔孙子，亦孔之羞。康熙癸巳自题。"其二曰："癸巳九月，筠嘱江南朱湘鳞为余肖此像。作世俗装，实非本意，恐为百世后所怪笑也。松龄又志。"跋后钤有六枚不同款式的印鉴。其中，"蒲氏松龄"印章和"柳泉"图章就是从蒲松龄墓中出土的四枚印章中的两枚。这足以证实画像为传世真品。另四枚印章难以辨认。

题跋中，"癸巳"的"巳"字被误写为"已"，不知是因避讳而缺笔，还是蒲松龄笔下之误。

这幅画像原由蒲氏后裔世代相传。1954年，蒲松龄后裔将其捐献给蒲松龄故居。1961年，故居工作人员将像送往北京，由故宫博物院进行揭裱修补。1982年，画像被定为国家一级文物。

海内孤本《聊斋》手稿失而复得 蒲松龄故居

2005 年 4 月 30 日，淄博市淄川区洪山镇蒲家庄蒲松龄故居，《聊斋志异》传世收藏版发行仪式在这里举行。所谓"传世珍藏"，不仅因为这个版本的《聊斋志异》只限量印刷了 3650 套，而且因为其所依照的版本非常珍贵——它首次将仅存的蒲松龄《聊斋志异》半部手稿和最接近手稿的半部清康熙抄本合并成完整的全本，最大限度展现了《聊斋志异》的原貌。

《聊斋志异》是中国古典文学名著中唯一现存作者手稿的文学作品。但可惜的是，目前所留存下来的手稿只有半部。作为国家一级文物，这半部《聊斋志异》手稿如今成为辽宁省图书馆镇馆之宝。

出自淄川蒲家庄蒲松龄之手的《聊斋志异》手稿，缘何辗转流传到辽宁？背后隐藏了怎样的传奇故事？

蒲松龄：500 两黄金不卖手稿

王昆岳，蒲松龄纪念馆陈列资料部主任。2004 年冬，为准备出版《聊斋志异》传世收藏版，王岳昆奔赴辽宁，为蒲松龄手稿拍摄照片。在这个过程中，王岳昆了解到蒲松龄手稿流传的曲折经历。

虽然被后世誉为清代著名文学家、"世界短篇小说之王"，但是蒲松龄生前并不得志。他大半生追求科举功名，却并未在这条路上获得多大成就。他创作的小说，也因家境寒素，生前无力刊行，因此《聊斋志异》一直以传抄的方式在社会上流传。直到他去世半个世纪后，才在一个地方官员的协助下，刻印了十六卷本的《聊斋志异》，即青柯亭本。

此时正是清代"文字狱"频发之际，为避免触犯时忌，刻印者删去了若干篇章语句，再加上青柯亭本所据底本非原手稿本，而是传抄本，所以其中与手稿相异的文字达两千多处。即使这样，在此后的 200 年间，全国各地相继刊行的几个版本乃至世界上出版的许多外文版都是据青柯亭本刻印、翻译的。

青柯亭本风行后，蒲松龄的后人意识到《聊斋志异》手稿的宝贵，

蒲松龄曾经生活过的聊斋正房（蒲松龄纪念馆提供）

于是将手稿世代相传。据说蒲松龄对《聊斋志异》手稿十分看重，最后一稿完成后他曾嘱咐子孙，一定要好好珍藏，不要遗失。蒲松龄还为此立下家规："余生平恶笔一切遗稿不许阅诸他人。"据说蒲松龄的好友、清代文学名士王士禛曾许以 500 两黄金欲购手稿而未得。

蒲介人：闯关东将手稿带至东北

到了清朝同治年间，山东遭遇大旱，大批百姓不得不背井离乡"闯关东"。在这滚滚人流中，蒲松龄的七世孙蒲介人也携带家属离开家乡来到沈阳。当时的沈阳占卜业比较兴旺，蒲介人又粗通一些占卜之道，他便在沈阳城里摆了个卦摊，以此为生。

后来，蒲介人对手稿重新装裱，但因装裱工的不慎，将手稿的天头裁切过多，使书中 31 处作者手录、王士禛的眉批及佚名校语毁坏诸多，造成了难以弥补的遗憾。

临终前，蒲介人也按照祖上的规矩，将《聊斋志异》传给了儿子蒲英灏。

光绪二十年（1894），中日甲午战争爆发，蒲英灏当时正在奉天驻防大臣——盛京将军依克唐阿的手下担任镶蓝旗统领。

依克唐阿知道蒲英灏是蒲松龄的后人，便向他借阅《聊斋志异》手稿。无奈之下，蒲英灏先借出了半部手稿，在依克唐阿归还后又借出了另一半。没想到的是，依克唐阿随即接到命令进京参战，得病死在了北京，后来八国联军侵占北京，掠夺了大量的财物，依克唐阿所借的半部手稿从此杳无音讯，它的下落至今还是个没有解开的谜。

光绪二十六年⁽¹⁹⁰⁰⁾，清廷急令各地镇压义和团运动，蒲英灏奉命镇守西丰县。由于蒲英灏得罪了乡宦恶绅，被诬通"拳匪"，遂被解职罢官，举家寓居西丰，一直到老。临终前他斟酌再三，决定把《聊斋志异》的半部手稿传给喜爱诗文书画的儿子蒲文珊。

蒲文珊将这半部《聊斋志异》手稿精心保存了 20 多年，日本人和汉奸曾出重金向他购买，均遭回绝。但没想到的是，在土改中蒲文珊珍藏多年的这半部手稿也丢失了。

刘伯涛：旧书堆里发现珍贵手稿

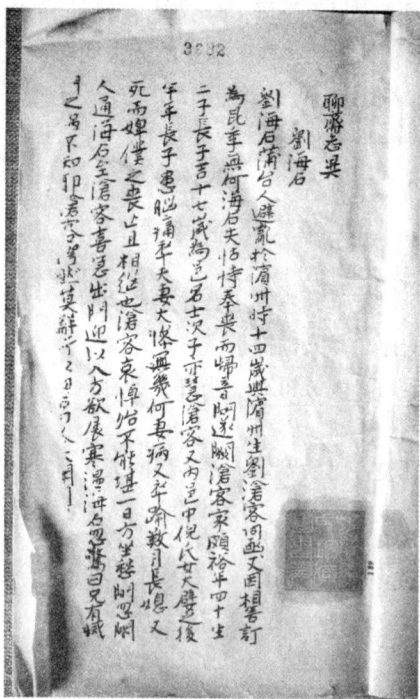

《聊斋志异》手稿（蒲松龄纪念馆提供）

蒲文珊是蒲松龄的第九世孙，蒲松龄手稿到他手里已然全部丢失。转机发生在 1947 年冬的某一天。

这一天，当时在辽宁省西丰县人民政府任职的工作人员刘伯涛到元宝沟村检查工作，在农会旧书堆中发现一函两部褪了色的蓝布皮线装书。他翻开书页，《聊斋志异》4 个字映入眼帘。只见毛笔字工整秀丽，并多处勾画删改，有的还加了眉批。经过查看，刘伯涛发现，这两本书用的都是早年竹制纸，很可能是蒲松龄的手稿本。

后经调查刘伯涛得知，住在本县、过去曾任西丰县图书馆馆长的蒲文珊是蒲松龄的第九世后人。1948年 6 月，刘伯涛将蒲文珊请到县政府，经过蒲文珊辨认，他从旧书堆里发现的手稿，果然是蒲松龄的手稿。

但是，蒲文珊在土改中失落的手稿是两函四部，刘伯涛手里只有一函两部，剩下的一函两部在哪儿呢？

经过多方打听，刘伯涛终于打听到这一函两部手稿被一位叫王慎之的女同志带到了哈尔滨。刘伯涛连夜给哈尔滨当地政府写了一封求援信，请求帮忙查找王慎之在哈尔滨的工作单位，把原书要回。信发出 5 个月后，刘伯涛收到了两部从哈尔滨寄还回来的《聊斋志异》原稿。

费尽千辛万苦找来的两函四册，是《聊斋志异》的前一二函，即上半部，还有三四函即下半部，也是两函四册，则早已被盛京将军借去而不知所终。

征得蒲文珊的同意，刘伯涛决定将这半部手稿交给国家。1951 年，刘伯涛带着两函四册《聊斋志异》手稿档案交给了东北人民政府，经专家鉴定确为真迹，系海内孤本。当时的东北人民政府领导立即指示将《聊斋志异》交给东北图书馆 _{今辽宁省图书馆} 妥为收藏，并奖励表彰手稿捐献者蒲文珊 500 万元 _{东北币} 奖金及证书。蒲文珊当即又将蒲松龄亲笔所著、从未流传的《农桑经·草虫篇》交给了国家。

现存蒲松龄纪念馆的手稿

在蒲松龄纪念馆，我也见到了蒲松龄的三册手稿，这些手稿并不是蒲松龄主要著作，但依然被定为国家一级文物。

蒲松龄故居所存的手稿 _{长 28 厘米，宽 16 厘米}，纸质，稍残。其中第一册 _{共有 6 页，半页 9 行，每行 26 字} 是蒲松龄手抄的《庄子·秋水》篇；第二册 _{共 32 页，半页 11 行，每行 32 字} 内抄蒲松龄《聊斋表文草》；第三册 _{共 82 页，半页 9 行，每行 34 字} 系蒲松龄手抄前人诗、赋、文。

王昆岳说："这三册手稿，原为蒲松龄后人的家藏。1958 年被征存到蒲松龄故居。1961 年，工作人员将手稿送到北京图书馆加衬装裱成'金镶玉'。装帧后，依旧保持原分册页数。1982 年，山东省文物局将此手稿定为一级文物藏品。"

在蒲松龄纪念馆，我还看到了折子式蒲松龄墨迹一册。该墨迹封面题为《聊斋蒲柳泉先生墨迹》_{一共有 11 页，半页 9 行，每行 26 字}，内抄蒲松龄 9 篇制艺短文 _{《单题》《反面题》《段落题》《横榻题》《记事》《截上下题》《滚作题》《二扇题》《三扇题》}。墨迹扉页上钤有"蒲松龄印""柳泉"两枚印鉴。这一墨迹是蒲松龄早年所书，后由收藏者装帧为折子式，原由马英符收存。1958 年，马英符将其捐给了蒲松龄故居。

无可替代的历史和文物价值

蒲松龄一生含辛茹苦，所赖以生存者，唯笔墨耕耘。《淄川县志》誉其"以文章风节著一时"。生前著有《聊斋志异》8 卷，490 余篇，风行数百年，流传不衰。另外，还著有《聊斋诗集》8 卷、《聊斋文集》4 卷、杂著 5 种、戏 3 出、通俗俚曲 14 种。蒲松龄生前虽"有文不显，有积不施"，然而，留存后世者却已号洋洋矣。

然而蒲松龄一生虽然著述颇丰，因家贫无力梓行，手稿散失严重。《聊斋志异》手稿现知国内仅存半部，现藏于辽宁省图书馆，同时入藏辽宁省图书馆的还有蒲文珊捐献的《农桑经·草虫篇》。蒲松龄的《鹤轩笔札》现存于青岛市博物馆；《祭文》存于山东省图书馆；《聊斋词稿》原存于西安一私人手中，后入藏中国历史博物馆。其他著作的手稿，部分亡失，部分被掠到海外，幸存者多零星散存于国内各图书馆、博物馆中。

王昆岳表示，作为清代著名文学家，蒲松龄的手稿具有无可替代的历史和文物价值，手稿既可以看到蒲松龄创作之时最原始笔迹和思想，又可以将其与后世版本进行对比，研究特定时代的文字环境和历史背景，如果能将所有现存手稿集中起来，并且最大程度收集到蒲松龄散佚手稿，无疑会是一件功德无量的事情。

元代龙泉窑大盘，曾被用来盛烧鸡

滨州市滨城区文物管理所

历尽世事沧桑，很多颇具价值的文物总会被淹没在日常生活中，一旦拂去蒙在上面的灰尘，就会散发出耀眼的光芒。我们也总能听到这样的故事：有人拿着一个瓷罐请专家鉴宝，说是老辈子人用来腌咸菜的，专家一鉴定，却是个价值连城的宝贝。

如今藏身于滨州市滨城区文物管理所库房的一件元代龙泉窑青釉划花大盘，也有着一个传奇故事：在上世纪 50 年代，它在一个卖烧鸡的摊上被用来盛烧鸡，文物工作者见到后"惦记"了它 30 年，最终将其收归国有。

烧鸡摊上，发现元代龙泉窑大盘

说起具有传奇故事的文物，滨州市滨城区文物管理所副所长刘海涛首先想到的就是元代龙泉窑青釉划花大盘。而经手这件文物的关键人物，则是原滨州市图书馆馆长吴鸿禧先生。在刘海涛的引领下，我在滨州市区一小区，访问到了已经 80 多岁高龄的吴鸿禧老先生。

老人虽然年事已高，但至今依然每天研读古代文献，追寻传统文化。回忆起自己从事了几十年的文物、文化工作，老人思路清晰，滔滔不绝。

元代龙泉窑青釉划花大盘（滨州市滨城区文物管理所提供）

元代龙泉窑青釉划花大盘的传奇，始于 1954 年。其时，吴鸿禧任职于滨县文化馆，负责文物的征集工作。说来也巧，当时滨县文化馆的马路对面，有一个卖烧鸡的摊。因为经常经过那个烧鸡摊，不经意间，吴鸿禧总会往那儿看上一两眼。这一看不要紧，摊上一个用来盛烧鸡的大盘子引起了他浓厚的兴趣，这盘子直径很大 ^{大约有} 50厘米，釉色鲜亮、器形不俗，吴鸿禧认为这一定是件好东西。于是，找准了机会，趁烧鸡摊生意不忙，吴鸿禧试探着问了问老板，这盘子卖不卖。但好说歹说，老板就是不卖。

天有不测风云，发现盛烧鸡的大盘子之后没多久，吴鸿禧就被打成右派，连正常的工作都很难进行，更别说征集文物了。让吴鸿禧没有想到的是，与这精美的"大盘子"一别，就是 30 年。

25 块钱，买来珍贵文物

吴鸿禧告诉我，和元代龙泉窑青釉划花大盘再续缘分，已经是差不多 30 年以后。"我一直对那个大盘念念不忘，到了上世纪 80 年代，我又跑到原来的烧鸡摊去找。到地方一看，发现坏了：烧鸡摊早已没了！"

吴鸿禧还不死心，于是在烧鸡摊附近到处打听。打听了一圈，结果倒是有了——附近的人告诉他，早前在这儿摆烧鸡摊的摊主叫杜子宾，不过早去世了，他有个儿子也去世了，儿媳妇则改嫁了。

像公安局破案一样，事情到了这一步，似乎所有的线索都已经断了。不过吴鸿禧并未死心，他心想：这儿媳妇既然已经改嫁，会不会把那大盘子也带走呢？

听街坊邻居说，烧鸡摊主的儿媳妇改嫁到了南关，吴鸿禧于是打算去找找她。但一个大老爷们儿去找人家显得不太好，吴鸿禧于是找了个与摊主家熟识的老街坊一起去。到南关一找，还真找到了摊主的儿媳妇，吴鸿禧就问她："你公公原来卖烧鸡用的那个大盘子，还在不？"她说："干啥？"吴鸿禧说："我想买下来。"

那时候老百姓穷，上班的人一个月工资也就 20 块钱左右，最后商量了一下，吴鸿禧就以 25 块钱的价格把盘子给买了下来。盘子很大，不大好拿，那摊主的儿媳妇还给吴鸿禧打了个包袱。吴鸿禧于是喜滋滋地把盘子背了回来。"我想要的东西，一辈子也忘不了，志在必得"。回忆往事，吴鸿禧依然激情满怀。而事实也正是如此，如果没有这跨越

大盘纹饰（滨州市滨城区文物管理所提供）

30 年的"惦记"，这珍贵文物，就不知会流落何处了。

　　这件历经曲折最终收归国有的元代龙泉窑青釉划花大盘，器形硕大 口径达48.6厘米，底径有 28 厘米，瓷盘为敞口，外折唇，弧腹，圈底。胎体灰白，青釉较厚。通体施釉，仅圈底内有棕红色圆环。瓷盘的内壁则饰有一圈花草纹，内底为桃叶纹。

　　吴鸿禧说，这件元代龙泉窑青釉划花大盘之所以珍贵，一是其器形硕大，体现了古人高超的制瓷工艺，二是龙泉窑在中国瓷器史上有重要地位，而这个大盘，无疑是龙泉窑的精品之一。

"龙华寺"佛像传奇 _{博兴县博物馆}

虽然只是一个县级博物馆,但博兴县博物馆早已闻名海内外。原因在于其馆藏着大批铜、石、白陶三种质地的佛教造像。尤其是 104 件铜佛像,其时代自北魏太和二年⁽⁴⁷⁸⁾至隋仁寿三年⁽⁶⁰³⁾,历北魏、东魏、北齐、隋四代,长达 125 年之久。这批铜佛像数量之多、年代之久、纪年序列之清楚,国内罕见,堪称山东地区北朝至隋铜佛像断代的标尺,被专家学者称为是"近年来中国佛教考古的可喜收获",对于研究北朝至隋代佛教造像的制作工艺、雕刻水平及类型、分期、材质等具有极其重要的价值。

这些在海内外引起巨大反响的佛像,基本都出土于博兴龙华寺遗址。现藏于博兴县博物馆的一块龙华碑,记录了龙华寺曾经的繁盛,而这些佛像和龙华碑本身能被发现并最终入藏博物馆,却都充满了偶然。

挖土垫地基,挖出"东方维纳斯"

张淑敏,博兴县博物馆馆长,曾出版《山东博兴铜佛像艺术》,并主编《山东白陶佛教造像》,对于博兴县博物馆馆藏的众多佛像,张淑敏如数家珍,而归纳起这些佛像被发现的过程,则多属"偶然"。

最先一批佛像被偶然发现,得追溯到 1976 年。

1976 年清明前后,博兴县张官村村民张立山在村东南角盖房子。同村的张文臣与张立俊在张立山的院子里帮忙挖土垫地基。当张文臣挖到 70 多厘米深时,怎么也挖不动了,下面好像有砖或石头之类的东西,很硬。张文臣与张立俊一边琢磨着底下会是什么东西,一边继续挖。很快,真相大白:三尊巨大的石佛造像并排躺在地下,最大的一尊有 2 米来高。三尊佛像头虽然断裂,但还和身子对接在一起。更让张文臣和张立俊想不到的是,他们又往南 3 米多换了个地方继续挖土,没过一会儿,竟然又挖出一坑石佛造像和白陶佛造像,被誉为"东方维纳斯"的蝉冠菩萨像便在此时出土可惜的是,这批造像被发现后大部分散失已经无法知道具体数量。

从 1979 年到 1981 年,博兴县文化馆文物干部李少南对这批佛像进行了长达 3 年的抢救、征集,过程十分艰辛。为一件佛像,李少南不知要跑多少腿，费多少口舌。每征集到一件佛像，李少南就用自行车、地排车，从几十里远的村子里往县城带。功夫不负有心人，历时3年的抢救、征集行动，李少南共追回72件佛像，其中有9件带铭文，而最为珍贵的是如今在山东博物馆展出的禅冠菩萨像。

铁锹一挖，挖出一瓮铜佛像

博兴县博物馆大量铜佛造像的发现也是源于一次偶然。它们的发现者是一个名叫贾效国的小青年。

1983年9月的一个上午，博兴县崇德村18岁的贾效国与另一村民结伴前往村头拉土泥屋。走在村头小路，眼尖的贾效国发现路边白色的盐碱地里冒出一截绿油油的尖尖的东西。"这难道是古代的兵器？"他一边想着一边走上前去，想用手抠出来，但抠不动。贾效国便让同伴先去拉土，自己则留下来，用铁锹挖了起来。当挖到距地表40多厘米深时，一瓮铜佛造像出现在眼前，陶瓮已经破碎，铜佛造像和泥土混在一起。他看到的尖尖的东西便是铜像的背光尖部。贾效国非常高兴，忙用包袱包起来背回了家，让村民们参观。村民们羡慕地说："这些光卖铜就能挣不少钱啊。"

背回家后，贾效国就把佛像散放在家中院子里。很快，村里的文物保护员、时年50多岁的孙加俊听到了这个消息，他立即通知了县文化馆。县文化馆文物干部李少南迅速到贾效国家将文物征集了过来。后来共清理出94件造像，其中1件为老子铜像，国内罕见。而铜佛像中有铭文的就有45件，有确切纪年的33件，时代从魏孝文帝太和二年以至隋文帝仁寿三年。所记年号有：太和、景明、正始、永平、熙平、正光、永安、普泰、太昌、兴和、武定、天保、河清、武平、开皇、仁寿等。这是国内一次性出土铜佛像数量最多、铭文最多、价值最高的一次。

北朝佛立像（钱欢青摄）

"山东地区北朝至隋铜佛像断代的标尺"

1983 年出土的 94 件铜佛像，加上其他几次征集或者考古勘探发现的，博兴县博物馆如今馆藏有 104 件铜佛像，张淑敏认为，这些佛像"历北魏、东魏、北齐、隋四代，长达 125 年之久，堪称山东地区北朝至隋铜佛像断代的标尺"。

在总共 104 件铜佛像中，有 47 件带有铭文，从这些铭文上可以看出，这些铜佛像的制作者大多是普通老百姓。除了兴和二年"薛明陵为一切众生"和武定三年程次男"为皇帝陛下而造"像外，其余皆是为父母、自身、居家大小祈求现世安稳、无诸患苦、常与佛会的。这些反映的都是人们最基本的要求，但也从侧面反映出战争、疾病给普通百姓带来的极大的痛苦与困境。

从造像题材上看，博兴铜佛像以释迦、多宝、观音、弥勒造像为最多。这批铜佛像的制作工艺也较为复杂，一般都是先制模，经浇铸成形后再进行锉、凿、刻、抛光、焊接、插镶等工序，大多铜佛像通体鎏金。有的铜佛像是一次成形，有的还需焊接组装，还有的是各部件单独铸好后用榫卯结构插作一个整体。造像中最高的有 27.8 厘米，最矮的也有 6 厘米，体态都很轻巧。有的造像制作精美细致，也有的制作拙朴粗陋，看来当时应该有好多个制造铜佛像的作坊。这些作坊或许可以分为官制和民制两类：官制铜佛像制作讲究，人物五官清晰，比例匀称，服饰、衣纹等部位的刻画也一丝不苟，雕工极为细致，所刻铭文字体规整流畅，深沉有力，具有较高的书法价值；而民制铜佛像则显得较为拙朴，刻画人物时，面部或

隋朝一佛二菩萨像，龙华寺遗址出土（钱欢青摄）

夸大，或五官不明显，制作工艺上也不是很讲究，所题铭文字体散乱，极难辨认，而且造像名称也比较混乱。

张淑敏表示，从这批铜佛像上，我们可以看出博兴地区的佛教造像文化肇始于北魏早期，经北魏、东魏、北齐至隋发展到巅峰，但巅峰过后又迅速消匿的历史。"同时，它也从侧面反映了北朝至隋该地区的佛教发展以及社会经济状况，是我们研究本地区佛教发展史翔实可靠的物化资料"。

龙华碑见证龙华寺昔日辉煌

数量众多的石佛像、白陶佛像和铜佛像基本都出土于龙华寺遗址，目前确切知道的有关龙华寺的记载是博兴县博物馆馆藏的龙华碑。

龙华碑^{残高2.36米、宽1.06米}，1923年出土于龙华寺遗址中部偏西。龙华碑碑额题飞白篆书"奉为高祖文皇帝敬造龙华碑"。"高祖文皇帝"是庙号和谥号，指的是隋文帝杨坚，皇帝的庙号、谥号是由接任的皇帝定的，因此可以断定该碑是隋炀帝时期的遗物。碑文上记载，隋代龙华寺是在古龙华寺的基础上修建起来的。结合文献和出土佛像的铭文可以得知，在此之前，这里至迟于北魏太和二年^{（478）}就已建有寺院，东魏时至少有两处寺院存在，北齐末寺院被毁，隋代又在此大规模修建龙华寺，隋末寺院遭废弃，未再发现重建迹象。清代至民国时在龙华寺遗址上又建有龙华寺，但规模较小，其建于何时目前尚不可知，且该寺院与隋代龙华寺是否有渊源，也不得而知。新中国成立后，清代的寺院原址也因为村民取土，成为一片洼地。至此，一座千年古刹就这样被默默无闻地掩埋在了一片荒草之下。

龙华寺遗址地处旷野，总面积120余万平方米，保存状况较好，如今早已是全国重点文物保护单位，当地文物部门正在将其申报为国家遗址公园。张淑敏表示，龙华寺遗址上寺院密集，大型的石雕造像和精美的铜佛像出土数量多且地点集中，可见当地相当多的时期内有着发达的经济基础做物质保证。同时在龙华寺遗址向南9公里处兴国寺遗址内有一座丈八佛石造像，雕造于东魏天平元年^{（534）}，通高7.1米，是我国平原地区发现的最高大且保存比较完整的北朝佛造像。"可见，当时的龙华寺遗址及附近地域应是青州以北地区的一处经济政治及文化中心，在本地区及周边地区具有很大影响力，众多的佛教信徒聚集在这里举行佛事活动"。

北宋"救苦天尊像"重生记_{惠民县博物馆}

惠民博物馆的建筑极有特点，一个仿古的大院落，气定神闲地坐落在公园一角。可惜由于这一建筑原本不是为博物馆而建，还达不到规定安保条件，所以还没有对外开放。

虽然大部分文物深锁库房，但我还是幸运地见到了一件国家一级文物 —— 北宋"太一救苦天尊像"。石像被罩在一个玻璃柜里，打眼一看，便知其头部经过修复，而其底座背面，则有一长段铭文，明确标示了石像的建造时间——北宋宣和四年^{（1122）}。

根据惠民博物馆副馆长齐向阳的说法，这是惠民县唯——尊北宋道教石像，对研究宋代道教、造像式样、惠民县的历史都具有重要的价值。

"救苦天尊"现人间

"太一救苦天尊"也称"太乙救苦天尊""寻声救苦天尊""十方救苦天尊"等，简称"救苦天尊"。相传其为玉皇大帝二侍者之一，配合玉帝统御万类。道教说他由青玄上帝神化而来，誓愿救度一切众生，所以炁化救苦天尊以度世。

齐向阳告诉我，惠民博物馆馆藏的这尊"太一救苦天尊像"能重现人间，实属机缘巧合。

那是在 1992 年。有一天，惠民县孙武镇郭尹二村村民徐俊海在村东挖鱼塘，挖着挖着，突然发现了一尊青石造像。石像的大部分都比较完整，但头部却已破损，只发现了 1 / 3 的头部碎片。

石像出土后，徐俊海和家人一直将其供奉在家中。其间，有不少文物贩子上门高价求购，但是都被徐家拒绝，在徐俊海和他的家人眼里，这不仅仅是一件值钱的文物，还带着某种神圣色彩。

十几年过去了。徐俊海先生和他的家人凭借自己的勤劳和智慧，兴办了企业，添置了家产，日子过得越来越好。唯一让他们感到美中不足的，是"太一救苦天尊像"头部的残缺。

经过全家人商量，徐俊海决定将石像无偿捐献给惠民博物馆，由博物馆将其修复。

2010 年 5 月，徐俊海的弟弟徐俊元来到惠民博物馆，表达了全家人捐献石像的想法。惠民博物馆馆长李爱芹对此表示感谢，并承诺一定将石像修复好。与此同时，博物馆的工作人员前往徐俊海家进行先期察看。工作人员仔细看后发现，石像底座背面还有铭文，铭文上写明这是一尊"太一救苦天尊像"，为宋代宣和四年棣州厌次县^{今山东惠民县}人刘栋所造，具有很高的文物价值。

残损的头部（惠民博物馆提供）

齐向阳至今仍记得，佛像的正式捐赠是在 2010 年 6 月 18 日。这一天一早，博物馆工作人员就开着车来到郭尹二村徐俊海家。"我们提着一箱梨就进了徐俊海家。他们很热情。毕竟石像在自己家已经供奉了 18 年，在请走石像前，徐家人还搞了个简短而隆重的仪式，算是为石像送行"。

修复石像，告慰捐赠者在天之灵

按照捐赠者的意愿，他们不要求获得"补偿"，但希望博物馆能早日修复石像。2010 年秋天，徐俊海来到惠民博物馆，询问石像修复的情况，并当场捐出 888 元人民币，资助博物馆修复石像。888 元只是个象征，表示佛像从 1122 年建造到 2010 年正好历时 888 年，钱虽然不多，但徐俊海的举动还是令博物馆全体职工非常感动。

为修复造像，惠民博物馆馆长李爱芹联系了山东博物馆，但由于省博正值新馆建设之际，实在无暇顾及。之后，又联系了本地及青州几家石雕厂，均未得到满意答复。

2011 年初春，徐俊元打来电话告知李爱芹馆长：徐俊海先生已因病去世。

徐俊海生前未能见到完整的"太一救苦天尊像"，成为永久的遗憾，这也让惠民博物馆工作人员有了无法释怀的歉意。最终，博物馆决定自己修复石像。

修复石像的任务落到了博物馆工作人员胡亮身上。胡亮毕业于山东工艺美术学院工业设计专业，爱好绘画、设计，经常尝试着修复一些残缺的文物标本。在接受了修复石像的任务后，胡亮四处搜集与道教造像相关的文字、资料，托人购买优质石膏粉、修复工具，与文物专业人员商讨造型方面的问题。根据相关资料结合这尊宋代"太一救苦天尊像"的雕刻风格，经过反复的实验，花费了大量的心血，终于在 2011 年 8 月将"太一救苦天尊像"成功修复。齐向阳说："修复完成后，我们将石像陈列在博物馆，希望能告慰徐俊海先生在天之灵。如今，每年徐俊海的家人还会到博物馆来祭拜这尊'太一救苦天尊像'。"

救苦天尊，"手持杨柳洒琼浆以救苦亡"

细观这尊"太一救苦天尊像"，可见其为坐姿，青石质地，单体立雕 通高 70 厘米、宽 61 厘米、厚 43 厘米 。石像右手持杨柳枝于胸前，左手托一水盂，身着交领袍服，衣袖宽大，覆盖双腿，胸前结带，飘落于身前，衣褶重叠。

石像底座呈长方形。底座后部刻有行书铭文：大宋宣和壬寅岁四月廿七日棣州厌次县刘栋于青社造太一救苦天尊一躯载归厌次高元村祖茔前奉安追荐先亡仍愿一切幽冥同此济拔谨题。

石像铭文书法造诣较高，书体具有比较强的时代特征，对研究宋代书法具有较高的价值。

根据铭文记载，这座石像的雕刻年份是北宋宣和四年（1122），此时已到北宋末期。造像主人是棣州厌次县 今山东惠民县 刘栋。

关于"救苦天尊"，据《太乙救苦护身妙经》说："东方长乐世界有大慈仁者，太乙救苦天尊化身如恒沙数，物随声应。或住天宫，或降人间，或居地狱，或摄群邪……神通无量，功行无穷，寻声救苦，应物随机。""此圣在天呼太一福神，在世呼为大慈仁者，在地狱呼为日耀帝君，在外道摄耶呼为狮子明王，在水府呼为洞洲帝君。"若遇到困难，只要祈祷天尊或"诵念圣号"，即可"解忧排难，化凶为吉"，亦可"功行圆满，白日升天"。《青玄济炼铁罐施食全集》描述太一救苦天尊"手持杨柳洒琼浆以救苦亡"。可见，从其作用和地位来看，这位道教中的"太乙救苦天尊"相当于佛教中的"观音菩萨"或者"地藏王菩萨"。

得宋徽宗赏识，石像建造者平步青云

"救苦天尊"的信仰在宋代十分流行，并深入民间，这与宋徽宗赵佶大力推崇道教有关。

公元1101年，端王赵佶登上皇位，即宋徽宗。赵佶是中国历史上有名的

太一救苦天尊造像铭文（惠民博物馆提供）

书画皇帝，具有极高的艺术天赋，但政治上却非常昏庸。赵佶即位后膝下无子，后经道士看风水，建了皇家花园艮岳，此后连续生了三十多个皇子、二十多个公主。赵佶龙心大悦，又加上王老志、林灵素等人的迷惑，便对道教深信不疑。宋徽宗要求道箓司册封他为"教主真君皇帝"，他自己也赏赐许多道士高官厚禄。于是全国各地许多自诩有法术道行的道士纷纷涌入京城，妄想以道术作为求取功名的捷径，其中就有棣州厌次县人刘栋。刘栋原为儒士，棣州贡生。他上书朝廷，自称是神仙九天益算韩真人的弟子。徽宗封刘栋官直龙图阁，在其家乡棣州厌次县建"韩君丈人观"。后来，又封其为守静先生，可谓平步青云。齐向阳说，惠民博物馆馆藏石像铭文记载的造像主名字、时间、地点都与史书记载刘栋事迹相符，应该是同一个人。

根据石像铭文可知，该像安置于高元村祖茔。如今，距造像出土点北部不足一公里处，确实有一个高家村，也与铭文记载相符。高家村北500米处有一个县级文物保护单位高家遗址，属于周代。可见，此地自周代至今一直是人口聚集的地方。

齐向阳说，石像铭文中的"青社"，指的应该是青州。青州在历史上就是盛产石雕的地方，惠民县距青州只有一百多公里。惠民县近年来出土了许多北朝时期的石佛造像，专家认为就是青州所产。齐向阳说："1997年、2007年，惠民县曾出土过多件北朝佛教造像，周边地区近年来也出土了许多佛造像。但是出土的北宋道教造像却仅此一件，可见其意义重大。"

隋代佛头失而复得记　_{东营市历史博物馆}

在广饶，曾经发生一件佛头奇案，从 2000 年 4 月 25 日佛头被盗，到 2004 年 12 月 31 日佛头回归，历经 4 年零 8 个月后，广饶张郭石造像上的佛头终于失而复得。

回忆往事，东营市历史博物馆副馆长荣子录依然觉得惊险万分，这件佛头差点就被文物贩子拿到北京卖掉！从在广饶被盗，到在北京被截获，再到回归广饶，张郭石造像佛头的传奇经历，充满了各种机缘巧合。

凌晨，佛头不翼而飞

坐落于广饶县的东营市历史博物馆有一个石刻造像展厅，展出的是一批广饶出土的佛教造像，这批佛教造像内容丰富、装饰华丽、雕刻技法娴熟，具有极强的艺术表现力和鲜明的地域风格，在山东乃至全国都极具代表性。

在这些佛教造像中，张郭石造像显得尤为引人注目，因为雕工精细、线条流畅，这件隋代作品中的上乘之作，早在 1993 年就被山东省文物鉴定小组定为国家一级文物。

荣子录告诉我，张郭石造像原出土于广饶县李鹊镇张郭村白马寺遗址。白马寺历史悠久，但早已被毁，张郭石造像出土后，一直放在村里。为了更好地保护文物，1989 年秋天，文物工作者将其调入广饶县博物馆_{东营市历史博物馆前身} 收藏。

彼时，广饶县博物馆和全国重点文物保护单位 —— 广饶关帝庙大殿在同一个院落_{也就是如今的孙武祠园}，张郭石造像调入广饶县博物馆后，由于没有专用展室，工作人员便将它与其他五尊石造像一并安放在关帝庙大殿后面的简易棚内。

说起关帝庙大殿，可谓大名鼎鼎，据清嘉庆五年⁽¹⁸⁰⁰⁾《重修乐安关帝庙碑》记载，该殿始建于南宋建炎二年⁽¹¹²⁸⁾，虽然历经历代维修，但平面布局、大木构架、斗拱等基本保持了初建时的风貌，其结构方式、构件尺度、用材比例等都具有明显的宋代建筑特征，接近《营造法式》"大木作制度"的建筑规范，是山东省现存最早也是唯一的宋代木构殿堂。

然而，气势雄壮的大殿、威武的关帝并没有震慑住胆大妄为的窃贼。2000年4月25日凌晨，在博物馆值班的治保科副主任犯了困，迷迷糊糊中打了个瞌睡。到凌晨一点左右醒来，发现张郭石造像上的佛头竟然已经不翼而飞！

张郭石造像主佛像局部（钱欢青摄）

金申先生看着石造像说，这佛头应该在北京

佛头被盗让值班人员惊出一身冷汗。报警之后，公安干警迅速赶赴现场进行勘察。

经过仔细勘察，公安干警发现，佛头是被人直接从张郭石造像上敲下来的，石造像前面的水泥地面上还有个坑，估计是佛头滚落时砸的。那么，本是石造像一个组成部分的佛头缘何这么容易就被撬下来呢？原来，佛头和石造像之间是一个天然的石层，两者之间只有上面和下面有些许连接，所以很容易就被撬了下来。

现场虽然已经勘察清楚，但苦于缺乏线索，佛头被盗案迟迟没有破获。

春去秋来，转眼到了2004年，距离佛头被盗已经过去4年。这一年4月，中国艺术研究院美术研究所研究员、著名佛教文物鉴定专家金申应青州博物馆的庄明军之约，到青州及周边几个县市博物馆考察佛像，因为广饶曾出土众多佛像，东营市历史博物馆也在其考察范围内。

4月19日，金申一行来到东营市历史博物馆，到的时候，已经是下午6点多，当时的博物馆馆长张万春约上讲解员专门从家中赶来为金申打开了石刻造像展厅。在参观的过程中，展厅内的张郭石造像引起了金申的注意。这一造像通高264厘米，一佛二菩萨，主佛像身高152厘米，左右胁侍菩萨高105厘米二胁侍像上方各凿一龛，龛内均为一佛二菩萨，刻工精细，线条流畅，表现手法娴熟，是隋代作品中的上乘之作。

第一眼看到石造像上主佛像的头部，金申就觉得有点面熟，好像在哪儿见过。但看这佛头，总觉得不太自然，不知道什么地方不舒服，有一种说不出的感觉。张万春馆长见金申总琢磨此像的头部，就说："这尊像原来是放在露天的，佛头前几年被盗了，这是后来我们根据照片复制的。"

金申一听，心里有了底，然后徐徐说出了一句让在场所有人都大吃一惊的话："这个佛头的真品，应该在北京石刻艺术博物馆。"

110 民警打开编织袋一看，里面放着两个佛头

之所以说出这句令人震惊的话，是因为金申的确曾看到过这尊佛头。

那是在2000年4月底，北京石刻艺术博物馆的刘卫东约金申到北京赵公口附近的110巡警支队办公室，说是请他去鉴定两件查获的石刻。

一进办公室，桌子上早已放着一大一小两尊石雕佛头大的约三十多厘米，小头约十几厘米。据巡警队长介绍，这是他们开着警车例行巡逻到赵公口长途汽车站时，发现一个无人看管的尼龙编织袋，打开一看是两个佛头。想来是作案者做贼心虚，看见警车以为是抓他的，扔下赃物跑了。

由于市场上假佛像泛滥成灾，初看之下，金申一时不敢判断是真品，认为可能是清末民初仿制的。但对巡警同志们高度的文物保护意识表示了衷心的感谢和赞扬。后来，警方将佛头移交给了北京石刻艺术博物馆，北京石刻艺术博物馆再次邀请众多专家进行鉴定，经过仔细勘察，专家一致认为这两个佛头具有明显的山东地区的风格特征，并在《北京青年报》上发表了寻找失主的启事。由于《北京青年报》发行范围所限，东营市历史博物馆一直没有得到信息。不过这个消息倒使济南四门塔方面到北京验看了佛头，因为四门塔佛头也刚被盗不久，尚未破案。

在长时间寻找未果的情况下，北京石刻艺术博物馆便将此佛头展出。

张郭石造像（钱欢青摄）

展板上还悬挂着金申在巡警办公室现场鉴定时的大幅照片。因金申是石刻馆的外聘专家，不时还会去看看这个佛头。

东营市历史博物馆张郭石造像的复制头部虽然略显不自然，但大体上与原物相似，所以金申第一眼就感觉到似曾相识，等听到佛头失窃的故事，他就自然想起了 4 年前鉴定被截获佛头的那段往事。

时隔 4 年，佛像终于"身首合一"

2004 年 4 月 20 日，金申返回北京，当晚就将北京石刻艺术博物馆的佛头不同侧面的照片通过电子邮件传到东营市历史博物馆，馆内业务人员经过仔细鉴定，认为其与该馆丢失的佛头十分相似。

2004 年 5 月 17 日至 5 月 21 日，东营市历史博物馆应邀参加 2004 年博物馆及相关产品与技术博览会时，副馆长王建国在金申的带领下到北京石刻艺术博物馆查看了正在展出的佛头。他们带着当年未被盗时拍摄的石佛照片，与佛头仔细比对，发现两者竟然丝毫不差，连微小的斑痕和石筋也恰好吻合。大家一致确认，北京石刻艺术博物馆展出的这个佛头就是当年的被盗之物。

6 月 8 日，金申到山东博兴县博物馆考察，顺便再次到东营市历史博物馆查看了张郭石造像，并约定了到北京认定及商谈交接事宜。6 月 15 日，东营市历史博物馆一行三人在金申的带领下，又来到北京石刻艺术博物馆，对这件佛头从质地、造型、风格、面部特征及面部的石纹变化、头后面的自然脱离面和断痕，都进行了细致辨认，确定这件佛头就是该馆丢失的张郭石造像佛头。随后他们面见了北京石刻艺术博物馆馆长高景春。高景春得知来意后，表示完全理解，认为从文物保护的角度出发，原属一体的佛头和佛身理应归为一体，以更加完整地体现它的历史价值和艺术价值。之后，在山东省文物局和北京市文物局的大力支持和积极协调下，佛像头的交接很快提上了议事日程。

2004 年 12 月 24 日，北京市文物局又组成了专家鉴定组到东营市历史博物馆进行了最后的认证。2004 年 12 月 31 日，张郭石造像佛头交接仪式在北京石刻艺术博物馆举行。分离 4 年，佛像终于身首合一。如今，身首合一的张郭石造像，展出在东营市历史博物馆，为了纪念这段传奇故事，博物馆还专门将原来复制的佛头也陈列在了造像旁边。

后 记

这本《从日本人手中夺回的商代甲骨——齐鲁国宝传奇》的书稿，来自我于2011—2014年在《济南时报》开设的专栏《文物传奇》，这是我自工作以来，开设时间最长、付出心血最多的一个系列报道。

2011年7月，《济南时报》推出深度周刊。由于当时深度报道工作室人手奇缺，报社遂抽调各个部门的记者，成立了"雪豹突击队"。当时我是文化新闻部的记者，因长期从事文物、考古类报道，也忝列其中。时任深度报道工作室主任的赵双勇先生反复与我商量，最终确定在深度周刊开设《文物传奇》专栏，由我来负责采写相关内容。

特别幸运的是，这个系列报道获得了时任山东博物馆馆长鲁文生先生的大力支持，他不仅慨然答应做《文物传奇》的学术顾问，为了我在全省各地采访的方便，他还建议山东省博物馆学会成为《文物传奇》的学术支持单位。鲁文生先生学养很深，性格又宽厚，他对省内各地博物馆馆藏珍品的了解，成为《文物传奇》系列报道的指南。而每次我出发去采访前，他必亲自联系当地博物馆，帮我找到经手或发掘文物的亲历者。在专栏开设前期，为了保证稿件的质量，他还亲自审定稿件。

从2011年8月8日刊发第一篇稿件《从日本人手里夺回的商代甲骨》，到2014年5月12日刊发的最后一篇稿件《赶在"思想兵"前，抢下珍贵〈道藏〉》，《文物传奇》走过了近三年的时间。三年中，我走遍了山东17个地级市的博物馆以及一些重要的县级博物馆、文管所，总计到达的博物馆大约47座。三年来，《文物传奇》总共刊发稿件86篇。

三年中，我得到了很多人的帮助，采访了文博领域大量的专家、学者，他们亲历了这些文物背后的故事，用专业的见识和细致的讲述，促成了本书的最终完成——

山东博物馆原保管部部长刘敬亭老人，在家中热情接待了我的采访，为我详细介绍了省博馆藏甲骨的来龙去脉。山东博物馆保管部研究员张建华先生，在省博库房接受了我关于"颂簋"的采访。山东省图书馆副馆长李勇慧女士，把其掌握的众多有关王献唐先生的资料提供给我。王献唐先生的儿媳安可行女士接受了我的电话采访。李义贵先生的女儿李连英女士，亲自到我的办公室接受我的采访，她回忆起父亲生前往事时的眼泪，至今让我印象深刻。山东博物馆副研究员肖贵田先生，将其有关禅冠菩萨像的专业论文提供给我做资料。青州市博物馆原馆长、研究员夏名采先生，原副馆长、研究员孙新生先生，向我介绍了有关青州兴隆寺佛像和状元卷的情况。尤其令我难忘的是，夏名采先生在接待过无数国内外知名人物之后，对我这样一个小记者，依然能如此热情、事无巨细地介绍情况，其渊博的知识和宽厚的长者之风，实在令人感佩。还有杨浩、李晓峰、卫志忠、郭争鸣、杨燕、孙淮生、陈清义、刘忠进、吴振伟、王新良、王昆岳、蒲章俊、孙敬明、杨光海、李慧、徐守运、孙井泉、姬忠杰、楚鲁鹏、孟继新、刘岩、石敬东、王培晓、胡后彬、彭梅、王西萍、张真、林仙庭、李华杰、王晓楠、袁晓春、张爱敏、程晓明、王莉、朱承山、李取勉、郑建芳、林冬光、朱磊、魏东、武秀、李秀武、樊英民、郭阳、史丰永、王记华、戚俊杰、张启龙、马法玉、任庆山、吴双成、王伟、王昕、刘海涛、吴鸿禧、张卡、张淑敏、李爱芹、齐向阳、胡亮、杨中海、刘国柱、李翠霞、王娟、王仕安、程红、朱晓伟、苏兆庆、荣子录、徐霞、郑澎、刘卫东、赵好、罗琦等先生、女士接受了我的采访，为我提供了大量资料和无私的帮助。

之所以把几乎所有接受过我采访或者帮助过我的人都罗列出现，是想表示我的感谢。文博系统尤其是博物馆，有着一系列严格的管理要求，我能有幸完成《文物传奇》系列的采访，实在离不开以上诸位的帮忙。需要说明的是，限于篇幅，本书未能收入《文物传奇》的所有稿作。未收入本书的稿件的采访对象，也未一一列出。在此，一并对所有帮助过我的人表示谢意。

特别感谢我的好朋友高继习博士，他仔细审读了全书，改正了书中很多错误，其专业、严谨的学术态度，深厚的学养以及无私的奉献，令我感动万分。

另外，该书虽以采访内容为主，但依然借鉴了不少考古发掘报告、区域文史资料和文物介绍资料，引用资料零碎而繁杂，而个别文中所引用的古今字、异体字未作对应注补等项，就不一一列举了，在此一并既表谢忱，亦请读者及专家明鉴。

钱欢青
2015 年夏

图书在版编目（CIP）数据

从日本人手中夺回的商代甲骨：齐鲁国宝传奇 / 钱欢青著.
—济南：济南出版社，2015.8（2024.2 重印）
ISBN 978-7-5488-1745-1

Ⅰ.①从… Ⅱ.①钱… Ⅲ.①甲骨学 – 考古发现 – 中国 – 商
代 Ⅳ.① K877.1

中国版本图书馆 CIP 数据核字（2015）第 203718 号

从日本人手中夺回的商代甲骨：齐鲁国宝传奇　钱欢青 / 著

责任编辑◎装帧设计 / 戴梅海

出版发行　济南出版社

地　　址　济南市二环南路 1 号 250002

网　　址　www. jnpub. com

电　　话　0531 – 86131726

传　　真　0531 – 86131709

经　　销　各地新华书店

印　　刷　山东百润本色印刷有限公司

开　　本　720×960 毫米　1/16

印　　张　20

字　　数　320 千

版　　次　2015 年 8 月第 1 版

印　　次　2024 年 2 月第 2 次印刷

定　　价　69.80 元

发行电话　0531 – 86131730 / 86131731 / 86116641

传　　真　0531 – 86922073